Eusebio Alonso García

HABITAR

Textos de arquitectura escritos en el tiempo

Miscelánea de pensamientos rumiantes

Alonso García, Eusebio
Habitar. Textos de arquitectura escritos en el tiempo. Miscelánea de pensamientos rumiantes / Eusebio Alonso García. - 1ª ed . - Ciudad Autónoma de Buenos Aires : Diseño, 2024.
382 p. ; 21 x 15 cm. - (Textos de arquitectura y diseño / Camerlo, Marcelo)
ISBN: 978-1-64360-804-4
1. Arquitectura . 2. Teoría. 3. Investigación.
CDD 720.1

Textos de Arquitectura y Diseño

Director de la Colección:
Marcelo Camerlo, Arquitecto

Diseño de Tapa:
Liliana Foguelman
Eusebio Alonso García
Boris Aparicio Tejido

Diseño gráfico:
Cecilia Ricci

Hecho el depósito que marca la ley 11.723

ISBN: 978-1-64360-804-4
ISBN ebook: 978-1-64360-805-1

Febrero de 2024

Eusebio Alonso García

HABITAR

Textos de arquitectura escritos en el tiempo

Miscelánea de pensamientos rumiantes

diseño

HABITAR.

TEXTOS DE ARQUITECTURA ESCRITOS EN EL TIEMPO

MISCELÁNEA DE PENSAMIENTOS RUMIANTES

Para mis padres, Luisa y Eusebio;
mi mujer y mi hijo, Pilar y Diego;
mis hermanos, José Juan, Francisco Javier,
Luis, Inmaculada, Margarita, Raúl

ÍNDICE

PRESENTACIÓN: ARQUITECTURA, PROYECTO, PENSAMIENTO Y RUMIA

"... para practicar de este modo la lectura como arte se necesita ante todo una cosa que es precisamente hoy en día la más olvidada ..., una cosa para la cual se ha de ser casi vaca y, en todo caso, no 'hombre moderno': el rumiar".

Friedrich Nietzsche. *La genealogía de la moral.* 1988 (1987), 26.

Quedan recogidas aquí algunas de las reflexiones que, alentadas por la práctica docente y profesional, han nutrido las investigaciones llevadas a cabo durante los últimos treinta años, siendo el cruce entre las tres disciplinas, la docencia, la práctica profesional como arquitecto y la investigación en el proyecto de arquitectura, lo que ha ido acotando una estructura de pensamiento en torno al proyecto que, desde la perspectiva que da el tiempo, permite reconocer mejor las interrelaciones conceptuales y temáticas puestas en juego. Comprendiendo que nada de lo que relaciona arquitectura y vida me es ajeno, hace tiempo que acepté que la diversidad de intereses en torno a la primera no iba a parar de crecer. Este juego cruzado de relaciones entre temas diversos ha actuado como estimulante lanzadera conceptual e ideológica sirviendo, a su vez, de cohesión interna.

Recuerdo una conversación, mantenida hace pocos años con un colega de la Escuela de Arquitectura de Liverpool, donde, mientras debatíamos sobre la importancia de definir adecuadamente un perfil propio, vino a mi memoria la leyenda mítica de la fundación de Cartago, actual Túnez. La princesa Dido, hermana de Pigmalión, rey de Tiro, quien había asesinado a su cuñado Siqueo para arrebatarle su tesoro, huyó de su país y de su hermano para evitar similar destino, llevándose consigo el tesoro anhelado por su hermano. Arribó a una región habitada por los libios y le pidió al rey local algunas tierras para fundar allí una ciudad. La solicitud no le interesó demasiado al rey, quien respondió a Dido ofertándole el terreno que pudiera ocupar con una piel de toro. El ingenio de la princesa errante encontró una solución tan paradójica como eficaz para sus intereses. Cortó la piel de toro en tiras muy delgadas, logrando delimitar un territorio inesperado por su tamaño en el que construyó la fortaleza de Birsa, antecedente de la ciudad de Cartago. El objetivo de Dido fue encerrar la máxima extensión territorial dentro de un recinto cuyo perfil, configurado con las tiras de la piel del animal rumiante, abrió el debate sobre el problema isoperimétrico que ha ocupado y sigue ocupando numerosas investigaciones matemáticas.

Delimitar restrictivamente el territorio de intereses que, como arquitecto, guían mi curiosidad es ya poco menos que labor imposible, más bien al contrario, veo como se incrementa indefinidamente ese contorno envolvente del objeto de mis reflexiones. Entre Borromini y el cine, distintos temas van sucediéndose en los diferentes capítulos cuyas, palabras clave, que así quedaron establecidas en el momento de la publicación de cada uno de ellos, revelan una urdimbre conceptual con muchos términos en común de la relación entre todos ellos que, por otra parte, hemos estructurado según un orden temático, vinculado a la experiencia del habitar, y no cronológico.

Cronología de los textos, temáticas de sus contenidos, palabras o conceptos claves que albergan, ofertan, a su vez, alternativas para que cada cual elabore su propio recorrido de lectura estableciendo, más allá del guion dado, otros itinerarios que estarán marcados por la complicidad y convergencia sobre determinados conceptos que reaparecen sucesivamente en diferentes textos. Se revela en esta estrategia narrativa la admiración por la deriva situacionista de la Rayuela de Cortázar; la referencia de su carácter entrópico nos ayuda a comprender esta estructura basada en la irrenunciable diversidad de intereses que nos atañe y en cuyos nexos comunes hoy, con la perspectiva que el tiempo da, nos reconocemos mejor.

Son textos relacionados con proyectos concretos que, generalmente, tuvieron su antecedente en las clases de Proyectos Arquitectónicos, motivados por el análisis de estrategias operativas para la práctica proyectual y la reflexión sobre los procesos del proyecto, cuyos resultados, después de una investigación más centrada en cada caso, volverían de nuevo al aula. Este procedimiento fue dando lugar a viajes de ida y vuelta en los que, a partir de unas ideas expuestas de forma más ligera, hilvanadas a partir de la cotidianeidad de las clases en el aula, eran de nuevo retomadas con un pensamiento más digerido y reflexivo, dando cumplimiento a la demanda de Nietzsche, rumiar como las vacas. Estas, al igual que tantos otros animales herbívoros, regurgitan el alimento en una segunda fase que, previamente han almacenado en el llamado cuarto estómago, para masticarlo lentamente.

Elogiamos y reclamamos la práctica rumiante de volver a pensar sobre lo ya pensado, lo pensado por nosotros mismos y lo que otros pensaron antes. Esta práctica rumiante siempre formó parte del proceso dialéctico proyectual, al menos en dos sentidos. Con uno, nos referimos al modo en el que el proyecto evoluciona, cambiando sucesivamente y, a veces, simultaneando una mirada progresiva y otra retrospectiva, en un juego dialéctico y crítico de alternancia de acercamiento y distanciamiento en la percepción del problema. Respecto al otro sentido, nos referimos a la práctica rumiante en la que determinados temas, problemas y percepciones reaparecen de nuevo en las distintos proyectos e investigaciones para constituirse en el punto de partida para una nueva reflexión.

Los textos presentados recogen en su conjunto esta práctica rumiante como metodología proyectual e investigadora, emergiendo de ellos los puntos de encuentro ideológico y temático a los que nos hemos referido, tanto en su estructura conceptual como en la metodología abordada en los procesos de pensamiento del proyecto.

No quiero terminar esta introducción sin reconocer la ayuda y estímulo de tantos estudiantes y compañeros que han compartido y animado de algún modo esta rumia intelectual durante estos años en el aula, en viajes, en debates y estancias diversas, en la preparación de cursos, en correcciones y tutorías. A todos ellos manifiesto desde aquí mi agradecimiento.

I ESTRATEGIAS DE (L) PROYECTO (DE HABITAR)

I.1 Sistema y singularidad. San Carlino: La máquina geométrica de Borromini. 2002
Sistema compresivo de problemas contrapuestos / Sistema dinámico e impredecible / Singularidad y evolución del sistema / Repetición y diferencia / La sintaxis sincopada de la Galería Spada / Entropía del sistema

I.2 La magia del demiurgo. Reflexiones sobre la iglesia de Marco de Canavezes, de Alvaro Siza. 1997.

I.3 Paulo Mendes da Rocha. Constructor de horizontales en el aire. 2014
Invención y oportunidad / MUBE. Una horizontal en el aire / OSAKA. El espacio fenomenológico entre el suelo y el techo / POMPIDOU y MAC USP. La estructura habitada de las cajas suspendidas en el aire / FORMA y GERASSI. La vuelta al dintel y la lógica visual / PATRIARCA. Dintel y techo: individualización de las partes / Experimentación crítica y genealogía de la invención

II HABITAR EN EL ESPACIO DOMÉSTICO

II.1 Transparencia y opacidad. Las casas de Marcel Breuer. 2002

II.2 Las viviendas son normales. Las viviendas en calle Prior, Salamanca de Alejandro de la Sota. 2018
Las viviendas son normales, sin mayores pretensiones de novedad / Arquitectura-container / La acción de mirar y la construcción del mirador / Necesidad e innovación del mirador. Eficacia y disfrute / Material, oficio, pensamiento y paradojas

II.3 Genealogía tipológica de la vivienda de salón pasante. Las viviendas para la OHS en Valladolid, de Jesús Carrasco, 1938. 2020.

III HABITAR EN EL ESPACIO PÚBLICO Y LA CIUDAD

III.1 El espacio público en Le Corbusier. Evolución de su pensamiento y de sus estrategias formales. 2015.
Espacio público, paisaje y mecanización / Paisaje y espacio público en las propuestas de los años 20 y 30 / Paisajes habitados: la ciudad en el parque / Argel: infraestructura habitada y acústica visual / Espacios colectivos: espacios de encuentro y relación para la comunidad / UHM y Ronchamp: fenómenos duales / Los espacios públicos de la UHM. La soledad de las *unités*. Identidad y significación de la terraza comunitaria / La capilla de Ronchamp: identidad, memoria, significado / Comunicabilidad: *La machine à émouvoir / Ceci n'est pas une voûte* / Arquitectura y ciudad. Interacciones con el paisaje urbano. De Harvard a Venecia / Hospital de Venecia: Infraestructura urbana; construir sin construir; saltando sobre la ciudad, flotando sobre el agua

III.2 Recuperar la ciudad ausente. Estrategias de intervención en un barrio de la periferia. 2015.
Simultaneidad e hiper-socialización / Sin calles / Barrios y barro / Casa y ciudad / Estrategias de intervención / Acciones / Espaciar la casa / Habitar la ciudad / Habitar el cielo / Recuperar la ciudad ausente

III.3 Mario Ridolfi. En el interior del tiempo. En el interior de la ciudad. 2007
Experimentación moderna y contaminaciones locales / Codificación. Mecanismos de ensamblaje y crecimiento / La idea de crecimiento como contingencia / La idea de crecimiento como proceso /Crecimiento pluricelular y claridad laberíntica

IV HABITAR EN EL TIEMPO Y LA MEMORIA

IV.1 James Stirling. El proyecto de la Tate Gallery en Albert Dock, Liverpool, 1982-88. 2018.
La herencia de Albert Dock y la intervención de Stirling. Cambiar todo sin tocar nada / El proyecto de Jesse Hartley / El proyecto de Stirling / La irrealizada propuesta de los accesos exteriores. El croquis de 1982

IV.2 Tiempo y Proyecto. 2020.

IV.3 Giuseppe Samonà. El Concurso de la Cámara de Diputados, Roma, 1967. La profundidad del tiempo. 2020
Los tiempos estaban cambiando / El arquitecto, el concurso, el lugar / Tiempo y proyecto. La percepción del tiempo como herramienta proyectual / La ciudad y el centro histórico / El continuo urbano versus la crisis tipología-morfología / La cuarta dimensión / La construcción del espacio y la profundidad del tiempo / Apilando tipologías / La realidad creativa / La transparencia del umbráculo

V HABITAR DESPUÉS DEL CINE

V.1 Plan Obús de Le Corbusier, 1932, versus Metrópolis de Fritz Lang, 1927. Dos discursos contrapuestos sobre la imagen de la ciudad a finales de los años veinte. 2016.
Fritz Lang y Le Corbusier en el debate urbano en los años 20 / La ciudad como tema en el cine y en la arquitectura / Nostalgia del futuro y crítica del presente / Ventanas en la ciudad. Ventanas en el paisaje / Tecnología, paisaje y espacio social / La gran ciudad, La calle, La noche / Argel: infraestructura habitada / Superposición y simultaneidad / Manhattan y la visión moderna de la relación ciudad y paisaje

V.2 Ventanas en el cine, el arte y la arquitectura. Miradas, relaciones e informaciones. 2017.
Ventanas de la gran ciudad / Ventanas, miradores, observatorios / Dentro y fuera. Conquista de la interioridad / Entrecruzamientos. Interior y exterior / Privado y público / Pantallas y espacio informacional

V.3 Umbráculo mediático. Arquitectura, cine y sistemas multimedia. 2024.
Influencias y teorías / Umbráculo Mediático / Comentarios y conclusiones

Tabla de títulos y subtítulos, palabras clave y relaciones temáticas entre éstas

Complejidad, sistema, singularidad, entropía, repetición y diferencia.

Continuidad con el lugar, evocación programática, significado y comunicabilidad, precisión y ambigüedad, síntesis temporal, variaciones del sistema, técnica silente.

Ciudad y espacio público, dintel y caja, estrategia formal y estructura, horizontal y sombra, señalamiento e implantación, técnica y naturaleza .

Transparencia y opacidad, luz y sombra, experimentación tipológica y utilidad ontológica, interior y exterior, casa y paisaje, ideas contrapuestas.

Vivienda, calle, mirador, bombilla, abstracción.

Genealogía, vivienda, tipología, Docomomo.

Espacio público, interrelación, paisaje, infraestructura, contexto, ciudad.

Simultaneidad e hiper-socialización, casa y ciudad, el derecho a la ciudad, recuperar la ciudad ausente.

Experimentación, codificación, crecimiento, contingencia, pluricelular

---

Movimiento, circulación, infraestructura, intercambiador, memorable, visibilidad.

Proceso y contingencia, cultura y técnica, fragmento y totalidad, perspectiva temporal y continuidad, el tiempo del proyecto, el interior del tiempo, unidad de tiempo y profundidad, simultaneidad y superposición.

Continuo urbano, cuarta dimensión, apilar tipologías, umbráculo y transparencia.

Plan Obús, Metrópolis, tecnología, paisaje, ciudad moderna.

Ventana, percepción, interioridad, pantalla, Media.

Multimedia, luz e información, multipantallas, espacio social, tecnología, instalación.

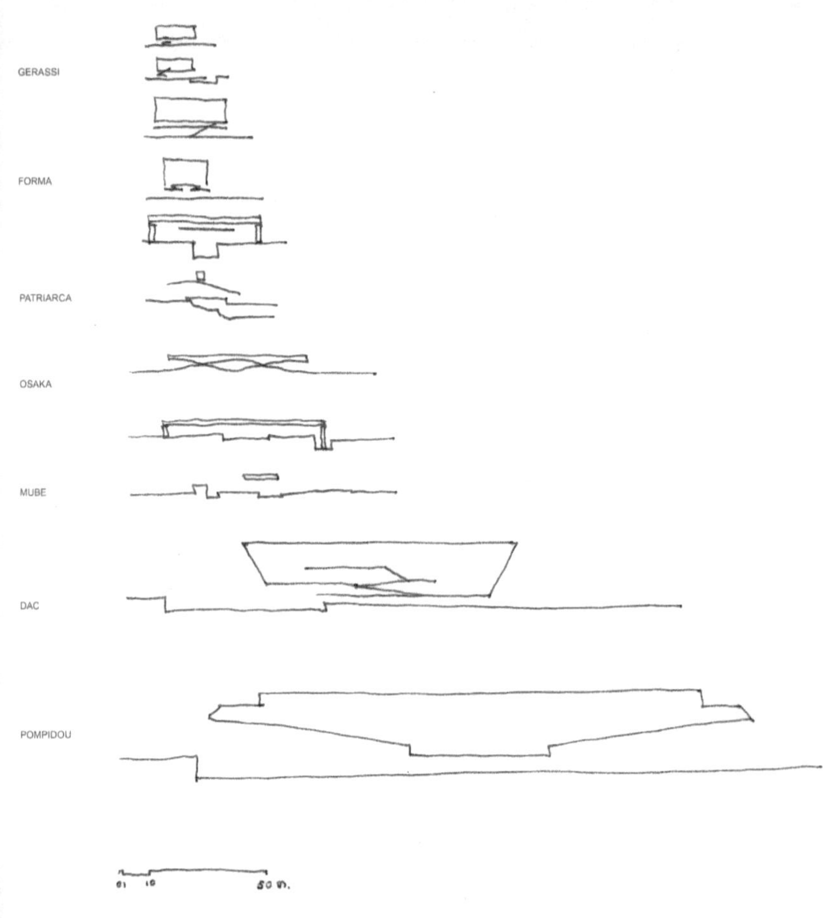

Comparación entre varias horizontales en el aire de Paulo Mendes da Rocha (© EAG

I. ESTRATEGIAS DE (L) PROYECTO (DE HABITAR)

I.1 Sistema y singularidad. San Carlino: La máquina geométrica de Borromini. 2002

I.2 La magia del demiurgo. Reflexiones sobre la iglesia de Marco de Canavezes, de Alvaro Siza. 1997

I.3 Paulo Mendes da Rocha. Constructor de horizontales en el aire. 2014

"... el espíritu de Hegel, encarnado en la filosofía romántica de la ciencia de Kuhn o en la filosofía de la poesía romántica de Bloom, nos recuerda que un vocabulario nuevo y útil no es más que eso, un vocabulario, y no una visión repentina y no mediada de la verdadera naturaleza de las cosas o de los textos".

Richard Rorty, *Consecuencias del pragmatismo.* Madrid: Tecnos, 1996 (1982), 233-234.

SISTEMA Y SINGULARIDAD

SAN CARLINO: LA MÁQUINA GEOMÉTRICA DE BORROMINI

2002

Sistema comprensivo de problemas contrapuestos

La cultura del Renacimiento inventó para la arquitectura un sistema de valores que era, a su vez, un sistema del mundo[1]. Alberti dio el primer y fundamental impulso de esta nueva teoría arquitectónica, en la que la analogía con el cuerpo humano resulta una referencia clave en la organización y composición del edificio. Los numerosos cambios científicos que se producen en el siglo XVII provocan, desde la segunda década, un nuevo debate sobre la forma del mundo que, insertándose en la nueva investigación científica, van a acelerar un abandono de la teoría tradicional del espacio, crisis que ya se había iniciado a finales del siglo XVI[2]. Un ejemplo de esta tendencia a sistematizar, que anticipa una mayor complejidad, fue la transformación urbana de Roma emprendida por el papa Sixto V y el arquitecto Domenico Fontana en 1585; el plano sixtino organizó una red de trazados oblicuos que enlaza elementos urbanos hasta entonces inconexos. En 1586 fue terminada la primera y nueva *strada*, la via Felice, hoy via Sixtina, en cuya prolongación se encuentra el enclave de las Cuatro Fuentes.

El sistema renacentista había logrado un abanico de certezas completo y todo concordaba dentro de los códigos previamente establecidos. La permanente *duda cartesiana* caracterizó los sistemas del siglo XVII, tanto científicos como filosóficos, abriéndose un debate fructífero en el que el análisis crítico de nuevos planteamientos llevó a otros, permitió su profundización cuando no su sustitución, con una rapidez hasta enton-

[1] *"Se quiso sustituir el "espacio agregado" de la ciudad gótica por el "espacio sistema" de la ciudad renacentista. La ciudad se organizaba reproduciendo figuras de los diagramas cósmicos al uso"*. Cfr. G. MURATORE, *La ciudad renacentista*, Madrid, 1980 (*1975*), pp. 33 y ss.

[2] Nicolás Copérnico (1473-1543) publicó en 1543 su teoría heliocéntrica *"De las revoluciones de los cuerpos celestes"*, inscrita en el Índice de libros prohibidos en 1616. La tierra había dejado de ser el centro del universo y, más tarde, Kepler (1571-1630) despojó a la circunferencia del derecho a ser la única órbita de los cuerpos celestes; a partir de los datos astronómicos acumulados por Tycho Brahe, describió las órbitas elípticas de los planetas en su *"Armonía del mundo"* (1619). Galileo (1564-1642) había descubierto en 1602 la trayectoria parabólica de un proyectil lanzado al aire.
El siglo XVII posee una actitud verdaderamente científica hacia el mundo y la naturaleza, llegándose a afirmar a partir de 1620 *"que la Naturaleza es una máquina y que la ciencia es la técnica de explotación de esta máquina"* (Lenoble). Cfr. J. CASTEX, *Renacimiento, Barroco y Clasicismo. Historia de la arquitectura, 1420-1720*, Madrid, 1994 (*1990*), pp. 222 y ss.

ces desconocida. Las certezas del Renacimiento fueron sustituidas por un sinfín de interrogantes y las posibilidades de abordar fenómenos nuevos parecían inagotables. El siglo XVII se vio impelido a crear sistemas cada vez más comprensivos de nuevas y diversas cuestiones y a buscar la *integración* de problemas enfrentados[3]. La mirada hacia la naturaleza derivó en un estudio más profundo y abierto a su mayor complejidad y, en consecuencia, su analogía con la arquitectura introduce importantes matizaciones frente a las abstractas metáforas renacentistas[4].

Esta actitud comprensiva e integradora de problemas diversos es abordada tempranamente por Borromini, con ocasión de San Carlino, y, a la vez, profundamente asumida. Es el carácter dialéctico entre opciones contrapuestas, para lograr su síntesis, lo que define el sistema borrominiano: superar el problema tipológico para cualificar la investigación topológica, apoyarse en la condición plástica del muro e individualizar a

[3] Norberg-Schulz ha definido el término sistematización como *"... un método de organización espacial que permite la solución de los temas singulares dentro de la orientación general, consistente en la búsqueda de la integración formal y de la persuasión".* Cfr. C. NORBERG-SCHULZ, *Architettura Barocca*, Milán, 1979 (*1971*), p. 96. IDEM, p. 125, donde, a propósito de San Juan de Letrán, expresa: *"Entre los pilares principales, el sistema se caracteriza como abierto".*

[4] *"... del mismo modo que en el ser animado la cabeza, los pies o cualquier otro miembro ha de armonizar con los restantes y con todo el cuerpo, así en una construcción, sobre todo en el templo, las partes del edificio han de estar acordes, de manera que todas se correspondan entre sí y sean medidas según un módulo elegido de entre dichas partes".* Cfr. L. B. ALBERTI, *Libro VII*, cap. 5, ed. 1485, fol. p vi.

La voluntad de abstracción teórica de Alberti, que aplica además en sus obras, es abandonada por Borromini, cuyas referencias a la naturaleza resultan más analógicas y las expone en clave paradójica: *"... no sin misterio he hecho los balaustres triangulares y los he colocado uno al contrario del otro ... Sabiendo que muchos, que no saben inventar, han creído que está hecho por mero capricho, y que es impropio que una parte de los balaustres sea más gruesa por arriba que por abajo, no advirtiendo que la naturaleza, a la cual debemos imitar, produce los árboles bastante más gruesos por los pies, también ha hecho al hombre más grueso por arriba que en los pies".* Cfr. F. BORROMINI, *Opus Architectonicum*, Roma, 1964 (*1725*), p. 37.

Guarini participará también de esta mirada hacia la naturaleza atenta a su complejidad y a su posibilidad de importar para la arquitectura analogías formales y, considerando el movimiento pulsante y ondulatorio como la propiedad fundamental de la naturaleza, afirmará: *"El movimiento espontáneo de dilatación y contracción no procede de ningún principio, pero aparece en todo ser viviente".* Cfr. G. GUARINI, *Placita Philosophia*, París, 1665, p. 755. La cita puede consultarse en C. Norberg-Schulz, op. cit., 1979 (*1971*), p. 127.

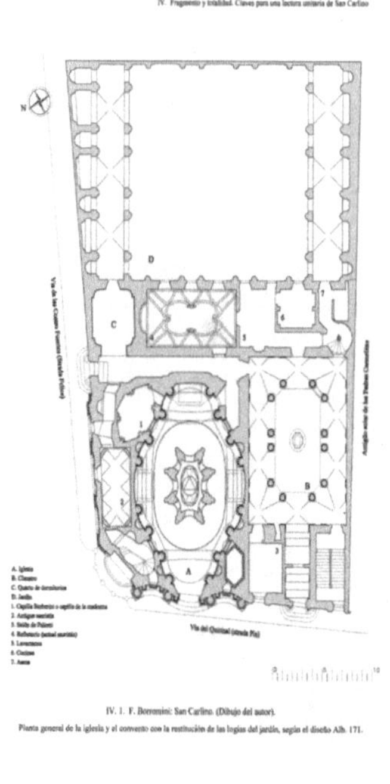

Borromini: Planta general de la iglesia y el convento con la restitución de las logias del jardín.

su vez el carácter lineal de determinados elementos, acentuar el carácter representativo de determinadas partes del edificio y fundirse simultáneamente con la ciudad y con las edificaciones contiguas. A partir del análisis de la evolución proyectual que se desprende de los sucesivos diseños autógrafos y a través de la descripción completa de la geometría del edificio, no cabe duda de que San Carlino, en su globalidad y en sus partes singulares, surge de la aplicación de un sistema perfectamente definido. Es más, con la experiencia de San Carlino, su primera obra de envergadura, y abordando con furor las contradicciones que se le plantean, Borromini afianza las razones del sistema proyectual que aplicará con mayor sosiego en su posterior obra. San Carlino constituye, en este sentido, una experiencia de laboratorio, en la que emerge y se verifica una nueva metodología, y, por ello, representa su obra más compleja. Esta mayor complejidad, que tiene su origen también en la confrontación entre la aplicación del nuevo método y la permanencia de mecanismos tradicionales (la implantación tipológica, el orden de columnas), surge de esa nueva atención a la naturaleza y a la poética del organismo en la que Borromini advierte su diversidad y su mutabilidad. El sistema borrominiano es el sistema de la metamorfosis de sus organismos, que Borromini define con sus geometrías diversas, superpuestas y evolutivas.

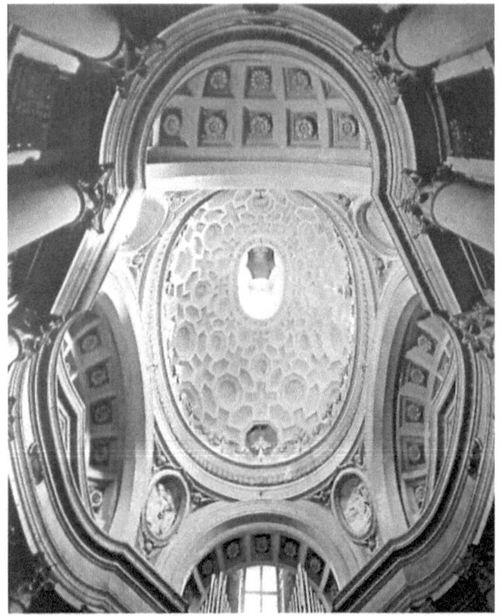

Borromini: San Carlino, encabalgamiento de cúpulas

Sistema dinámico e impredecible

El carácter dinámico de tal sistema es la consecuencia lógica de su aplicación a la definición formal de una envoltura que se nos presenta en permanente cambio y evolución. Este carácter dinámico se advierte en el proceso proyectual y se transmite a la obra construida. En el proceso proyectual, mediante el mecanismo de *"la planta fluctuante"*, superponiendo correcciones sobre un mismo diseño, enunciando un método de aproximaciones sucesivas, o incorporando modificaciones sutiles en la evolución de los diseños, a través de las cuales asistimos a la progresiva aparición de su trazado preciso, de la definitiva posición de los elemen-

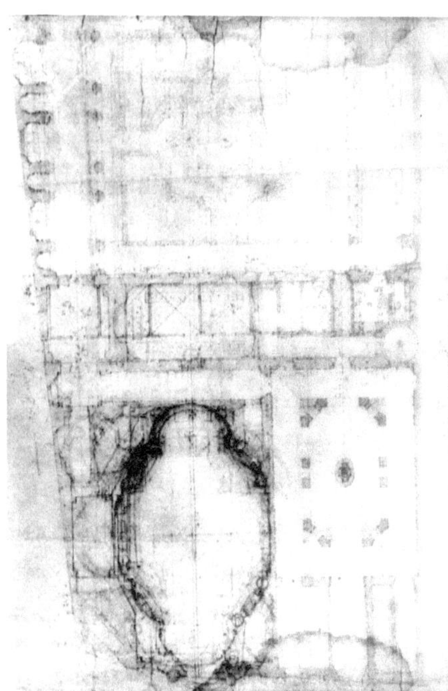

Borromini: San Carlino, planta general

tos singulares y de la compleja relación entre interior y exterior. Esto se advierte en la obra construida porque los pliegues de la pared y las variaciones de curvaturas liberan una serie de tensiones y enuncian un proceso de transformación que no se cierra, al menos, hasta la cúspide; en San Ivo, incluso, la espiral que remata la linterna constituye un hallazgo eficaz para subrayar que el proceso tensional queda abierto.

Este carácter del sistema borrominiano, dinámico y abierto a soluciones impredecibles, es lo que invalida la aplicación de mecanismos meramente compositivos. El espacio surge con la determinación formal de sus límites y la convulsión, que éstos experimentan en su proceso metamórfico, provoca la aparición de ***"singularidades"*** que estimulan y orientan progresivamente el desarrollo del organismo. La anamorfosis de los transeptos constituye, tal vez, la primera singularidad que corrige la solución más estable del diseño Alb. 171; a partir de ella, queda enunciada la vinculación formal entre la planta y la cúpula; sin embargo, esta vinculación entre la planta mixtilínea y la cúpula oval no es directa, provocando que el orden de columnas abandone su tradicional función ornamental en la composición de la pared. La columna de San Carlino representa una singularidad del sistema, siendo objeto de soluciones diferenciadas en su relación con el muro, en la orientación de sus basas y capiteles. La torsión de los arcos torales, la invención del artesonado de la cúpula, la composición misma de la pared, son otras muestras más de que nada está definido a priori, sino que sus razones geométricas y formales surgen con la evolución del sistema[5].

Singularidad y evolución del sistema

La evolución proyectual de las columnas, desde su aparición en el inicial diseño Alb. 171, las sucesivas correcciones y desplazamientos que sufren en los siguientes diseños y su definitiva y diferenciada geometría posicional, nos revela que sobre ellas recae la mayor dosis de singularidad, en la medida en que recogen perturbaciones diversas del sistema y son los elementos encargados de reordenar la mutación formal[6]. Las columnas, fundamentalmente las torales, introducen la idea de continuidad sobre una pared morfológicamente diversa; a su vez, y a través de los arcos, conectan la mutación operada entre el trazado mixtilíneo de aquélla y el óvalo

[5] El comportamiento impredecible de un sistema ha sido estudiado por los matemáticos, encontrando que hay sistemas dinámicos que, por tener desarrollos perfectamente determinados, no son menos impredecibles. Dicho de otro modo, basta una ligera imprecisión sobre su estado para que su comportamiento escape a la predicción. Es la conocida *'sensibilidad a las condiciones iniciales'*. Cfr. A. DOUADY, *"Déterminisme et indéterminisme dans un modèle mathématique"*, en AA.VV., *Chaos et déterminisme*, París, 1992, pp. 11-18.

[6] Utilizamos aquí la analogía conceptual con la noción matemática de singularidad que se aplica en topología: *"... En topología, se puede considerar como sistema una curva cualquiera controlada por los parámetros de sus valores en las abscisas y en las ordenadas y que respete una función. La curva está a su vez constituida por una serie de puntos. Tales puntos se llaman 'regulares' cuando obedecen sólo y únicamente a la ley de la función representada por la curva. En cambio, se llaman 'singulares' aquellos puntos que, aun obedeciendo a la función, siguen al mismo tiempo también otra ..."*. Cfr. O. CALABRESE, *La era neobarroca*, Madrid, 1989 (*1987*), p. 94. Thom ha subrayado: *"... una singularidad de una aplicación es siempre algo que concentra toda una estructura global en una estructura local"*. Cfr. R. THOM, *Parábolas y catástrofes*, Barcelona, 1993 (*1980*), p. 32.

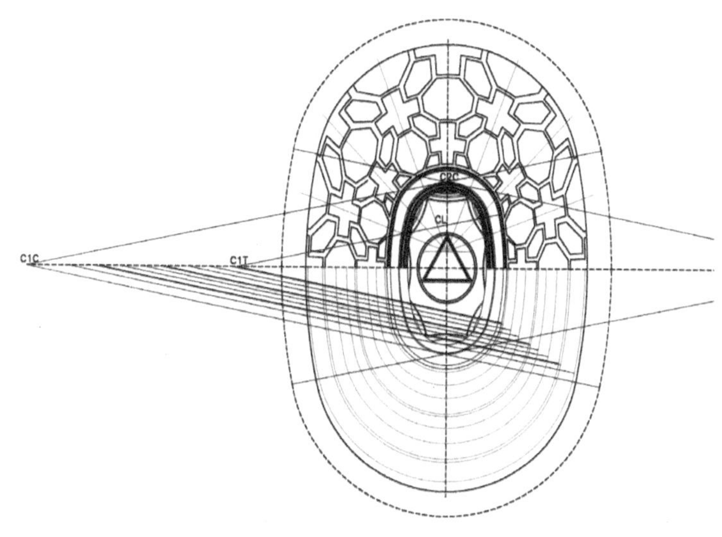

San Carlino, composición del artesonado de la cúpula, en sentido vertical según dieciséis semiejes, y composición del artesonado en sentido horizontal, según óvalos con los centros desplazados y dispuestos entre los del anillo oval de la cúpula y los de la linterna

de la cúpula. Este compromiso de las columnas torales con la pared quedó expresivamente indicado por Borromini en el diseño Alb. 171, cuando las columnas aparecieron sustituyendo a las pilastras angulares que había dibujado previamente; la explicitación de su función en la transición de la planta a la cúpula oval, aparte del detalle de la inversión de las volutas de sus capiteles, queda recogida en la torsión que experimentan las arquivoltas de los cuatro arcos, cuya tensión hacia la cúspide de la iglesia es complementada con la **sucesión de óvalos no concéntricos**, trazados desde centros de curvatura progresivamente desplazados, que sirven de base para el dibujo del artesonado de la cúpula.

El carácter *excepcional* con que Borromini resuelve cada una de las columnas interiores de San Carlino -en su orientación, en su entrega en el muro, en el detalle de sus basas y capiteles- nos revela el rigor de su apuesta topológica, el esfuerzo por subrayar la idea de continuidad en la descripción de la metamorfosis llevada a cabo, articulando formas genéticamente diversas. No obstante, debemos advertir que la solución diferenciada de las columnas sucede en función de su **situación en el**

espacio más que en función de su situación en la pared, a pesar de que, a partir de la geometría de su dibujo, pudiéramos deducir lo contrario. Dicho de otro modo, las columnas no atienden tanto a conexionar la diversidad morfológica de la pared entre los ábsides y los pilares diagonales, cuya discontinuidad pudiera resultar oportuna en el discurso ascensional como sucede con las afiladas proas de San Ivo, como a enunciar la continuidad entre la pared y la cúpula[7].

Repetición y diferencia

Una circunstancia diferencial de la arquitectura de Borromini es precisamente la profusión de singularidades que contiene el sistema que genera su arquitectura. En San Carlino, esto sucede con mayor intensidad aún por presentar una diversidad morfológica más rica. Por ello, la complejidad del sistema borrominiano se nos revela más didácticamente en la iglesia trinitaria. Este sistema se sustenta sobre la geometría subyacente que regula la mutación formal y se transforma con ella; la solución de los distintos conflictos morfológicos encuentra su definición en la autogénesis de la máquina geométrica, poniendo en evidencia el carácter dinámico y abierto del sistema y su comprensión de las singularidades. Surge así un nuevo orden en el que, desde las columnas a la variación de las curvaturas ovales, se explota la idea de continuidad con la repetición de determinadas cualidades formales y se abordan los conflictos matizando su diferencia[8].

[7] *"... La diversidad de dos morfologías conexionadas entre ellas en un sistema se ha explicado siempre en términos de 'continuidad'. En cambio, René Thom y otros matemáticos han intentado proporcionar modelos de descripción de la mutación de la forma. Ante todo, Thom ha teorizado la 'dinámica' de las morfologías: una forma estable efectúa en el tiempo una especie de recorrido que la lleva a sufrir perturbaciones. Cuando respecto a las perturbaciones ésta no cambia, entonces se mantiene estable; pero cuando frente a las perturbaciones hay una mutación, entonces significa que aquella forma ha atravesado un umbral 'catastrófico' que ha cambiado su estructura".* Cfr. O. CALABRESE, op. cit., pp. 127-128. Sobre la noción de *catástrofe* como *"un fenómeno visible, una discontinuidad observable"*, cfr. R. THOM, op. cit., p. 122.
[8] *"... El encuentro de las nociones, diferencia y repetición, ya no puede ser planteado desde el principio, sino que debe aparecer gracias a interferencias y cruzamientos entre estas dos líneas, una concerniente a la esencia de la repetición, la otra a la idea de la diferencia".* Cfr. G. DELEUZE, *"Repetición y Diferencia"*, en M. FOUCAULT, G. DELEUZE, *Theatrum Philosophicum seguido de Repetición y Diferencia*, Barcelona, 1995, p. 105.

La curva se reconoce en la curva pero se diferencia en las variaciones de su curvatura. La figura oval es objeto de una declinación pródiga en trazados diversos, cuyos centros pueden variar en posición y número. La presencia de la columna introduce una homogeneidad envolvente en la pared, pero las diferencias de su ornamento, basas y capiteles, subrayan la singularidad de su situación y su intencionada implicación con los elementos que cubren el espacio. *Repetición* y *diferencia*, como condiciones de **permanencia y mutabilidad de un sistema** que, desde su carácter dinámico, asume la dialéctica de los conflictos morfológicos del organismo, serán abordados por Borromini con ocasión de la construcción de la Galería Spada, desplegando su rigor crítico y perturbador sobre uno de los sistemas por excelencia de la cultura artística del clasicismo, como era *la perspectiva,* desarrollando en esta pequeña obra una profunda reflexión sobre el concepto de espacio y abriendo nuevas vías de manipulación de los mecanismos tradicionales.

F. Borromini: La columnata perspectiva de la Galería Spada.

F. Borromini: Galería Spada. Diseños Alb. 1156 (perspectiva) y 1157 (planta).

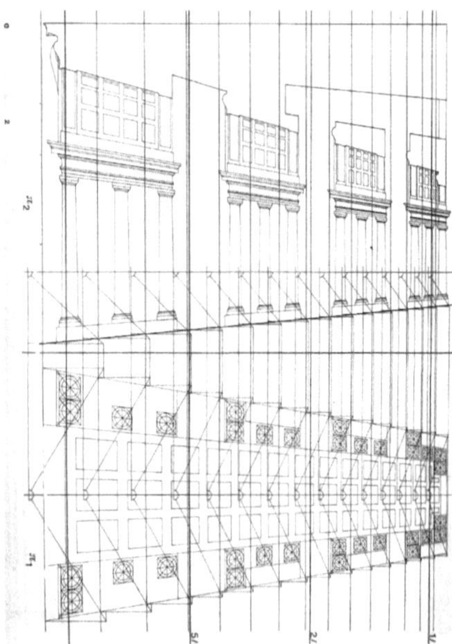

R. Sinisgalli: Levantamiento y restitución geométrica de la Galería Spada, con la distribución de los quince puntos de vista que regulan la deformación y la disminución perspectiva de la columnata.

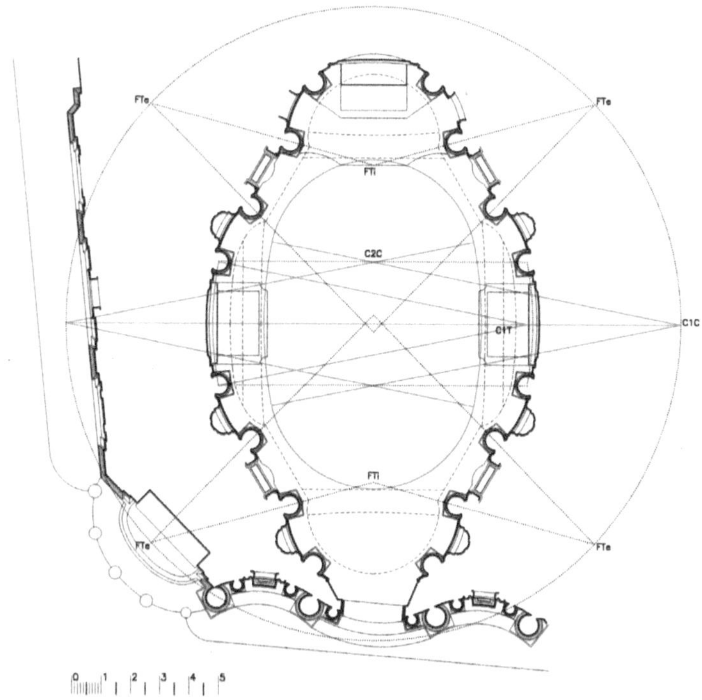

Borromini: San Carlino, geometría del óvalo de la cúpula

La sintaxis sincopada de la Galería Spada

La columnata de la Galería Spada en Roma no es una ingenua representación plástica basada en el principio de la disminución perspectiva; no es, como el ábside bramantesco de Santa Mª *presso* San Sátiro, un bajorrelieve que, restituido perspectivamente, da la imagen de un espacio real construido según las reglas de la composición arquitectónica. La columnata es, en todo caso, una representación en alto relieve que se construye sobre quince puntos de vista diversos y alineados a lo largo del eje de simetría. Borromini no se contenta con contraponer un ilusionismo plástico a un ilusionismo pictórico, sino que decide construir un espacio arquitectónico en el cual la perspectiva es utilizada no sólo para una visión estática desde un punto de vista determinado, sino para una visión dinámica desde puntos de vista que cambian continuamente a lo largo del eje de recorrido, resol-

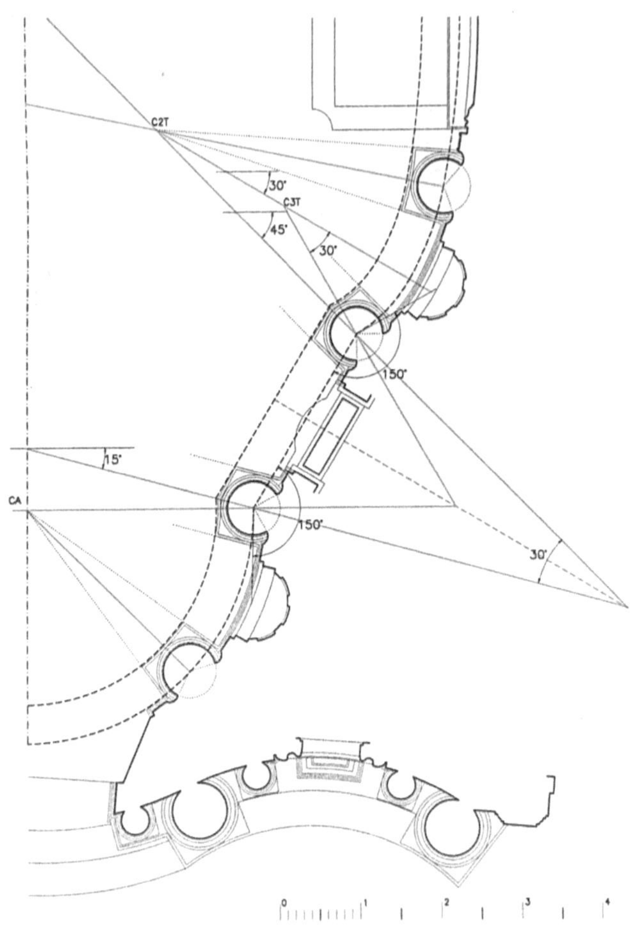

Borromini: San Carlino, geometría posicional de las columnas

viendo así el excesivo aplastamiento de las últimas columnas, que hubiera producido la aplicación estática de las reglas tradicionales de la perspectiva.

Su perspectiva es rigurosamente axial pero no unívoca, superpone sucesivamente imágenes análogas pero discontinuas, produce un espacio sincopado en el que continuidad y discontinuidad se alternan herméticamente en un doble sistema de fuga: uno general, determinado por la continuidad de líneas que en un edificio real debieran ser

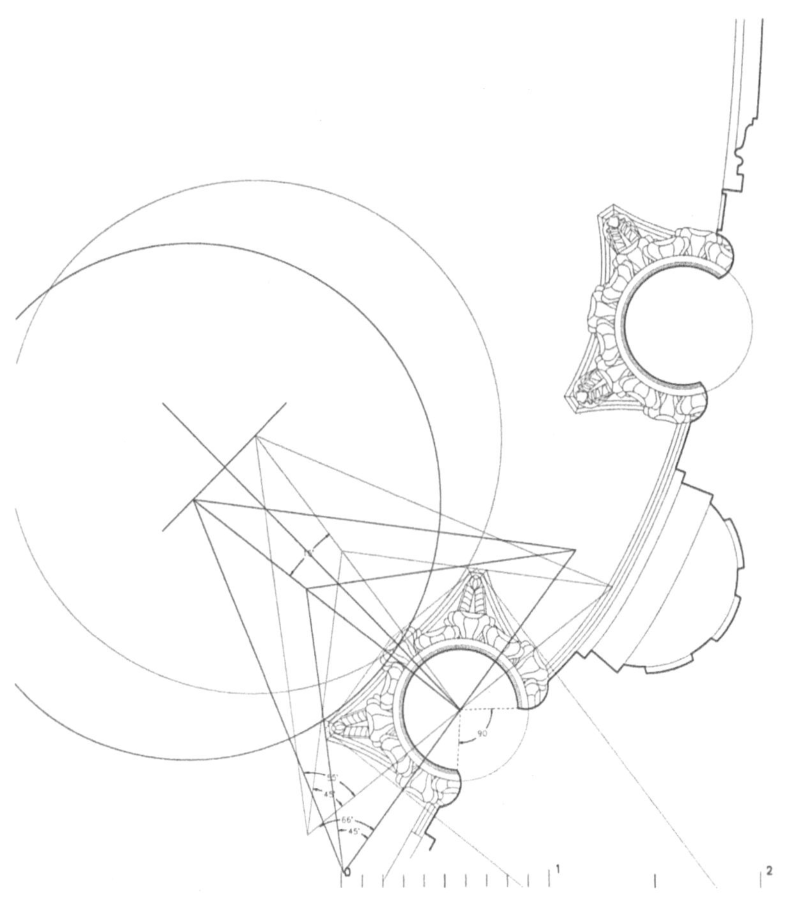

Borromini: San Carlino, geometría del arco del capitel de las columnas torales

horizontales -las cornisas, los ábacos y plintos, el techo y el suelo que aquí, en cambio, están inclinados- ; el otro, en función del recorrido del observador y, por ello, fragmentado en quince puntos de vista -doce, vinculados a cada una de las doce columnas de ambos flancos , y tres más, correspondientes a cada uno de los intervalos que separan los cuatro grupos ternarios en los que se articula la columnata-, cada uno de los cuales da lugar a una construcción perspectiva propia y de modo autónomo, en la que la disminución progresiva de la sección elíptica de las columnas, construida sobre las diagonales del ábaco trapezoidal, resulta menos acelerada y se mantiene proporcional. La descomposición de la imagen perspectiva de la Galería Spada según sus quince puntos de vista, sucesivamente dislocados a lo largo del eje de recorrido, explicita la concepción borrominiana de sus organismos en función de visiones múltiples, relacionadas entre ellas, si bien sintetizadas en una organización global basada en los fenómenos de la percepción, sobre todo del recorrido[9].

Entropía del sistema

El sistema, que Borromini ensaya por primera vez en San Carlino, se caracteriza por introducir previamente unas condiciones de inestabilidad, que se inician fundamentalmente en el trazado planimétrico, y alcanzar posteriormente en la cúspide una solución formal de mayor equilibrio, después de que la completa envoltura muraria haya experimentado una evolución metamórfica sorprendente. Evolución y equilibrio son dos aspectos que, en los sistemas termodinámicos, están vinculados al concepto de "entropía", que se refiere a la medida de la incertidumbre o del desorden de un sistema[10].

[9] Las sutilezas de la Galería Spada escaparon a las inadecuadas representaciones de Lequeu y Letarouilly que, aún hoy, siguen estando presentes en los textos que infravolan esta importante obra de Borromini. Sinisgalli realizó un estudio minucioso de esta obra, desvelando su construcción geométrica según 15 puntos de vista y la geometría elíptica de sus columnas. Cfr. R. SINISGALLI, *Borromini a quattro dimensioni*, Roma, 1981; estudio que, incomprensiblemente, no ha ejercido la repercusión que debiera.

[10] El concepto de entropía aparece con el segundo principio de la termodinámica, que nos dice que los sistemas van siempre de un estado ordenado a un estado caótico, apuntado con ello el carácter impredecible de determinados sistemas. Más recientemente y aplicada sobre modelos matemáticos en general, la noción de entropía ha permitido establecer una clasificación de los sistemas en función de su predecibilidad. Una primera distinción es la que se hace entre sistemas de *entropía nula*, para los cuales su desarrollo es predecible en función del pasado, y los de *entropía positiva*, en los que al menos una parte de su futuro no es predecible. Son a estas últimas situaciones a las que se ha dado el nombre de caos. Cfr. P. ARNOUX, K. CHEMLA, *"Systèmes dynamiques et théorie ergodique"*, en AA.VV., *Chaos et déterminisme*, op. cit., p. 56.

La negación de la centralidad en la planta y su afirmación en el techo es llevada a cabo por Borromini con diversos mecanismos con los que resuelve su transición, no sin ingenio. La disipación en la cúspide de la complejidad enunciada en la planta resulta más elocuente en San Carlino y en San Ivo, si bien en la iglesia de la Sapienza dicha transición se resuelve en condiciones de mayor naturalidad; o, dicho de otro modo, la evolución de tal transición en San Carlino se nos presenta más compleja y se recurre, por ello, a soluciones de detalle en las que se advierte con más claridad la condición de *excepcionalidad* a la que determinados elementos son sometidos. Conviene señalar de nuevo este tratamiento excepcional de algunos elementos y analizar seguidamente su vinculación con la invención en el diseño de la cúpula, para advertir en qué medida el proceso de incertidumbre de la evolución formal de la iglesia trinitaria es reconducido intencionadamente por el sistema borrominiano, dando lugar a lo que, por analogía matemática, llamamos ***variación de la entropía***.

En primer lugar, recordemos que las cuatro columnas torales, que flanquean los transeptos, no se encuentran enfrentadas según las direcciones diagonales a 45°, que son las que orientan el trazado de sus basas, sino que aparecen desplazadas un palmo y medio una respecto de la otra, de tal modo que, al prolongar las directrices a 45° que pasan por sus centros, aquéllas no se cruzan en el centro de la iglesia; las cuatro diagonales así trazadas dibujan en su lugar un cuadrado girado, como si enunciaran un efecto de rotación que, subrayado a su vez en la relación de encuentro entre la columna y el muro y su particular alveolado, va a tener su correspondencia en el diseño ornamental de la cúpula. A pesar de la sutileza de este detalle, el desplazamiento relativo entre las columnas torales de los transeptos persiste en los diseños autógrafos.

Debido a este relativo desplazamiento, Borromini elide la simetría bilateral o especular que sendas columnas opuestas habrían tenido, cobrando mayor protagonismo la **simetría rotacional** que las columnas contienen en sí mismas y que, para el caso de las columnas torales, queda reflejado claramente al contemplar la geometría de su dibujo. Esta simetría rotacional[11], subrayada con el relativo desplazamiento sobre las diagonales en la orientación de las columnas, es complementada por la torsión de los arcos torales, cuyas arquivoltas describen un desarrollo rotatorio que evoluciona en tres dimensiones, constituyendo el segundo escalón de lo que hemos llamado variación de la entropía del sistema y que tiene su continuidad en el diseño del artesonado de la cúpula. Este diseño contiene un conjunto de mensajes diversos, residiendo su poder cautivador en la sutileza de su síntesis y en el hermetismo de su geometría. La forma de la elevación de la cúpula responde a la rotación del anillo oval de su arranque respecto del eje longitudinal[12], mientras que en el cupulino de la linterna la rotación se efectúa sobre su eje transversal. La decoración se resuelve con la alternancia de cruces y octógonos, organizados en cuatro niveles, y unos hexágonos que, rellenando los intersticios entre aquéllos, van a enunciar líneas de tensión diversas.

[11] Una figura tiene simetría rotacional alrededor de un eje si se transforma en sí misma por todas las rotaciones alrededor de dicho eje. Cfr. H. WEYL, *La simetría*, Barcelona, 1975, p. 16 y pp. 45 y ss., donde el autor analiza las simetrías de traslación, de rotación y similares. Las columnas de San Carlino contienen una simetría de rotación y de traslación en el espacio. En San Ivo, la planta dispone de una simetría rotacional ternaria, mientras que la helicoide de la linterna combina en este caso rotación y traslación a lo largo del mismo eje.

[12] La sección transversal describe un trazado circular, mientras que la sección longitudinal desarrolla el correspondiente trazado del anillo oval. Así como aquél sucede con un mayor ajuste, hemos verificado ligeras distorsiones en el trazado oval de la sección longitudinal, detectando un estrechamiento en sus riñones que producen el dibujo de un arco más apuntado. Cabría encontrar su explicación en una intencionada deformación, en aras de lograr mejores condiciones de estabilidad estructural, o, lo que también resultaría lógico según la práctica constructiva habitual, que la ejecución de la cúpula se realizara mediante trazados elípticos a partir del inicial óvalo de su arranque. El artesonado organiza el intradós en cuatro niveles; la curvatura de la cúpula se inicia en el último tercio del primer nivel sobre el arranque.

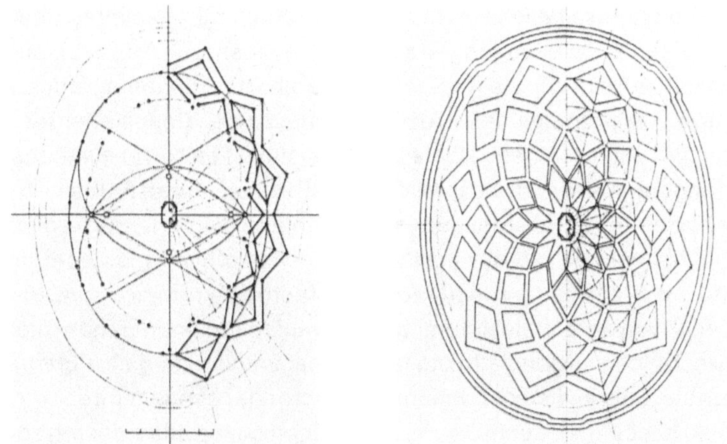

Miguel Angel: Plaza del Campidoglio. Dibujo del pavimento medianteóvalos de centros sucesivamente desplazados.

Cruces y octógonos se alinean, en lógica disminución perspectiva, según dieciséis semiejes. La lógica deformación de las figuras del artesonado, más al implantarse sobre una cúpula oval, es acentuada por el hecho de que el óvalo del óculo cenital no es concéntrico con el anillo oval de arranque de la cúpula (Fig. III.29). Esto determina que las diversas secciones horizontales de la cúpula respondan a una sucesión de óvalos con centros de curvaturas progresivamente desplazados, que van desde los centros del trazado del inicial anillo oval de arranque de la cúpula hasta los centros de curvatura del óculo cenital; esta sucesión de óvalos, cuya proporción entre ejes varía permanentemente, constituye el soporte para el dibujo planimétrico de las figuras del artesonado. Miguel Angel había empleado este mecanismo de sucesión de óvalos no concéntricos para definir el dibujo de la rosa de los vientos en la plaza del Campidoglio de Roma[13].

[13] Sobre este trazado de Miguel Angel, mediante sucesión de óvalos no concéntricos, cfr. H.THIES, *Michelangelo, das Kapitol*, Munich, 1982, fig. 8-11, p. 30. Los escalones que, en San Ivo, enlazan el tambor con la linterna son segmentos circulares no concéntricos, trazados desde centros sucesivamente desplazados, tal como el propio Borromini dibuja en los diseños Alb. 500, Alb. 509, y Giannini recoge en los grabados que realizó de San Ivo.

La figura de la *rosa de los vientos*, que Borromini dibujó expresamente en algunos diseños de bóvedas (Alb. 218) o pavimentos (Alb. 422), puede reconstruirse en la cúpula de San Carlino a partir, fundamentalmente, de las figuras hexagonales del artesonado que, como jalones silentes, enuncian los movimientos helicoidales que concluyen en torno a sendos círculos tangentes e inscritos en el óvalo del óculo cenital. Estas virtuales **trayectorias helicoidales**, que introducen una evidente perturbación sobre la disposición radial y más estable de las cruces y los octógonos, constituyen el corolario adecuado a los efectos de rotación que, desde el carácter envolvente de la columnata, se habían ido enunciando sucesivamente. Su convergencia hacia la linterna, único foco de luz claramente perceptible, subraya su condición de atractor del espacio interior, cuyo efecto de succión se acentúa en la mixtilínea convexidad del intradós de la linterna. La complejidad que contiene el diseño del artesonado de la cúpula se viene a sumar a la compleja metamorfosis operada sobre la envoltura muraria, y nos revela el nuevo orden del sistema de Borromini, atento a explotar la cualidad tridimensional del espacio y su tensión ascendente hacia la cúspide[14].

[14] René Thom ha afirmado, en contra de las viejas creencias de la termodinámica, que no necesariamente la variación de entropía de un sistema está vinculada a una evolución hacia un estado caótico: *"... hoy se acepta con más facilidad la idea de que ciertos medios inanimados generan de forma casi obligatoria, de forma extremadamente estable, morfologías extremadamente complejas ... Obviamente va contra las viejas creencias de la termodinámica, cuyo segundo principio nos dice que los sistemas van siempre de un estado ordenado a otro caótico. En realidad, si se considera de cerca la demostración del segundo principio de la termodinámica, no hay nada en absoluto que permita afirmar que la variación de la entropía esté necesariamente vinculada a una evolución hacia un estado caótico. La evolución de un sistema hacia un estado más estable podría estar relacionada con la aparición de un orden"*. Cfr. R. THOM, op. cit., 1993 (*1980*), p. 45.

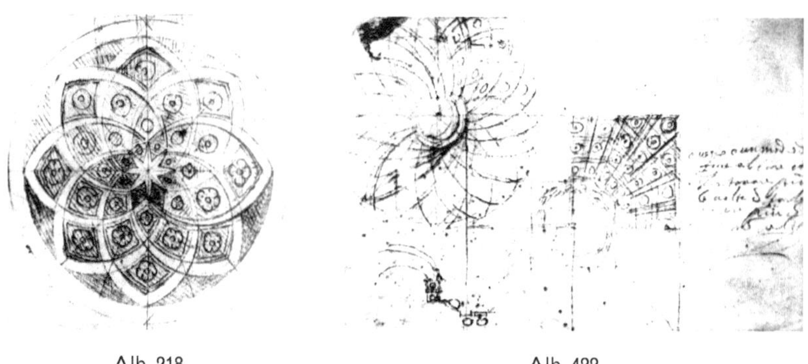

Alb. 218 Alb. 422

Diseños de Borromini en los que aparece el dibujo de la *rosa de los vientos*:
Alb. 218 (estudio para la decoración de bóvedas) y
Alb. 422 (estudio de pavimento para San Juan de Letrán).

LA MAGIA DEL DEMIURGO

REFLEXIONES SOBRE LA IGLESIA DE MARCO DE CANAVEZES, DE ALVARO SIZA.

1997

Álvaro Siza ha construido una iglesia en Marco de Canavezes que constituye el edificio más representativo de un proyecto más amplio que incluye otros dos edificios aún sin edificar: uno albergará la residencia y el otro, un pequeño auditorio y la catequesis. Todo el conjunto se apoya sobre una plataforma que resuelve la articulación topográfica entre las estribaciones del caserío y la Avda. Gago Coutinho.

Se reparte el programa en edificaciones diversas y diferenciadas por su escala y carácter, situadas en torno a la plaza en la que desembocan la rampa peatonal que comunica con las edificaciones existentes y el recorrido de acceso principal a través de la escalera que arranca de la avenida. Bajo la iglesia se desarrolla la cripta, con sus espacios de servicio, a la que se dota de un acceso independiente y más íntimo a través de un patio porticado.

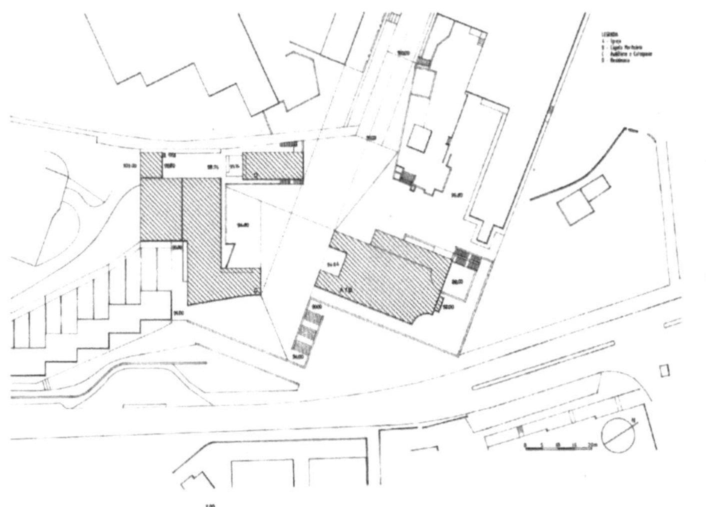

Marco de Canavezes. Ordenación general

La nitidez volumétrica del basamento sobre el que se sitúan las distintas piezas del proyecto, clara referencia a la idea de "acrópolis", y la rotundidad de la iglesia nos aportan una imagen definida con precisión, en la que la particular solución del ábside y de las dos torres de la fachada aportan un gesto provocador al explotar la ambigüedad que suscitan sus referencias formales. La diferente disposición de las distintas piezas sobre el basamento establece una jerarquía de intenciones al enfrentar las preci-

Marco de Canavezes. Dos vistas interiores

sas relaciones geométricas que existen entre el trazado de la iglesia y los muros que delimitan la plataforma de apoyo con la más ambigua disposición de los edificios menores que componen la residencia y la catequesis.

En esa dialéctica entre formas inmediatamente reconocibles y mecanismos de composición más herméticos advertimos niveles de comunicación diversos. La aparente sencillez de sus formas, haciendo mutis de su compleja elaboración y albergando matices ocultos, acentúa el efecto mágico e intimista de la poética de Álvaro Siza, dirigida a estimular la capacidad de evocarnos sensaciones que, aún reconociéndolas, no resultan fáciles de precisar.

La iglesia asume el protagonismo simbólico del proyecto, emergiendo con rotundidad desde el basamento. Su acceso queda ritualizado por el acceso zigzagueante a través de la escalera que se alinea con la fachada de aquélla y con el eje de la rampa peatonal. Pero la capacidad significante de la arquitectura de Álvaro Siza no radica tanto en la forma de los objetos arquitectónicos como en el particular modo en que éstos activan la atmósfera de un lugar. El diálogo entre la rotundidad de la iglesia y la críptica composición de los otros dos edificios, definidos a partir de piezas autónomas que se yuxtaponen directamente y que crecen volumétricamente como en un inacabado proceso de formación, atiende a esa fricción entre las condiciones de precisión y las de ambigüedad.

Iglesia en Marco de Canavezes, Álvaro Siza

Alvaro Siza nos ha recordado que la ciudad no está hecha sólo de una realidad, sino también de su memoria[1]. Con esa fragmentación volumétrica que opera sobre la residencia y la catequesis, con piezas claramente individualizables que emergen de una planta continua e inarticulada, no nos ofrece solamente una analogía con las edificaciones menudas, volumétricamente nítidas y desordenadas del entorno, sino que además nos explica una poética interpretación del "proceso" de formación y transformación del lugar, dotando a la arquitectura de una cualidad temporal más allá de la fisicidad de sus formas.

El lugar es un fenómeno sobre el que indagar sus leyes de formación[2]. Por ello, esa fragmentación volumétrica, más allá de ser una estrategia de organización del programa o afrontar cuestiones de escala, resulta también un mecanismo que prolonga las leyes de formación que la ciudad ha utilizado a lo largo del tiempo y supone el entendimiento del objeto arquitectónico, y de la ciudad por extensión, como un organismo en crecimiento con unas leyes de formación que nos resultan menos tan-

[1] Cfr. A. Zaera: "salvando las turbulencias: entrevista con Alvaro Siza". *El Croquis, 68/69,* Madrid, pág. 16.

[2] "... en la física moderna no se pretende tanto conocer cosas y sus causas, como fenómenos y sus leyes; por tanto, lo que interesa es el modo de la variación, ...". Cfr. Julián Marías: *G. W. Leibnitz: Discurso de la metafísica,* Ed. Altaya, Barcelona, 1994 (1942), pág. 114, n. 16.

Marco de Canavezes. Fachada principal

Marco de Canavezes. Dos vistas interiores

gibles porque no definen un sistema cerrado y autosuficiente, sino que continúan un sistema abierto e indeterminado del cual los elementos heredados del entorno y ajenos al programa del propio proyecto pueden ser incorporados en la idea de proyecto como variaciones de ese sistema.

El volumen de la iglesia nos muestra más claramente algunas claves formales de su arquitectura; entendemos la condición moderna de la "caja" definida por sus aristas puras[3], pero dos singularidades, el ábside y la fachada con dos torres, perturban la lectura lineal del sistema anunciado. Esta analogía formal no es literal, no sólo porque no existe en las formas de la historia un modo similar de articular el volumen principal de la iglesia con los volúmenes del ábside y de las torres, sino porque la invención formal de Siza en Marco de Canavezes parece surgir de otras razones que, a su vez, identifican el proyecto con el lugar concreto donde se construye.

[3] Cfr. J. C. Arnuncio: "La caja vacía: Sobre el proyecto de Alvaro Siza y Rolando Torgo para el centro Parroquial de Marco Canavezes", *Anales de Arquitectura,* 4, Dpto. de Teoría de la Arquitectura y Proyectos Arquitectónicos, E.T.S.A. Valladolid, 1992, págs. 208-216.

La solución de la cabecera de la iglesia, en forma de ábside con dos paños cóncavos al exterior y el tercero recto, involucra en el diálogo formal del conjunto al edificio preexistente cuya solución volumétrica del testero es análoga y cuya disposición en el lugar sirve de referencia geométrica para el trazado de la caja de la iglesia y de los muros del basamento de todo el conjunto. El paño recto del ábside se alinea con la fachada interior de aquel bloque y el volumen menor que trasdosa ese paño recto y que funciona como caja de luz para iluminar el transparente situado tras el altar, único elemento más bajo que la caja de la iglesia, a excepción del cuerpo de confesionarios y sacristía, enrasa su altura con la del edificio preexistente.

La imagen de la fachada flanqueada por dos torres es el resultado, más que de la traslación inmediata del tipo eclesial histórico, de una técnica compositiva utilizada por Siza en otros proyectos (Casa Avelino Duarte, Biblioteca de Aveiro), cual es el vaciado parcial sobre la compacidad de la caja mediante sustracción de partes de la misma. Esta sustracción introduce una direccionalidad de relación entre la iglesia y el centro parroquial, que se subraya en el trazado del pavimento de acceso a éste, y que es ortogonal al trazado de los recorridos de accesos al conjunto, dirigidos por la escalera, la propia fachada de la iglesia y la rampa peatonal que asciende hacia el caserío existente.

En este cruce de relaciones se desarrolla la plaza, en la que como en anteriores ocasiones (la Escuela de Arquitectura de Oporto sería un buen ejemplo) se renuncia a una geometría estable, a una solución demasiado obvia, pero cuya cualidad se confía a relaciones rigurosas que derivan de la posición y formalización de cada una de las piezas del conjunto. A un lado de la rampa surge una pequeña edificación con cubierta a dos aguas y dos hastiales que aparecen repetidamente en los croquis del arquitecto y con la cual se alinea el cuerpo de confesionarios. Al otro lado, se alza un bloque mayor cuya fachada sobre la rampa sirve de referencia sobre la que alinear dos esquinas de los edificios menores. Una pertenece a la residencia y la otra, a la catequesis.

Sin embargo, ese rigor apenas se explicita, pertenece a la intimidad del proceso de creación y se convierte en soporte subyacente capaz de aportar la atmósfera necesaria al lugar, de provocar sensaciones que nos llegan desde ese orden oculto que orienta cada gesto.

Esa cualidad subyacente que alienta todo el proyecto se traslada al uso de la técnica constructiva, silenciando bajo tersos y abstractos paramentos blancos la sabiduría tectónica que permite la definición de las aristas puras que delimitan el volumen de la caja, la aparición de la gran ventana rasgada de dieciséis metros, o el encuentro, sin solución de continuidad, entre el zócalo de piedra y la pared revocada sin la mediación que la lógica constructiva de la tradición recomienda para resolver el encuentro entre materiales diferentes.

El empleo de muros de hormigón continuos, situados en el intradós de la piel del edificio, junto a la sabia elaboración del detalle constructivo que rechaza ilustrarse formalmente, permite estas soluciones plásticas en una lúcida demostración de que la arquitectura no debe confundir los medios que sirven para construirla con los fines que orientan su creación.

Alvaro Siza explota los beneficios que le proporciona la nueva tecnología sin necesidad de explicitar su funcionamiento. El conocimiento técnico se pone al servicio de las intenciones del proyecto, permitiendo mayores dosis de abstracción formal. La depuración de formas y lenguajes potencia los aspectos sensibles de la arquitectura. La construcción de sus formas se muestra atenta a los avances de la técnica constructiva, en permanente evolución, pero su creación obedece a intenciones poéticas no necesariamente novedosas[4].

Quizás estas cuestiones resulten más ilustrativas en el Museo de Santiago de Compostela, donde Alvaro Siza no recurre al uso de los paramentos blancos a lso que nos tiene acostumbrados. La opción del granito para revestir los volúmenes del edificio se justifica claramente en el contexto arquitectónico de la ciudad, pero su ejecución aprovecha la moderna técnica de construir el cerramiento con capas diversas, permitiendo la disposición de una cámara ventilada. Las grandes piezas de granito, con un espesor de quince centímetros, están colocadas a hueso y colgadas de una estructura auxiliar, anclada a los muros de hormigón,

[4] "... un saber científico no puede más que progresar; mientras el arte y la filosofía no progresan necesariamente, la ciencia progresa obligatoriamente". Cfr. R.Thom: *Parábolas y catástrofes: entrevista sobre matemáticas, ciencia y filosofía,* a cargo de G. Giorello y S. Marini. Ed.Tusquets, Barcelona, 1993 (1980), pág. 54.

ofreciéndonos la poética paradoja de construir un "muro cortina de granito".

En el interior de la iglesia sus formas evocan tiempos diversos de la historia de la arquitectura: el esencializado arcaísmo en el diseño del altar, el sillón, el sagrario, la monolítica pila bautismal de mármol y las altas puertas de acceso; la tensión barroca que introducen las superficies convexas del ábside a ambos lados del transparente geminado y el muro alabeado de la izquierda que, adquiriendo mayor espesor en la parte superior, permite la captación de luz noroeste a través de una especie de triforio; la modernidad de la ventana rasgada sobre la fachada sureste, único hueco que permite la visión sobre el paisaje hasta el río. Pero nuevamente las analogías no son literales ni se trata de la técnica del collage, sino de un sutil mecanismo compositivo destinado a provocar nuestra sensibilidad y transmitirnos la condición sagrada del espacio[5].

Reconocemos el significado de esas formas, pero la transformación operada sobre ellas nos obliga a una lectura del conjunto nueva. Identificamos esas formas como cosas ya vistas, pero no se explicita la mágica alquimia que, transformándolas, nos transmite una lectura autónoma del conjunto[6]. El engaño de s os ojos resulta eficaz porque a partir de formas reconocibles se explora su capacidad de transformación mediante mecanismos que nos resultan menos tangibles, situándonos en un espacio que nos sorprende por la inherente fricción entre lo tangible y lo subyacente[7].

[5] "... el arte no se limita a revestir la sensibilidad con una forma, sino que despierta en la sensibilidad de la forma". Cfr. H. Focillon: *La vida de las formas y elogio de la mano*, Xarait, Madrid, 1983 (1943), pág. 50

[6] "Mi concepto de la imaginación es la capacidad de transformación de las cosas ya vistas, un pilar, la forma tradicional de una viga, aislada o incluida en un organismo donde el conjunto, por recíproca influencia de elementos, conduzca a una imagen legible y autónoma". Cfr. S. de la Mata y F. Porras: "Entrevista con Alvaro Siza", Arquitectura 271-272, 1988, pág. 189. Sobre los mecanismos compositivos de 3ª. Siza, véase Antonio Cortés: "Los desplazamientos de Alvaro Siza. Un comentario sobre tres edificios: La casa Margarida, la casa Avelino Duarte y el Banco Borges e Irmao en Vila do Conde". *Anales de Arquitectura,* 4, 1992, págs. 192-199.

[7] En 1625 Piero Accolti publicó en Florencia un manual de perspectiva intitulado "*Lo inganno degl'ochi*", tan sólo cinco años antes del despertar del Alto Baroco (Borromini, Bernini, Cortona) que constituye una de las etapas fenomenológicas más potente de la historia de la arquitectura.

Ante la atmósfera de ese espacio, que trasciende las formas que lo construyen, nos viene a la memoria la definición de "arte" del poeta Adalbert Stifter con la que Hans Sedlmayr encabezaba su análisis de la fachada de San Carlino de Borromini: "La característica de una obra de arte consiste exclusivamente en que priva al lector de su ambiente y lo sustituye por el suyo propio"[8].

[8] Cfr. H. Sedlmayr: Épocas y obras artísticas, Ed. Rialp, Madrid, 1965, vol. II, pág. 78.

PAULO MENDES DA ROCHA

CONSTRUCTOR DE HORIZONTALES EN EL AIRE.

2014

Introducción: Invención y oportunidad

"... La construcción de una horizontal perfecta, que no existe en la naturaleza, exige una gran dosis de invención..."[1], no sólo porque hay que evacuar las aguas, como el propio arquitecto apostilla, sino porque ese deseo comporta reformular las categorías con las que construir la arquitectura: relación entre forma y estructura, implantación del edificio en el suelo, conciencia del lugar, relación entre interior y exterior, construcción como acto poético, relación entre técnica y naturaleza.

El programa se convierte en la *oportunidad*[2] para la acción política de hacer ciudad. Una sombra, un jardín y un teatro al aire libre son los tres deseos expresados en los croquis iniciales; la respuesta es albergar el museo interior bajo las plataformas, rampas y escalinatas que habitan bajo el dintel de sesenta metros.

La estrategia de PMdR difiere de la ocultación impuesta por Mies al ubicarlo bajo el plano de planta baja[3]. El dintel de PMdR comporta un señalamiento en el lugar, una marca en el territorio, un acto fundacional; por ello su claro y elemental trazado contrasta con la intensidad formal de cuanto acontece bajo él[4].

[1] MENDES DA ROCHA, P., La ciudad es de todos. Barcelona: FQ, Fundación Caja de Arquitectos 2011, 84

[2] "... la arquitectura no desea ser funcional sino oportuna", MENDES DA ROCHA, La ciudad es de todos, 28

[3] Mientras el brasileño talla el suelo, creando una variada topografía en claro contraste con la horizontalidad, activando el espacio que habita bajo el gran umbráculo horizontal, el alemán ubica en la planta baja de la galería Nacional de Berlín sólo aquello que le facilita la clara diafanidad del espacio sándwich. En ambos la estructura constituye una categoría principal y asume la superposición de escalas que manejan. La construcción del espacio sándwich, disponiendo la estructura en el perímetro de la caja, conlleva, en las obras de las grandes salas diáfanas de Mies, la proyección de las cerchas hacia el exterior del plano de cubierta (Crown Hall de Chicago, teatro nacional de Mannheim, una estrategia que el arquitecto brasileño utiliza en la estructura prefabricada de la casa Gerassi) o el tablero de gran canto de Galería Nacional de Berlín para configurar el baldaquino arquitrabado que se alza sobre la plataforma que oculta el museo en el sótano.

[4] PMdR actúa de forma inversa a Jorn Utzon. El arquitecto danés reconoce el acto fundacional de la construcción de plataformas en la arquitectura y lo evoca en sus obras. Para subrayar "la fuerza expresiva de la plataforma", Utzon experimenta los más diversos skyline, pero nunca una horizontal que compita con la plataforma; al contrario, sus dibujos explicitan el deseo de construir nubes flotando sobre las plataformas. UTZON,J., "Plataformas y mesetas". Zodiac 10 (1962).

A través del análisis comparativo entre el MuBE y algunas obras anteriores y posteriores veremos cómo la idea de construir una horizontal en el aire conjuga la respuesta al programa, la implantación, la organización espacial, la solución formal y su lógica constructiva y así comprender cómo Paulo Mendes da Rocha entiende la construcción como herramienta y como voluntad; como estrategia para dar respuesta a los problemas planteados y al deseo proyectual; la construcción, así entendida, confiere a la forma la categoría poética[5].

MUBE (1986-95). Una horizontal en el aire. (Fig 01-05)

El MUBE posee, entre otras virtudes, la de dar visibilidad al método proyectual de PMdR. Situada cronológicamente en el medio de su carrera, la sencillez de sus estrategias formales ilumina la mayor complejidad de obras anteriores (el Pabellón de Osaka, el Pompidou o el MAC de la Universidad de São Paulo), permitiéndonos entender la similitud de sus planteamientos y la versatilidad de las variaciones posteriores sobre el mismo tema.

Allí donde había que construir un edificio para un museo de escultura, que contuviese los espacios de exposiciones, un auditorio y los necesarios espacios auxiliares, la respuesta de PMdR es construir "una sombra, un jardín y un teatro al aire libre, rehundido". Es fundamental en la géne-

[5] "La obra de Paulo Mendes da Rocha es expresión contundente de la confianza en un proyecto moderno ... que se basa en el dominio del saber técnico, en la intensidad conceptual, en el mecanismo de abstracción, en la voluntad de inserción urbana y en la vocación social", MONTANER, J. M.,"La obra de Paulo Mendes da Rocha en el panorama internacional", en MONTANER, J. M., VILLAC, M. I.,Mendes da Rocha. Barcelona: GG, Gustavo Gili, 1996, 6.
"La vista del horizonte en la arquitectura de Paulo Mendes da Rocha es programática. A pesar de su posición crítica, su arquitectura comunica un sentido de esperanza", SPIRO, A., *"One enters through one door and then leaves through another. Notes on the work of Paulo Mendes da Rocha from Annette Spiro"*, en SPIRO, A., *Paulo Mendes da Rocha. Works and Projects.* Zurich: Niggli, 2006, 29.
Un profundo análisis de la obra del arquitecto brasileño desde la perspectiva de la técnica estructural como razón formativa de su arquitectura está en GARCÍA DEL MONTE, J. M., *Paulo Mendes da Rocha. Conciencia arquitectónica del pretensado*, Buenos Aires: Nobuko, 2012.

sis del proyecto la atención prestada a las condiciones programáticas[6], pero son dos estrategias las que definen el proyecto: la inclusión de la ciudad y el señalamiento de ese lugar (sombra, jardín, teatro) que ha de ser lugar de encuentro y relación. Éstas son estrategias que presiden toda la obra de PMdR, las que construyen imágenes que muestran cómo el arquitecto vuelve una y otra vez sobre el mismo tema y las que ayudan a concretar la respuesta técnica y espacial concreta en función de la especificidad de cada programa y ubicación.

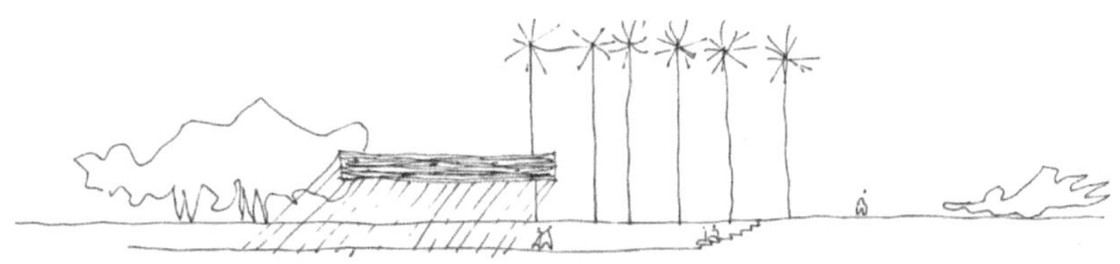

Paulo Mendes da Rocha. MuBE, São Paulo, 1986-95, croquis: jardín, sombra y teatro al aire libre.

[6] Desde su uso como exposición de esculturas y dibujos en el interior, a los mecanismos de acceso desde la calle Alemana en relación al entorno, a su relación con la escala doméstica del contexto residencial próximo, al desarrollo de actividades culturales en conexión con el vecino Museo de la Imagen y el Sonido, la lectura de la estructura urbana y la nueva avenida Europa, a la que el gran dintel de 12 por 60 metros es perpendicular. Ver MENDES DA ROCHA, Paulo, "Cultura y Naturaleza", en PIÑÓN, Helio, Paulo Mendes da Rocha. Barcelona: Universitat Politècnica de Catalunya, 2003, 31-38.

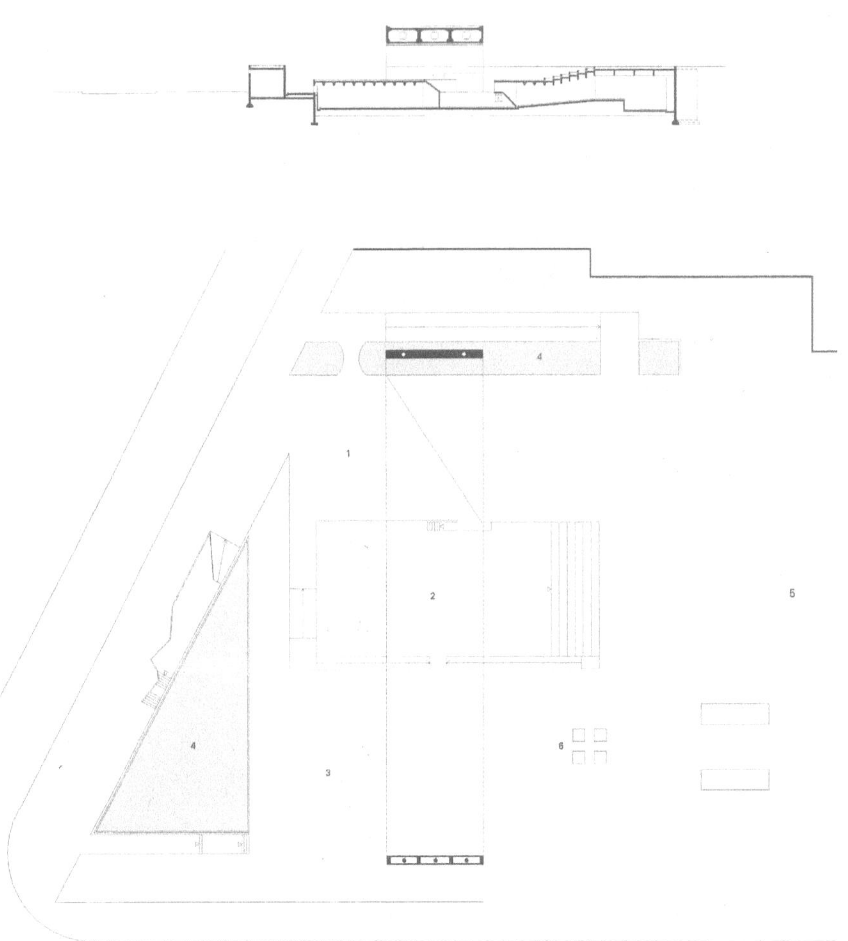

Paulo Mendes da Rocha. MuBE, São Paulo, 1986-95, Planta y Sección O-E.

Paulo Mendes da Rocha. MuBE, São Paulo, 1986-95, vista de la plaza inferior de entrada a las exposiciones, al fondo el teatro al aire libre y el jardín lateral.

Paulo Mendes da Rocha. MuBE, São Paulo, 1986-95, Vista de sendas entradas al auditorio, a la izquierda el acceso en rampa hacia el subsuelo.

Paulo Mendes da Rocha. MuBE, São Paulo, 1986-95, vista del teatro al aire libre y del jardín lateral al fondo, plaza de acceso a las exposiciones en el ángulo inferior derecho.

Esta rotundidad de la obra construida es pareja a la nitidez con que se dibuja en los croquis y que el propio arquitecto subraya: "*Un museo de Esculturas, Pinacoteca y Ecología será visto como un gran jardín, como una sombra y un teatro al aire libre, rebajado en el recinto*". La consecución de este objetivo determina que todo el programa de usos quede enterrado para dar visibilidad a la imagen deseada; sin embargo, se explotan los requerimientos volumétricos de cada parte para conformar un tallado del terreno y activar una topografía que no es sino un jardín de piedra que completa el jardín vegetal que diseñará su amigo Roberto Burle Marx. Hay un deseo claro de construir un espacio colectivo más allá del uso específico concreto, de incluir la ciudad en el uso privado del museo, que conlleva una destreza en el manejo de ambas escalas pero también una jerarquización poética de los problemas. Esta actitud aparece en el uso que el arquitecto hace de la técnica y en la comprensión del papel que ésta debe cumplir en la arquitectura. Esa sombra que aporta la horizontal que señala el lugar se logra con vigas prefabricadas de gran canto que permiten salvar sin interrupción los sesenta metros de largo, en una escala monumental, si se quiere, que dialoga con la nueva avenida Europa, pero se coloca a 2,50 metros de suelo más elevado de la plaza de esculturas al exterior, que es una altura muy próxima a la de las viviendas del entorno[7].

OSAKA (1969). El espacio fenomenológico entre el suelo y el techo. (Fig 06)

En el Pabellón de Brasil en la Exposición de Osaka (1969) la cubierta resalta su autonomía formal respecto del suelo[8] acentuando el carácter fenoménico que surge del contraste entre el suelo y el techo[9]. Aquí el arquitecto inventa una topografía natural de dunas bajo las que entierra el programa de usos interiores, acotando una plaza entre las dunas y la cubierta que más bien resulta un híbrido entre ciudad y naturaleza. La experiencia del espacio queda estimulada en el encuentro de la sección ondulada del suelo y el perfil mistilíneo de la cubierta, en la que aparece ya el recurso técnico y formal del doble voladizo de obras posteriores[10]. La lógica estructural del doble voladizo en los extremos define el perfil mixtilíneo de las vigas laterales, configurando la imagen de pájaro en disposición de alzar el vuelo, metáfora que se subraya por el hecho de que tres de los cuatro apoyos sobre el suelo se entregan directamente sobre las correspondientes dunas y el cuarto se configura como un pilar con marcado carácter simbólico (algo también extraño en la obra del arquitecto brasileño). Al igual que en el MUBE, el área del suelo tiene mayor desarrollo que la gran marquesina; esta cumple igualmente la

[7] La demanda de la población cercana de no privatizar este solar y rescatarlo como espacio público encontró en Paulo Mendes da Rocha la respuesta oportuna. El teatro exterior del Mube, ubicado bajo el gran dintel, emparenta con soluciones similares de la Escuela Jardim Calux (1972) o el FIESP de Sao Paulo (1996).
[8] GARCÍA DEL MONTE,J. M., Paulo Mendes da Rocha, 244.
[9] VILLAC, M. I., "Lo ejemplar del ejemplo", en MONTANER,J. M, e altri, Mendes da Rocha, 16.
[10] Es esta una obra más orgánica y compleja, abierta a contingencias y reflexiones aún pendientes (como sucede con el proyecto de hotel para Agadir de Rem Koolhaas, claramente influenciado por el pabellón brasileño). GARCÍA DEL MONTE, Paulo Mendes da Rocha,169 y 240 y ss; ARNUNCIO,J. C., Peso y levedad. Notas sobre la gravedad a partir del Danteum. Barcelona: FQ Fundación Caja de Arquitectos 2007, 69.

función de señalar el lugar pero incorpora al accidentado relieve del suelo la idea de profundidad en el techo con el gesto de la sección y el artesonado de su losa. La asimetría de los vuelos, derivada del deslizamiento diagonal en la alineación de los puntos de apoyo sobre el terreno, dota de mayor autonomía a la cubierta con respecto al plano del suelo.

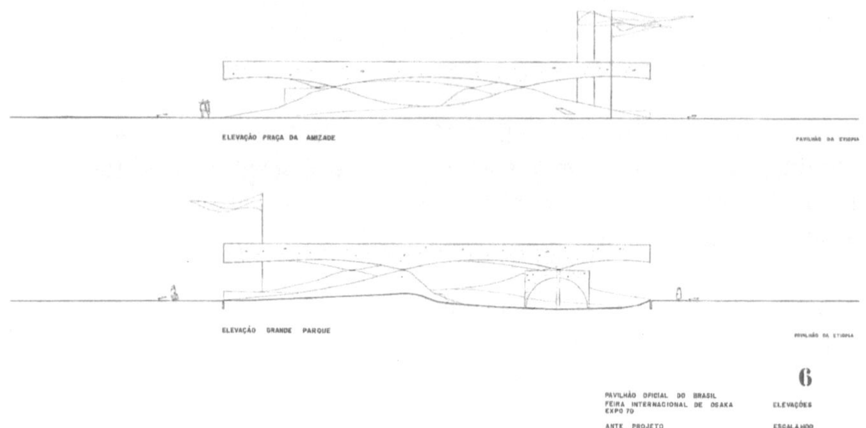

Paulo Mendes da Rocha. Pabellón de Brasil Expo 70 en Osaka, 1969, Alzados

POMPIDOU (1971) (Fig. 07-08) y MAC USP (1975) (Fig. 09-11). La estructura habitada de las cajas suspendidas en el aire.

Las propuestas de estos dos museos, algo posteriores a la Exposición de Osaka, introducen una complejidad formal y conceptual que va a encontrar su eco en obras posteriores. En ambos casos, aunque en versiones diferenciadas, el gran dintel se ha transformado en una caja habitada que resuelve en sí misma el problema de la estructura; suspendida en el aire, alberga parte del programa y protege el espacio urbano inferior que discurre libremente bajo ella. El laboratorio proyectual de PMdR nos da la oportunidad de apreciar la versatilidad de su sistema de pensamiento a partir de las específicas diferencias entre sendas obras.

Paulo Mendes da Rocha. Centro Cultural Georges Pompidou, París, 1971, Croquis

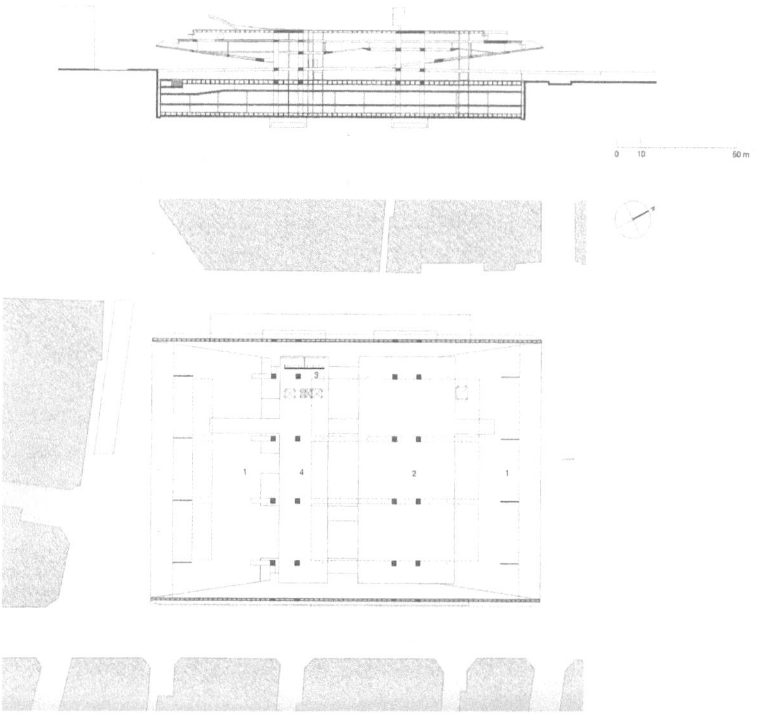

Paulo Mendes da Rocha. Centro Cultural Georges Pompidou, París, 1971, Planta y sección

Las estrategias formal y espacial del Museo Pompidou quedan reveladas en uno de esos sintéticos croquis del arquitecto que explicitan con trazos precisos el juego de horizontales y su relación con el suelo, identificando el programa con la palabra: la relación del edificio con la ciudad se establece en dos niveles (NGF 36 y 32); esto permitirá diferenciar el espacio público de conexión con las diferentes infraestructuras de comunicaciones del espacio urbano de aproximación y entrada desde abajo; en el espacio rehundido se ubica el jardín, al que vierte la biblioteca inferior y que conecta todo el área entre el museo propiamente dicho y las tres torres circulares que completan la propuesta en el otro extremo; el jardín marca la división en altura de las dos partes fundamentales del programa: la biblioteca y otros usos auxiliares, en la parte inferior, y todo el complejo del museo en el volumen suspendido sobre el jardín y la ciudad, en el que aparecen los planos inclinados de las fachadas abocinando el espacio de llegada, delineando las rampas interiores de circulación y anticipando el mecanismo de solidaridad estructural de los forjados en vuelo. El volumen del museo es una pirámide truncada invertida con planos de fachada a contraplomo, con inclinaciones diferenciadas dos a dos; unas con suave pendiente de rampa y las otras más inclinadas con mayor implicación en el sistema estructural, adoptando la forma de viga pilar en forma de 7 que arriostra el sistema de sendos pórticos centrales de dobles pilares; estos soportan las grandes vigas de dobleT de la cubierta con doble voladizo compensado.

PMdR ha afirmado la conciencia técnica de su imaginación[11]. Qué decir de la desaparición del concepto de fachada como forma y lenguaje en el museo Pompidou para transformarse sucesivamente en techo sobre el espacio exterior y suelo inclinado en el interior del museo. Un interior rico y complejo en su construcción espacial, que desde la planta cabe leer como un espacio basilical con tres naves articuladas a partir de los dos pórticos centrales de dobles pilares, cuyas naves laterales cuelgan en sus extremos de las vigas de gran canto de cubiertas mediante estilizadas pantallas; que espacialmente es un continuo fluir de circulaciones y conexiones de rampas, entre las cuales las que cabría interpretar como fachadas inclinadas norte y sur.

[11] A propósito de la relación dialéctica entre arte y técnica: "... mi imaginación es técnica, porque la conciencia sobre la necesidad del lenguaje es de tal orden que me obligo a reflexionar utilizando la técnica...Lo que aparece con la técnica no es la técnica, sino el pensamiento y, más aún, la razón." MENDES DA ROCHA,"Cultura y Naturaleza", 17.

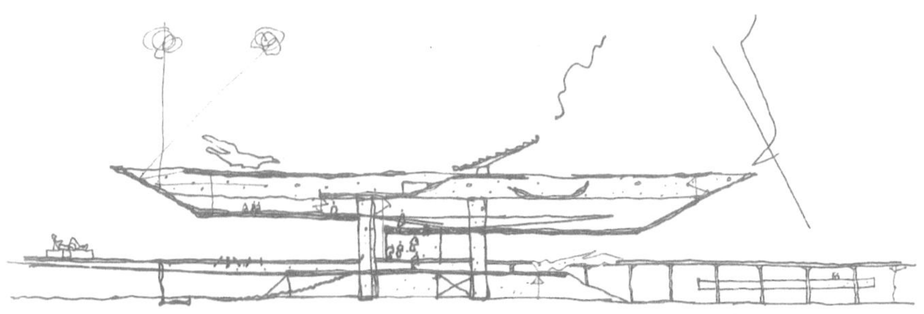

Paulo Mendes da Rocha. Museo de Arte Contemporáneo MAC de la Universidad de São Paulo USP, 1975, Croquis sección

Paulo Mendes da Rocha. Museo de Arte Contemporáneo MAC de la Universidad de São Paulo USP, 1975, maqueta

Este sistema del doble voladizo compensado, que ya aparecía en Osaka, reaparece en el MAC de São Paulo con nuevas variaciones sobre lo dicho en el Pompidou que testean la eficacia del método paulista. La fragmentación del programa se distribuye nuevamente entre la caja estructural habitada y suspendida en el aire, los espacios que alberga el área bajo rasante y abierta a un jardín rehundido y el espacio intermedio y abierto de la planta baja que introduce lo colectivo y la ciudad misma, penetración que, nuevamente aunque con diferente inclinación, potencian la geometría a contraplomo de las fachadas norte y sur.

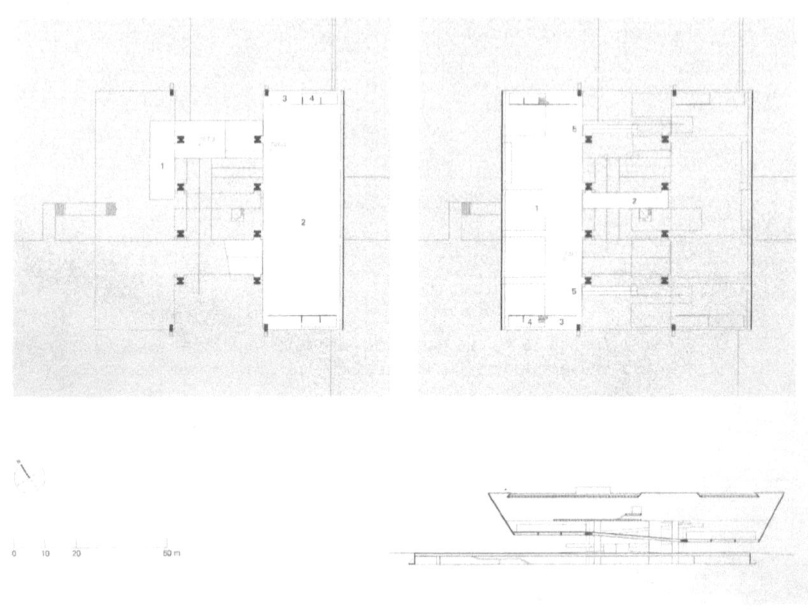

Paulo Mendes da Rocha. Museo de Arte Contemporáneo MAC de la Universidad de Sao Paulo USP, 1975, Plantas y sección

Reaparece en la caja estructural habitada el mecanismo espacial y estructural de la planta basilical de tres naves a partir de los dos pórticos centrales y el equilibrio de doble voladizo en los extremos, pero la invención agolpa las transformaciones: la sección este oeste es asimétrica; el espacio de planta baja posee diferentes alturas; en planta primera existen en realidad dos naves, aunque la central la ocupan rampas y pasarelas de conexión entre las naves laterales de los pisos superiores; el piso superior contiene cinco naves de exposiciones separadas por muros viga de norte a sur que permiten el vuelo de 35 metros a cada lado.

FORMA (1977-94)(Fig. 12-13) y GERASSI (1989-91) (Fig.14-15). La vuelta al dintel y lógica visual

La intensidad arquitectónica de esas obras de los años setenta es tan alta que la reflexión experimentada sobre las categorías arquitectónicas puestas en juego ha generado un sistema de pensamiento coherente y versátil que cabe reconocer en obras aparentemente más sencillas y sosegadas como la tienda Forma o la casa Gerassi[12].

Paulo Mendes da Rocha. Tienda Forma, São Paulo, 1987-94, Vista de la fachada exterior con la escalera retráctil

[12] Ambas retoman o anticipan, deberíamos decir, la sombra bajo el dintel del MUBE, con la estructura en el perímetro y no centrada, pero la caja habitada y suspendida reaparece por otras vías. En ambas porque se renuncia a enterrar el programa; en Forma por razones de comunicación e imagen publicitaria, liberando la totalidad del suelo para aparcamiento; en Gerassi, por restituir todo el terreno a la diversión de los niños: "... todo el terreno cubierto por una casa suspendida y de un solo piso", en MENDES DA ROCHA, La ciudad es de todos, 10. Ambas disponen el acceso ascendente desde abajo con una solución de escalera singular, hecho este que forma parte de un repertorio riquísimo en toda la obra del arquitecto.

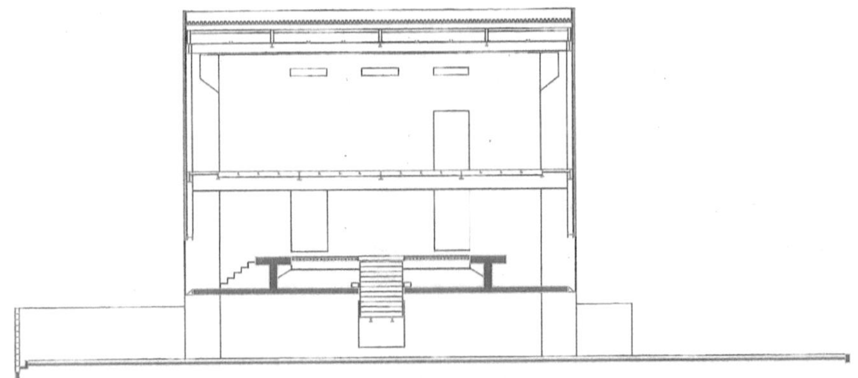

Paulo Mendes da Rocha. Tienda Forma, São Paulo, 1987-94,
Sección con la escalera retráctil

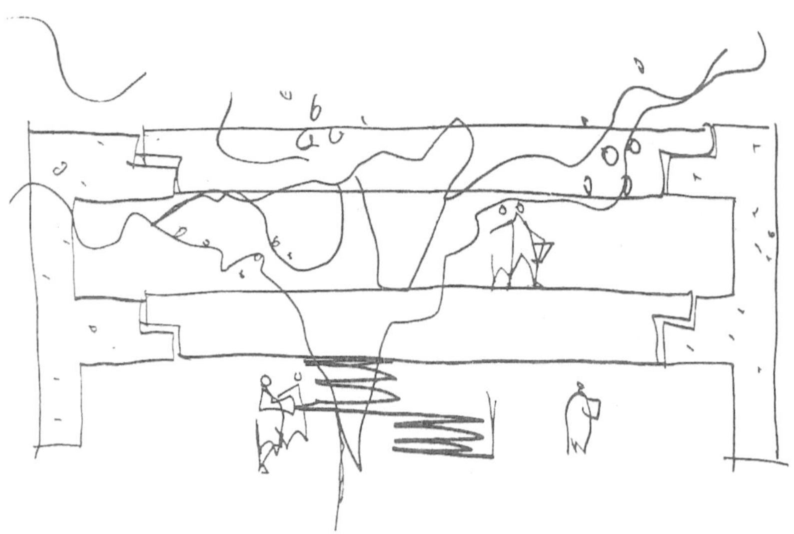

Paulo Mendes da Rocha. Casa Antonio Gerassi, São Paulo, 1989-91
Croquis conceptual con el sistema estructural

La caja elevada de la tienda Forma justifica el objetivo de convertirse en escaparate elevado hacia la vía rodada; la disposición de la estructura en el perímetro libera todo el interior, 30 metros, para su finalidad expositiva[13]. La obra expone esta condición de escaparate sin espesores, con el plano terso del vidrio en el haz exterior, encontrándose con la arista de los pilonos estructurales biselados a 45° y el revestimiento de chapas metálicas del gran paño ciego superior. Esta cualidad expositiva y publicitaria, que preside las decisiones claves del proyecto, oculta sin embargo en su interior la combinación sabia y compleja de dos sistemas constructivos que se reparten oportunamente sus funciones: dos cerchas metálicas sirven de soporte al cuerpo ciego superior de la fachada y a la segunda entreplanta interior; dos vigas de hormigón con perfil de dobleT, una de cuyas alas inferiores se prolonga para conformar el escaparate. Oportunidad técnica y silencios elocuentes conviven magistralmente.

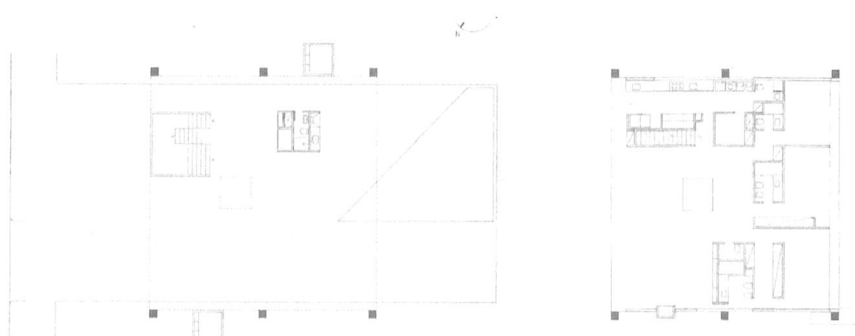

Paulo Mendes da Rocha. Casa Antonio Gerassi, São Paulo, 1989-91
Planta baja
con el vaso de la piscina a la derecha/oeste y planta alta

[13] "El mayor escaparate posible, que alcanzase treinta metros y ocupase todo el terreno", en MENDES DA ROCHA,"Cultura y Naturaleza", 23

La tienda Forma y la casa Gerassi, tan distintas en su programa y ubicación, tienen en común la voluntad de señalar el lugar y elevarse sobre el terreno inferior y construir sendas horizontales en el aire. En la tienda Forma, el objetivo de liberar el suelo conlleva el diseño de una escalera giratoria; en la casa Gerassi, la relación entre la caja y la estructura configura un espacio sándwich que asume sin complejos una construcción prefabricada que levanta en tan solo tres días su estructura pretensada. Debajo, como veíamos en el MUBE, un jardín de hormigón en este caso, activado por la piscina, la singular escalera y un mueble de apoyo a este espacio intermedio por el que entra la ciudad, se filtra el aire y atraviesa la casa, horizontalmente, a través de este umbráculo y, verticalmente, a través de sendos huecos en forjados.

PATRIARCA (1992). Dintel y techo: individualización formal de las partes. (Fig. 16)

El proyecto de la Plaza Patriarca aborda todas estas cuestiones de las que venimos hablando (señalamiento del lugar, construcción de una puerta, relación entre forma y estructura) pero sin la necesidad de resolver además un programa de usos específicos a mayores; por decirlo de otro modo, su problema venía a ser aquello que en los demás casos se planteaba como razón poética más allá de los usos concretos que cada caso contenía. Así lo identificaba el arquitecto en la presentación del proyecto entonces aún no construido: "*Como un portal para la plaza y, en sentido inverso, marco de las visuales y espacios abiertos, proponemos una cubierta suspendida, que no toca el suelo, y un arquitrabe que la sujeta, con formas ligeras, blancas y de aspecto un tanto inestable*".

Este proyecto representa, por estas razones, una oportunidad para enfrentar el método a una nueva situación y observar cómo sucede la respuesta. PMdR ha expresado, con cierto sentido transgresor, que estamos aquí para ocupar el espacio, pero esta ocupación implica identificar el lugar para convertirlo en un sitio habitable[14]. Esta marquesina se ubica sobre la entrada de la Galería Prestes Maia, con lo que la llegada desde abajo es aquí natural y consecuente.

[14] PIÑÓN, H., "El proyecto revela la geografía oculta", en PIÑÓN, Paulo Mendes da Rocha, 9.

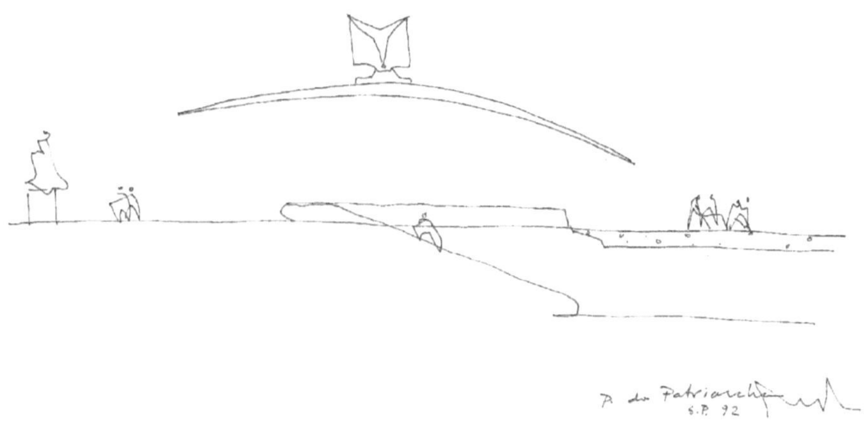

Paulo Mendes da Rocha. Plaza Patriarca, São Paulo, 1992
Croquis de la marquesina con el acceso a la Galería subterránea

La estrategia en la resolución del alzado de la tienda Forma recuerda la propuesta del MAC USP: el muro viga con doble vuelo se mostraba como paramento ciego colocado sobre el acristalamiento de los pisos inferiores, trasladando el tema de la sección estructural y constructiva a la fachada y configurando así su imagen. Esta asunción poética de la esencialidad de las cosas guía la transgresión de la marquesina de la Plaza Patriarca. La horizontal en el aire es aquí el dintel de la puerta que señala el lugar; la cubierta se convierte en un dosel, en un techo suspendido (como en tantas obras de Mies y como pasaba con la cubierta de la casa Gerassi) pero cuya geometría acoge y envuelve la embocadura de acceso a la Galería; el recuerdo de esas ambiguas fachadas del Museo Pompidou, que eran a la vez suelo y techo, es inevitable, sobre todo al advertir las visiones simultáneas del haz y del envés que la geometría de esta marquesina propicia.

Epílogo: experimentación crítica y genealogía de la invención (Fig. 17)

Ha sido este un recorrido necesariamente breve que comenzamos con el MuBE (1986), obra de madurez en la que la construcción de un dintel, un jardín y un teatro es el objetivo poético, enterrar el programa bajo el suelo tallado es la estrategia formal y, en medio, discurre la ciudad que habitamos. Hemos avanzado hacia atrás y hacia adelante para rastrear la genealogía de la imaginación del arquitecto paulista. La temprana obra del Pabellón de Osaka (1969) anticipa en el tema de la cubierta la plasticidad que aparecerá en obras posteriores y una cualidad fenomenológica en el espacio que desarrolla entre el suelo y el techo. Los museos Pompidou (1971) y el MAC de São Paulo (1975) transforman el dintel protector en cajas habitadas en el aire, cada uno de los cuales so construye como suma de varias cajas estructurales. La tienda Forma (1987-94) y la casa Gerassi (1989-91) se construyen como una sola caja estructural con una misma actitud poética y una explicitación de la técnica diversa. Y en la Plaza Patriarca (1992) el dintel y el techo son dos entidades autónomas, que se han individualizado formalmente, con su geometría específica.

A modo de epílogo, diremos que PMdR vuelve una y otra vez sobre el mismo tema logrando no repetirse nunca y enseñándonos que la reflexión es ante todo una actitud de resistencia. Una horizontal es básicamente abstracción poética de un modo de ver y sentir el mundo, la historia y la cultura, que va más allá de toda erudición arquitectónica; es un dintel, arquetipo arquitectónico cargado de significado, que PMdR nos presenta en dimensiones inusitadas; es la creación de una sombra bajo el sol, receptáculo social; es un umbráculo fundacional, una marca en el territorio, un punto de encuentro. Suspensión en el aire, acción poética que privilegia el concepto sobre la materia, que silencia la técnica que posibilita la magia formal.

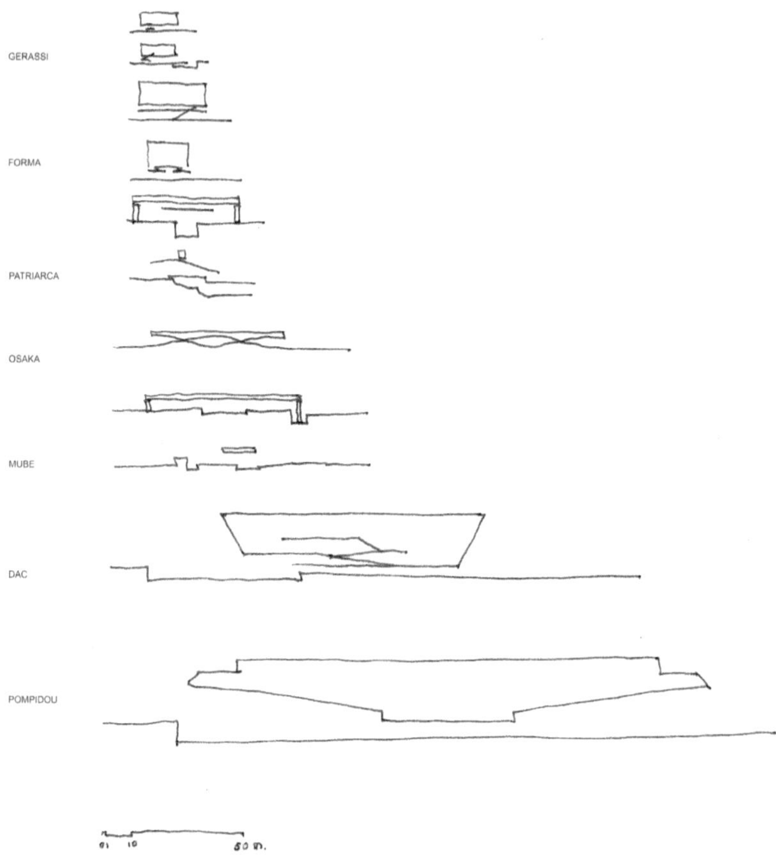

Paulo Mendes da Rocha: constructor de horizontales en el aire. Análisis comparativo y a escala de las horizontales en el aire analizadas en la obra de PMdR. Dibujo: Eusebio Alonso García.

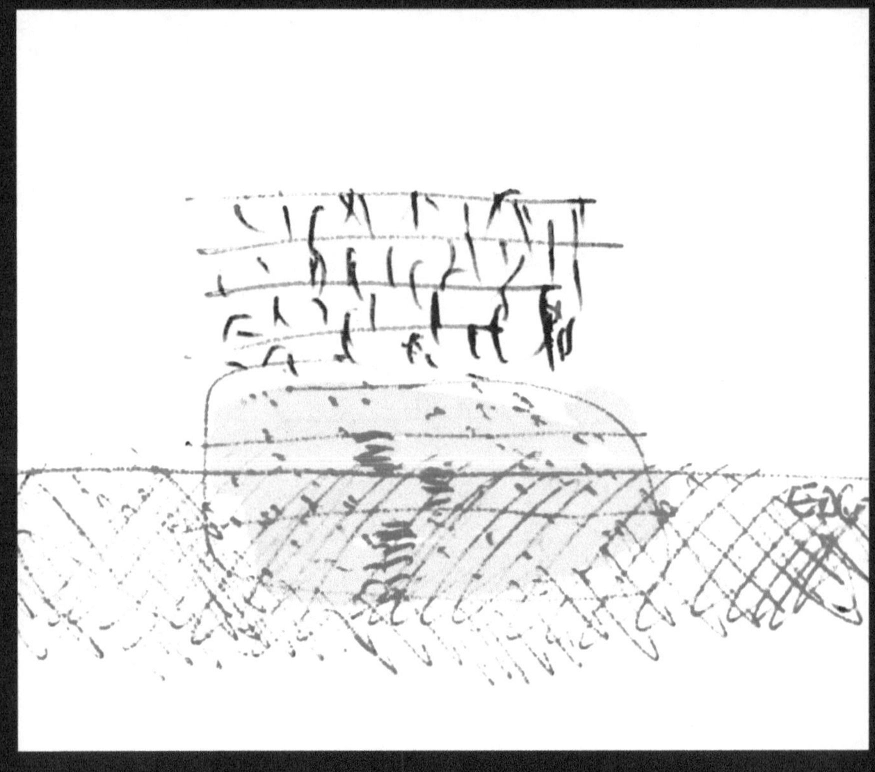

Esquema interpretativo de la superposición de las viviendas sobre el gran local comercial de varios niveles en el Proyecto de Alejandro de la Sota en Salamanca (© EAG)

II HABITAR EN EL ESPACIO DOMÉSTICO

II.1 Transparencia y opacidad. Las casas de Marcel Breuer. 2002

II.2 Las viviendas son normales. Reflexiones sobre las viviendas en calle Prior, Salamanca de Alejandro de la Sota. 2018

II.3 Genealogía tipológica de la vivienda de salón pasante. Las viviendas para la OHS en Valladolid, de Jesús Carrasco, 1938. 2020.

"Sólo cuando nos volvemos con el pensar hacia lo ya pensado, estamos al servicio de lo por pensar".

Martin Heidegger. *El principio de Identidad*, 1957 (conferencia). En *Identidad y diferencia*, Barcelona: Antropos, 1988, 55-97.

TRANSPARENCIA Y OPACIDAD
EN LAS CASAS DE MARCEL BREUER
2002

Entre 1937, en que emigra a América, y 1956, año en que se publica el libro *Marcel Breuer: Sun and Shadow. The Philosophy of an Architect*, que resume su obra y su pensamiento arquitectónico, Breuer realizó una ingente cantidad de casas unifamiliares cuyo reconocimiento quedó sancionado con la exposición que el MoMA le dedicó en el año 1948.

El repertorio planimétrico de sus casas –por la eficacia de sus organizaciones, por el rigor y precisión de sus trazados, por la profundidad con la que son abordados los problemas funcionales del programa doméstico y por el modo en el que soluciones formales aparentemente sencillas resuelven la complejidad que representa la confrontación de problemas diversos– estaba destinado a convertirse en un eficaz y sugerente manual para los arquitectos, sobre todo a partir de 1948, año en que, además de la citada exposición de Nueva York, la revista *L'Architecture d'Aujourd'hui*, en su número de julio dedicado al tema de la casa, se abría con 24 páginas relativas a Breuer. Sin embargo, conviene señalar que, a pesar del didacticismo que estas casas destilan, la investigación llevada a cabo por nuestro arquitecto no obedece a intenciones meramente programáticas o, por decirlo de otro modo, los presupuestos de la modernidad, de la que Breuer era protagonista desde su estancia en la Bauhaus, no eran impuestos a priori, sino que el proyecto de una casa unifamiliar se convertía en una auténtica y paciente experimentación en la que, analizando los problemas que comportan los modos de vida de sus futuros usuarios y buscando una arquitectura confortable, la modernidad no es utilizada como axioma desde el que imponer soluciones vanguardistas, sino como demostración de su mayor eficacia para alcanzar *soluciones útiles* a los problemas planteados por la vida moderna:

> *"Me gusta pensar que la casa más lujosa que yo haya construido ha sido un experimento para encontrar soluciones de utilidad general."*[1]

La *experimentación* como condición inherente al trabajo de Breuer y la búsqueda de *soluciones de utilidad general* definen la actitud filosófica con que el arquitecto se enfrentaba al proyecto de la casa, en el que la delimitación espacial y el modo preciso en cómo ésta se articulaba eran la res-

[1] Cfr. M. BREUER, *Sun and Shadow*, 1956, p. 11.

puesta sincrética a los nuevos modos de vida de la familia americana y a los problemas formales y técnicos de la arquitectura moderna. Una actitud en la que Breuer se había iniciado durante su estancia en la Bauhaus, entre 1921 y 1928, con el diseño de muebles y cuyas sillas figuran ya en la historia del arte. Peter Smithson afirmó sobre una silla de Breuer de 1925-26:

> *"... Es ligera, puede levantarse con una mano. Es segura al sentarse. Una silla para trabajar, para moverla de un lado a otro. De algún modo, es una silla normal".*[2]

Esta silla, que *da la impresión de haberse hecho con dos tubos continuos, algo a cuidar* como intitulaba P. Smithson su breve texto, ejemplifica bien cómo el acto creador, la producción de un objeto bello, surge a partir de la concepción ontológica de *lo útil*. Es esta cualidad intelectual que Breuer desarrolla en su obra, más allá de sus recursos instrumentales, lo que la reviste de un carácter intemporal o, por decirlo de otro modo, lo que la devuelve con plena vigencia a nuestros problemas actuales, permitiéndonos encontrar en sus casas aspectos sugerentes desde los que comprender sus soluciones arquitectónicas y válidos para nuestro quehacer.

En uno de estos aspectos queremos detenernos; nos referimos al juego entre transparencia y opacidad, entendido como la tensión entre dos conceptos opuestos que se complementan necesariamente, en la medida en que la presencia del uno se reconoce en la ausencia del otro. Este juego se produce de forma literal en la definición de las relaciones entre el espacio interior y el exterior o, por decirlo de modo más amplio, entre la casa y el paisaje y en determinadas y complejas articulaciones que acontecen entre los espacios interiores; pero, lo que nos resulta más significativo es advertir la traslación de similar mecanismo en la solución de aquellos elementos que, según el propio Breuer, intervenían en la delimitación espacial, como la estructura de soporte, los materiales, los colores y las texturas.

[2] Cfr. Peter SMITHSON, *"Algo a cuidar"*, en Christopher WILK, *Marcel Breuer. Furniture and interior*, The Museum of Modern Art, 1981, p. 45, fig. 32; se puede consultar en 2G, n° 17, 2001/I, Gustavo Gili, Barcelona, p. 128-129, monográfico dedicado a Marcel Breuer. Casas americanas, que contiene una introducción crítica y profunda de Antonio Armesto.

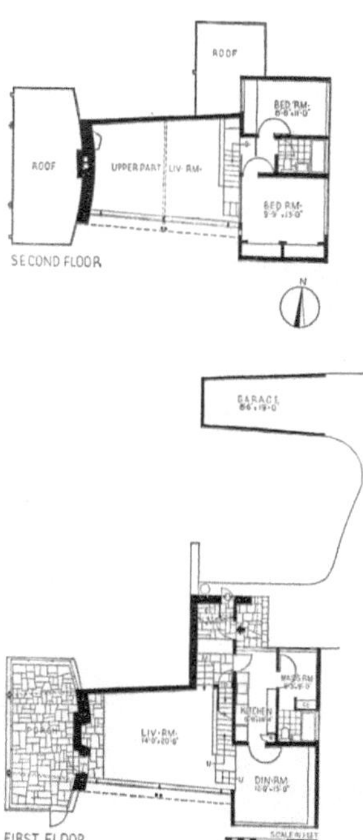

Casa Breuer I. Plantas

En la planta de la casa **Breuer I** (Lincoln, Massachussets, 1938-39, colaborando todavía con Walter Gropius), podemos apreciar cómo la posición y trazado de la escalera organizan con precisión la distribución espacial, constituyéndose en un clara frontera entre el salón de doble altura y el contiguo cuerpo de dos plantas, situado al este, que alberga, en la superior, los dos dormitorios del sencillo programa doméstico y, en la inferior, la cocina y el comedor. Sin embargo, la aparente sencillez planimétrica de esta escalera propicia una fluidez espacial rica y compleja, tamizadamente permeable, y, a pesar de ocultarse su percepción formal como tal desde el salón, eficaz en la articulación de recorridos diversos que resuelve –vestíbulo-salón, comedor-salón, salón-dormitorios, vestíbulo-cocina-comedor–. El vestíbulo de entrada a la casa está al mismo nivel que la cocina y el comedor, pero el nivel del salón se encuentra cuatro peldaños por encima del nivel de aquéllos, de modo que la entrada al salón es en ambos casos ascendente, siendo realmente impactante la que se produce desde el recoleto vestíbulo a la mayor altura que presenta el salón, para darnos de cara con el gran ventanal orientado al sur.

Casa Breuer I. Vista desde el salón hacia los dormitorios y el comedor.

Casa Breuer I. Vista del salón desde la entrada a los dormitorios.

En esta secuencia ascendente en lo físico y en lo visual, atenta a jerarquizar la cualidad de este espacio principal de la casa, hay un tratamiento forzado de la escala del salón que justifica la aparición del gran paramento acristalado hasta el techo, mecanismo que es complementado con la ciega pared pétrea que contiene la chimenea que, a su vez, posee implicaciones propias en la solución de la fachada sur y en el tratamiento de los elementos estructurales que intervienen en su composición, uno de los cuales, las columnas geminadas de madera, dispuestas exentas y en un plano distinto al del acristalamiento, ayudan a subrayar la buscada transparencia entre el salón y el jardín y a resaltar cierto aire de monumentalidad en aquél. El desdoblamiento del elemento estructural de soporte que suponen las columnas geminadas, solución que emplea también en la sujeción de la cubierta de la galería, supone una desmaterialización efectiva del mismo, cuya eficacia es incrementada al contrastarlo con el muro pétreo de la chimenea y el volumen más opaco del cuerpo de los dormitorios. El soporte estructural, aunque duplicado, adquiere espesores de carpintería y la ficción de que el completo espacio del salón, que se desarrolla entre el muro de piedra y el volumen de los dormitorios, como lo subraya nuevamente el desarrollo del ventanal, disponga su techo realmente apoyado entre ellos exclusivamente resulta convincente.

Casa Breuer I. Fachada sur.

En la secuencia espacial que hemos descrito, vestíbulo-salón-jardín, los mecanismos perceptivos se suceden en paralelo con la secuencia del recorrido; se opera, a pesar de su grandilocuencia, un discurso más lineal y un encadenado espacial más natural que lo que sucede en la dirección transversal, entre el salón y los distintos espacios del volumen de dormitorios y comedor, donde aparecen relaciones visuales múltiples y la articulación espacial se resuelve mediante un mecanismo de yuxtaposición sincopada, cuyo efecto más sorprendente proviene de la ocultación de la escalera mediante la interposición de la estantería. La articulación espacial incide aquí en mecanismos plásticos más autónomos y al margen de la secuencia de recorridos. Transparencia y opacidad son utilizadas plásticamente para generar la tensión adecuada entre la mayor escala del salón y la de los espacios menores de los dormitorios y el comedor. Estos se vuelcan de forma conjunta sobre el salón y, a través de él, sobre el jardín y se insiste en la acumulación de sus diferencias en el tratamiento de cada uno mediante la disposición de mamparas textiles, barandillas, cortinas y juegos de luces diversos –iluminación frontal en el dormitorio principal, iluminación lateral en el comedor–; mecanismos todos ellos que incrementan la profundización perspectiva en la que, sin duda, la estantería constituye el primer elemento de referencia, logrando una intensidad espacial en esta eficaz acumulación de vacíos que, por otra parte, queda resaltada por oposición con la masiva opacidad de la pared de la chimenea.

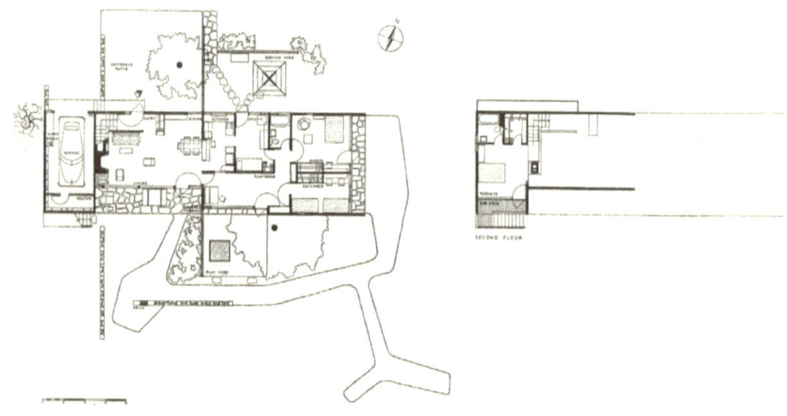

Casa del MoMA. Plantas.

En **la casa de exposición en el jardín del MoMA** de 1948, ciertos elementos que hemos visto en la casa Breuer en Lincoln, en lo referente a las relaciones visuales entre el salón y los dormitorios, aparecen reinterpretados y el juego de transparencias se prolonga además en sentido contrario sobre la cocina y la sala de juegos de los niños. Nos encontramos con un salón de doble altura, abierto al jardín en toda su anchura, aunque esta vez no en toda su altura, seguramente para evitar el encuentro con la inclinación de la cubierta, y sobre el que asoma desde la planta superior el dormitorio principal. La escalera de subida al dormitorio permanece igualmente oculta, en este caso detrás de un muro de piedra, que alberga la chimenea, y al encuentro del cual sale, en el arranque de la escalera, un paramento blanco de similar altura que sirve para obstaculizar la visión del salón desde la entrada. Entre ambos, muro de piedra y paramento blanco, definen un diedro cuyo trazado sirve para delimitar el ámbito del salón, pero la organización espacial no se hace a partir de la conformación del diedro –cuestión por otra parte habitual en Breuer tanto en la composición de la planta como de sus fachadas– sino según los dos ejes principales de la sala. El eje transversal queda marcado por la relación visual que se establece entre la entrada al salón y las amplias vistas sobre el jardín, mientras que la pétrea opacidad del muro de la chimenea que oculta el desarrollo de la escalera viene a subrayar, con su disposición frontal y con su tratamiento material diferenciado, la fluidez espacial que se produce en el eje longitudinal, convirtiendo al paramento blanco que ayuda a conformar el vestíbulo de la entrada en una extensión del propio respaldo del sofá.

Casa del MoMA. Vista del salón hacia el dormitorio principal.

Casa del MoMA. Vista desde la sala de juegos de niños hacia el salón.

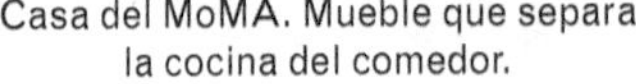

Casa del MoMA. Mueble que separa la cocina del comedor.

Casa del MoMA. Fachada sur.

El tema aquí expuesto enlaza con lo desarrollado en la casa Breuer I, pero el arquitecto aprovecha en este caso las diferencias del programa y ciertas orientaciones que se habían ido consolidando en la organización de la casa en sus proyectos anteriores a 1948, para extraer nuevos matices a la delimitación espacial. Entre ellos, la ubicación del dormitorio de los padres, de modo tal que permitiese una cierta autonomía respecto de los dormitorios de los niños, sin dejar de ejercer una vigilancia protectora sobre éstos, y la inclusión discreta del garaje en el volumen de la casa[3]. La posición del

[3] En la casa de exposición en el jardín del MoMA, un elemento fundamental para obtener esta discreción del garaje situado bajo el dormitorio principal, única zona de la casa que dispone de dos plantas, es rematar el volumen con el gesto unificador de la cubierta inclinada a dos aguas en forma de *alas de mariposa*. Otra solución será empleada por Breuer en aquellas situaciones en que la topografía permita hacer desaparecer el garaje de las vistas principales, enterrándolo bajo la casa y dejando que ésta emerja majestuosa sobre el terreno (p. e. La casa Clark, la casa Grieco, la casa Hooper II, la casa Stillman II). Bien mirado, lo que sucede en la casa de la exposición del MoMA, explicitado sobre todo en la fachada sur, anticipa la solución enterrada del garaje de estas últimas, sólo que operando al revés, es decir, trasladando a la composición de la fachada la condición topográfica de los desniveles interiores: los huecos de la fachada sur no se vinculan exclusivamente al plano del terreno sino que se ordenan según el trazado de la cubierta inclinada; la escalera exterior de acceso directo desde el dormitorio principal al jardín viene a subrayar esta condición.
Un caso singular a este respecto en la obra de Breuer, en cierto modo anticipado en la casa Breuer I, lo representa el volumen del garaje autónomo y en el frente de llegada y acceso que

garaje, situado en planta baja y detrás de la escalera, impide que exista una transparencia real desde el salón con la planta baja en esa zona y que aquélla sólo se produzca con la planta alta, ocupada por el dormitorio de los padres. La escalera, desde el punto de vista funcional, resulta un elemento más sencillo que la de la casa Breuer I, pues sólo comunica el vestíbulo con el dormitorio. Sin embargo, las nuevas condiciones que resultan de la diferente distribución del programa de la casa abren la vía a la introducción de una cualidad espacial diferente que encuentra en el trazado de la cubierta una complicidad oportuna. Establecida la opacidad a nivel de la planta baja con la interposición del muro de piedra donde se encastra la boca de la chimenea, las relaciones visuales y espaciales entre el salón y el dormitorio de los padres introducen una tensión diagonal en el espacio del salón que es prolongada hasta la cocina y la sala de juegos de los niños.

En este sentido, el muro de la chimenea, que juega el papel de primer elemento de referencia en la profundización espacial operada hacia el dormitorio y que culmina en la pequeña ventana situada sobre la mesilla de éste, se consolida como basamento de ese ámbito privilegiado de las vistas que atraviesan longitudinalmente la casa. Este juego de transparencias es subrayado en la solución del mueble que separa la cocina de la zona de comedor: una estantería que no llega a tocar el techo y que dispone de unas puertas correderas que, según su posición, sirve de pasaplatos y filtran la luz y las vistas a través de los estantes de la vajilla. La diagonalización del espacio, en el sentido de la sección longitudinal de la casa, encuentra en el trazado inclinado de la cubierta una ajustada continuidad del techo entre todas las piezas implicadas, que es subrayada con la disposición de la tablazón de ciprés en tal sentido. Techo y suelo son también los elementos más significados en el uso de los materiales y texturas –madera de ciprés, en el primero, y losas de piedra azulada, en el segundo, con algunas partes cubiertas con esteras de cáñamo–, frente a la mayor abstracción de las paredes blancas. Un juego de materiales que, junto a la geometría de la cubierta y la articulación de los desniveles del suelo, organizan la

aparece en la casa Starkey, pero tal disposición está en consonancia con la fragmentación volumétrica operada sobre el edificio: el garaje es uno de los tres volúmenes significados que, conjuntamente con el de la zona de día y el de los dormitorios, componen formalmente el conjunto. Esta fragmentación no es sino una expresión volumétrica lógica y coherente con la especialización y autonomía funcional sobre la que Breuer venía trabajando.

adecuada escenografía en la que se resuelve el ajustado equilibrio de tensiones. La marcada direccionalidad del revestimiento de madera del techo acompaña con su caligrafía la fluencia longitudinal y diagonal del espacio. El revestimiento irregular de piedra, que desde el salón y la sala de niños se extiende al jardín, subraya la condición topográfica del plano del suelo, en el que queda involucrado el basamento que contiene la chimenea. Este juego de tensiones entre el suelo y el techo es utilizado como argumento estructural y constructivo en la poética e inusitada solución de la barandilla que protege el desembarco superior de la escalera: una gruesa cuerda, cuyos dos cabos están anclados, uno al muro de la chimenea y otro a un rollizo de madera, delinea en el aire el trazado de la barandilla gracias a la tensión que le aplican dos cables de acero; uno está anclado al techo y otro, al muro de la chimenea.

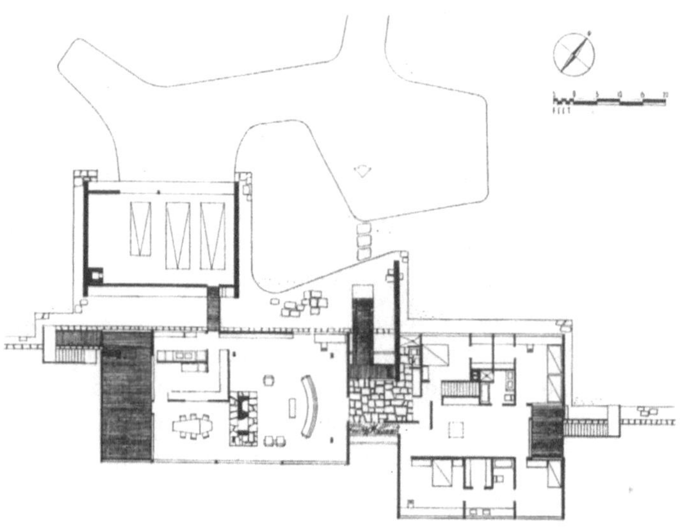

Casa Starkey. Planta.

El juego de transparencias que Breuer logra en torno al vestíbulo de **la casa Starkey**, (Duluth, Minnesota, 1954-55), deriva de su experimentación con las casas binucleares, con las que tipológicamente esta casa se emparenta, si bien la fragmentación volumétrica operada en este caso contrasta con la mayor compacidad que aquéllas suelen presentar. La clara especialización del programa en dos núcleos diferenciados y articulados por un vestíbulo más o menos transparente, situado entre dos patios, uno de acceso y otro de expansión de una de las dos zonas –es el caso por ejemplo de la casa Robinson (1946-48), la casa Clark (1949-51), la casa Grieco (1954-55) o el *cottage* Wise en Cape Cod (1963) – eclosiona en esta casa, situada en una ladera a orillas del lago Superior, en entidades volumétricas claramente diferenciadas, cuya génesis tipológica aparece filtrada por unas condiciones de abstracción mayores. El esquema en forma de H, que en los ejemplos citados se desarrollaba a partir de la unidad vestíbulo-patios, resulta aquí casi irreconocible por haber potenciado un desarrollo más autónomo de cada uno de los dos núcleos funcionales, circunstancia que concurre con el hecho de destinar una presencia individualizada al volumen del garaje.

Breuer rehúsa aquí, a pesar de la pendiente que poseía el terreno, a esconder el garaje bajo la casa, como es habitual en otras y lo hace en la contemporánea Grieco, y aprovecha la ocasión para configurar un gran porche en la planta inferior. Tal solución aporta al edificio, en su vista desde el lago, la imagen de un belvedere suspendido que es subrayada por la solución estructural planteada y por la relación formal de ésta con el volumen construido. Esto resulta más expresivo en el núcleo de la zona diurna, cuya estructura está formada por dos grandes pórticos de madera laminada cuyas vigas quedan vistas al exterior por encima de la cubierta y por debajo del suelo, resaltando en la percepción del porche los vuelos que adopta el volumen. Este, en el caso del área diurna, no llega a apoyar siquiera en el muro interior de contención del terreno, estableciendo una franja de transparencia sobre el porche desde el nivel de acceso a la casa, que es subrayado con el mecanismo de entrada mediante una pasarela que salta sobre aquella grieta. El sistema de suspensión de la cubierta nos recuerda algunos proyectos de Mies, pero Breuer dispone los pórticos en su condición de planta libre, con los pilares exentos en el interior del espacio, provocando la percepción de volúmenes que se vuelcan sobre el paisaje y dotando al espacio del porche de una escenografía privilegiada.

El mecanismo del acceso, resuelto como una pasarela que enlaza la calle con la casa, saltando sobre el vacío del porche inferior; la presencia de sendas escaleras exteriores en los extremos, que conectan directamente

Casa Starkey. Fachada de acceso (norte).

Casa Starkey. Fachada sur.

Casa Starkey. Fachada oeste.

Casa Starkey. Pasarela de acceso y grieta sobre el porche inferior.

Casa Starkey. Vestíbulo.

con el porche ambas zonas diurna y nocturna; la pasarela de conexión del garaje con la cocina; el brise-soleil de la fachada sur, donde combina una celosía de madera con un friso de vidrio; la menuda textura que incorpora el revestimiento de madera pintada en las fachadas de la casa; la inclusión en el volumen de sendas terrazas en los extremos, son todas ellas soluciones que colaboran en expresar la condición de levedad que se inició al despegarse del suelo y que se ponen en claro contraste con la sólida opacidad de los muros de mampostería del garaje y los de contención del terreno que delimitan internamente el porche. La casa adquiere así una condición de balcón asomado al paisaje que se advierte nada más entrar en el vestíbulo. Breuer logra en el vestíbulo de la casa Starkey una pieza muy ajustada que, al no estar vinculada dimensionalmente a patios, que habrían podido servir además como espacios de expansión de otros ámbitos de la casa –es el caso de la casa Robinson, la casa Clark, la casa Grieco o la casa Hooper II (1956-59) –, concentra sus requerimientos en la articulación espacial entre sendos núcleos de la vida doméstica. Esta articulación se hace de modo diferenciado, logrando un juego de transparencias hacia la zona de los dormitorios realmente sugerente y cuidadosa con las adecuadas condiciones de privacidad. El acceso al salón desde el vestíbulo es más directo y de frente a la chimenea, elemento que, por su posición, articula las circulaciones entre el sa-

Casa Starkey. Salón.

lón, el comedor y la cocina y, por su tratamiento en el juego de vacíos que contiene, reúne en sí mismo las cualidades de transparencia y opacidad. El acceso a los dormitorios se organiza con la disposición de mamparas que permiten diversificar el paso a dos dormitorios o a la zona de juegos de los niños y, a su vez, permite un filtrado de vistas hacia esta zona, incluso desde el salón. Este filtrado es atraído por la luminosidad que proviene de la terraza situada en el extremo noreste.

Transparencia y opacidad son conceptos que juegan un papel fundamental en la delimitación espacial que Breuer lleva acabo en sus interiores y en el modo en que estos se relacionan. Reconociendo la transparencia como uno de los objetivos primordiales de la arquitectura moderna, Breuer reivindicó la necesidad de su coexistencia con la opacidad para configurar el soporte para *"nuestra vida cotidiana"*[4]. Lo que caracteriza cada

[4] *"... ahora podemos lograr transparencias gracias al uso del vidrio. La idea de la transparencia de un edificio está a nuestro alcance; pero la pregunta es: ¿qué hacemos con ella? Por supuesto, lo más fácil es hacer que todo esté encerrado en vidrio ... Es una idea brillante y resulta eficaz, pero, en mi opinión, no supone un progreso ... La transparencia es, sin duda, uno de nuestros objetivos. De las nuevas posibilidades tecnológicas, es una de las más fas-*

solución espacial es el modo en que cada una de ellas está presente y se complementan o, lo que viene a ser lo mismo, en qué sentido se orientan las transparencias. Y esta dualidad de conceptos contrapuestos está presente en las relaciones que se establecen entre los espacios de la casa y el exterior, influenciando con ello la solución de los problemas formales y materiales. Este espacio exterior queda organizado en función de su relación con el interior, especializándose en ocasiones de modos diversos y encontrando en ello la razón de ser de los mecanismos compositivos de sus fachadas. A través de la reflexión sobre estos problemas, cada casa encuentra unas vinculaciones propias con el lugar donde se implanta.

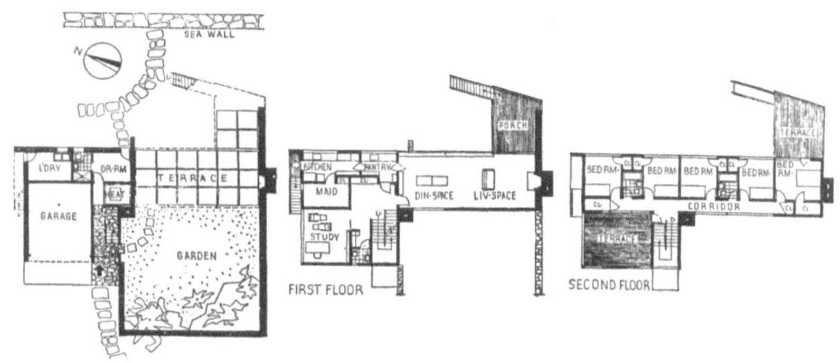

Casa Hagerty. Plantas.

En la **casa Hagerty** (Cohasset, Massachussets, 1937-38, en colaboración con Gropius), los espacios de la casa se resuelven en las dos plantas superiores, dejando la planta baja para el acceso, el garaje y cuartos de servicio, disponiendo todos estos de un desarrollo en planta bastante menor que el del volumen superior. Este adquiere la condición de un puente apoyado entre el muro sur de la chimenea y el cuerpo de accesos. A ello contribuye

cinantes ... pero la transparencia también necesita de la opacidad. Y no sólo por razones estéticas, sino también porque la transparencia total excluye aspectos como la intimidad, las superficies con reflejos, la transición del desorden al orden, el mobiliario o la creación de un fondo para nosotros y para nuestra vida cotidiana. La transparencia se hace más transparente cuando está junto a algo opaco y la opacidad logra que sea eficaz. Sol y sombra". Cfr. M. BREUER, *Sun and Shadow*, 1956. Ver 2G, 2001, op. cit., p. 131.

la diferenciación establecida en el juego de materiales empleado –una caja de madera colocada sobre muros de piedra– y la diferenciación formal y material llevada a cabo en los diversos elementos estructurales que entran en juego –frente a la potente estereotomía de los muros de piedra, la discreta y abstracta presencia de las delgadas columnas metálicas del porche que apean la caja de madera–. En esta obra, aunque empleando estrategias diferentes, emergen modos de actuar frente a determinados problemas, como la presencia del garaje, que nos resultan comunes a obras posteriores y, precisamente por sus diferentes implicaciones, muy sugestivos.

Casa Hagerty. Fachadas este y norte.

Casa Hagerty. Vista del jardín y del porche.

Casa Hagerty. Fachada de acceso a la casa (oeste).

En algunas de estas casas posteriores, en las que la pendiente del terreno permitió ocultar el garaje bajo la casa y dotarlo de un acceso distinto[5], el compromiso formal quedó resuelto con sencillez. Sin embargo, en este caso el garaje aparece incluido en el volumen de la casa y en la fachada de acceso. Breuer adopta aquí el mecanismo contrario al que empleará en aquéllas otras: eleva las dependencias de la casa por encima de la planta baja –hasta aquí, un mecanismo clásico, la distinción de la planta noble– y restringe los usos de ésta a los requerimientos meramente funcionales –acceso al garaje, entrada a la casa– y lo subraya flanqueando el cuerpo bajo con sendos muros de piedra, uno de los cuales sobresale del volumen de la casa, conformando el encintado que acota y protege de las vistas exteriores al jardín. Este recinto prominente, cuyos muros quedan enrasados con el dintel del garaje, si bien no establece una opacidad cegadora sobre el problema formal del garaje, sí lo relega a un segundo plano, en el cual el elevado rasgado llevado a cabo en la puerta de entrada a la casa dota a aquélla de una mayor significación.

Este encintado del jardín cumple además una función fundamental en la delimitación de los espacios exteriores de la casa y en la orientación que estos adoptan. Al igual que los espacios de la casa se asoman principalmente sobre ese enclave de la bahía atlántica de Boston, el jardín

[5] Ver n. 3

se cierra a la calle y, a través de la transparencia del porche, se asoma al mar. La diferenciación formal entre muros altos y muros bajos, en el tratamiento del suelo o en la cualidad espacial del porche, contribuye a diversificar la definición de los ámbitos exteriores, mientras que el mecanismo de elevar la casa sobre el terreno permite unificar visualmente los distintos ámbitos[6].

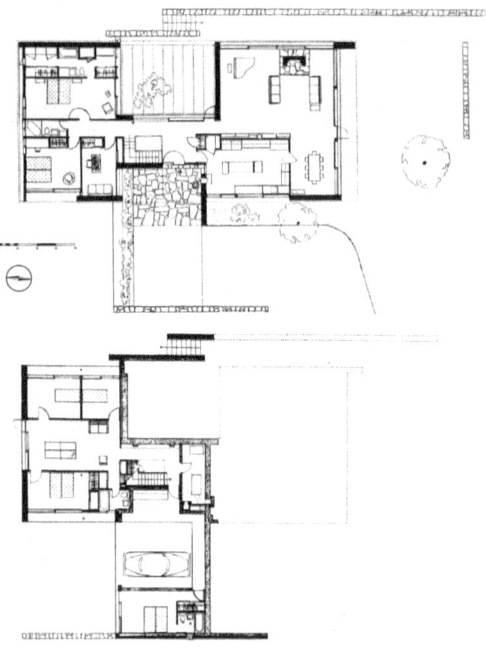

Casa Clark. Plantas.

Esta orientación de las transparencias entre interior y exterior se multiplica y diversifica en **la casa Clark** (Orange, Connecticut, 1949-51). El esquema en "H" que la planta de la casa contiene resulta útil para organizar los usos en dos núcleos claramente diferenciados –salón,

[6] Esta transparencia visual y espacial que representa el porche, situado entre el jardín y la plataforma delimitada por el pretil, que parece anticipar la línea del horizonte, encontrará una interpretación oportuna en los cottages en Cape Cod, construidos a modo de palafitos, entre los cuales algunas imágenes del cottage Wise, situado entre los pinos del bosque, aportan una metáfora eficaz.

comedor y cocina, por un lado, y zona de dormitorios, por el otro– y articulados por el vestíbulo de la entrada, situado entre el zaguán de acceso y el patio coronado con una pérgola. Sin embargo, desde el punto de vista volumétrico, la casa se define como un prisma rectangular nítido, en el cual sendos patios quedan incluidos, como vacíos excavados en el volumen de la casa, y cuyas fachadas parecen explotar al máximo, en un juego incierto de llenos y vacíos, de opacidades y transparencias, las condiciones de aleatoriedad en su composición. La nitidez del volumen queda subrayada por la continuidad del friso de la cubierta, que recorre sin interrupción su perímetro, y las razones de la composición aleatoria de sus fachadas residen en la orientación múltiple de las transparencias llevadas a cabo entre la casa y el paisaje. A través de éstas, la estabilidad formal del esquema tipológico en "H" queda descentrada desde el punto de vista espacial, en la medida que los distintos ámbitos interiores orientan sus vistas en direcciones diversas, evitando las interferencias visuales entre unas piezas y otras y explorando un juego rico y complejo en la orientación de las transparencias, hasta el punto de que en la zona de dormitorios, que está situada al norte, las cinco habitaciones allí ubicadas, incluyendo los dormitorios de los niños de la planta inferior, diversifican su búsqueda del sol en las otras tres orientaciones.

Casa Clark. Fachada de acceso (oeste).

Casa Clark. Fachada este.

Casa Clark. Vista de los dormitorios (fachada este) desde el ámbito de acceso al garaje.

En esta parte de la casa que, aprovechando el desnivel del terreno, dispone de dos plantas, la especialización en el dominio visual del paisaje llega al hecho de que habitaciones de distintos pisos, coincidentes en su posición proyectiva en la planta, asoman al exterior en direcciones diferentes. Es el caso del dormitorio de los padres, orientado al sur y al patio, mientras que el lado opuesto de éste, que delimita el salón, lo ocupa un muro de piedra, y los dormitorios de los niños, situados en la planta inferior debajo de aquél, que se abren al este. Tal circunstancia conlleva el efecto sorprendente de disponer, en este cuerpo de dos plantas, un lienzo ciego de mampostería sobre el gran hueco rasgado en la planta inferior y de acudir a una delgada columna metálica para apear el muro superior. Esta particular combinación de elementos estructurales murarios y soportes puntuales, dispuestos en relaciones tectónicas paradójicas, que vuelve a estar presente, por razones similares, en la fachada oeste de la zona de dormitorios, junto a la desaparición en el resto de la casa –ventanales del salón comedor, vestíbulo– de los pilares como soportes estructurales individualizados para fundirse con la propia carpintería, sirven para descargar de contenido tectónico a los muros de piedra y subrayar su condición estereotómica como meros delimitadores espaciales. En esta delimitación, el contraste entre la opacidad de los muros y la transparencia de los acristalamientos introduce una tensión centrífuga hacia el paisaje, explicitada en la composición neoplástica del trazado de la planta, evitando la formación de diedros, y subrayada

Casa Clark. Salón.

con la presencia de muretes y pretiles pétreos que organizan el espacio exterior.

La aleatoriedad que advertíamos en la composición de las fachadas obedece a la necesidad de combinar transparencias y opacidades que orienten el espacio en una determinada dirección. Los muros que delimitan el espacio interior y los muros exteriores del jardín participan de esa común función en la delimitación espacial, tanto interior como exterior. Estos últimos complementan la composición centrífuga iniciada en el interior, delimitando ámbitos exteriores en relación a la casa, y, testimonio de su abstracción formal, más allá de su tratamiento material, es el modo en que estos muros de piedra surgen del manto de césped que tapiza el terreno sin la mediación tectónica de un plinto de apoyo.

Estos muros de piedra, que organizan el espacio exterior de la casa Clark, asumen un papel fundamental en la implantación del edificio, articulando el desnivel del terreno y definiendo un basamento sobre el que se apoya el volumen prismático de la casa. Este mecanismo estaba presente en la casa Hagerty, si bien utilizado con una diferenciación formal y material clara entre el basamento inferior de piedra y la caja de madera que apoya sobre él. En la casa Clark no sólo no existen estas diferencias sino que, como se advierte en la planta, los trazados murarios interiores y exteriores participan de una composición común, atenta a jerarquizar la relación espacial entre la casa y el paisaje. Sin embargo, esta concepción dinámica del espacio convive todavía con la definición unitaria en el volumen de la casa. Este esfuerzo por incluir el programa doméstico en un volumen compacto deja de estar presente en la casa Grieco y está claramente rechazado en la casa Starkey.

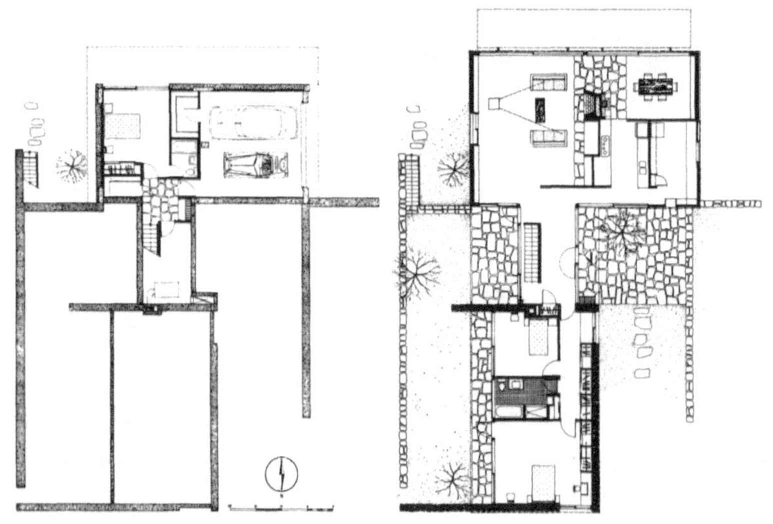

Casa Grieco. Plantas.

La casa Grieco (Andover, Massachussets, 1954-55) responde también al esquema binuclear y, como en la casa Clark, la zona del salón, comedor y cocina se sitúa al sur y los dormitorios, al norte, pero, en este caso, dos diferencias parecen preparar la mayor autonomía formal de la zona diurna, surgiendo respuestas comunes a la contemporánea casa Starkey. Una primera diferencia con la casa Clark se refiere al sentido del desnivel del terreno, que desciende en esta casa hacia el sur, lo que provoca

Casa Grieco. Fachada sur.

Casa Grieco. Fachada este.

que la zona de dos plantas coincida con la ubicación del salón, propiciando la solución de belvedere que adopta la zona diurna y cuyo mecanismo de sujeción del brise-soleil, mediante el atirantado de los cables sujetos a unos montantes externos a la caja de madera que conforma la zona diurna, adjetiva de modo más explosivo la condición de balcón colgante.

La otra diferencia consiste en la sutil modificación que introduce la disposición del cuerpo de dormitorios, colocado en posición perpendicular con relación al núcleo diurno, con menor dimensión que éste, conformando una entrada en forma de "L" que anuncia una fragmentación volumétrica, al menos en esta fachada, que queda confirmada con la diferenciación material entre la caja blanca de madera de la zona diurna y los muros pétreos del cuerpo de dormitorios que, dando la espalda al ámbito de la entrada, se abren sobre su propio patio orientado al este, cuya fachada recuerda en su composición, incluido el muro exterior que acompaña el desnivel del terreno, la fachada de acceso de la casa Clark. Las similitudes y diferencias entre la casa Clark y la casa Grieco ejemplifican en qué medida la introducción de sutiles variaciones aporta nuevas motivaciones proyectuales.

Breuer es el arquitecto que no renuncia a enfrentarse a las contradicciones y que, sin embargo, aspira a unificar ideas contrapuestas[7]. Orientar las tensiones que surgen de dualidades como transparencia y opacidad supone una experimentación sobre la cualidad del espacio que implica a problemas arquitectónicos diversos –el esquema tipológico, los mecanismos de acceso, las soluciones de implantación, los problemas formales y estructurales, el juego de materiales– y sobre los cuales las casas de Breuer contienen una reflexión fértil y estimulante.

[7] *"El verdadero impacto de cualquier obra reside en su capacidad de unificar ideas contrapuestas, es decir, un punto de vista y su contrario. Y digo ´unificar´ y no ´llegar a un compromiso´. Esto es lo que los españoles dan a entender con una expresión procedente de las corridas de toros: ´sol y sombra´. La mitad de los asientos de los cosos taurinos están al sol, y la otra mitad a la sombra. Han hecho de ´sol y sombra´ casi un proverbio, pero nunca dicen ´sol o sombra. Para ellos, toda la vida –con sus contrastes, sus tensiones, su agitación y su belleza– está contenida en ese proverbio: ´sol y sombra´."* Cfr. M. BREUER, *Sun and Shadow, 1956. Consultar en 2G, op. cit., p. 130.*

LAS VIVIENDAS SON NORMALES

REFLEXIONES SOBRE LAS VIVIENDAS EN CALLE PRIOR, SALAMANCA DE ALEJANDRO DE LA SOTA.

2018

Introducción: Las viviendas son normales, sin mayores pretensiones de novedad[1]

Una breve memoria de 129 palabras resume el proyecto, por lo que no es difícil aceptar cuánta intención contiene cada frase de la misma. Así sucede con la primera afirmación, que no es sólo el reconocimiento de la propia modestia sino la asunción de un objetivo logrado. En este sentido, la normalidad y la renuncia a la pretensión de novedad serían dos condiciones del método de trabajo y dos objetivos del proyecto.

Los miradores de calle Prior.

El primero habría consistido en lograr la organización de cada una de las viviendas con la mayor claridad posible a pesar de la compleja geometría del solar. Todas las viviendas disponen de doble acceso, uno por la

[1] Memoria de proyecto, consulta: 1 /02/2018, http://archivo.alejandrodelasota.org/es/original/project/299

cocina y otro por el vestíbulo próximo al salón. Cada uno de los accesos da pie a un recorrido interior, inicialmente independiente, para acabar encontrándose ambos en la zona más íntima de la casa, donde se distribuyen los tres dormitorios con dos baños. La zona de la cocina incorpora un dormitorio con un aseo para el personal de servicio. La distribución garantiza la autonomía funcional desde la entrada de la zona de servicio. Esta solución resulta más afinada en las viviendas de la calle Prior (norte) que en las de la calle Prado (oeste), pero lo más significativo es que, aunque en sendos núcleos de comunicaciones se distribuyen dos viviendas por planta, cada una de las cuatro viviendas presenta una distribución concreta diferente. Es el resultado del esfuerzo necesario para lograr una distribución de la planta sencillamente normal y adaptada al mismo tipo funcional descrito a pesar de la compleja geometría del solar. Cada vivienda presenta el mismo programa: zona de servicio, que incluye cocina, terraza-tendedero, dormitorio y aseo; zona de día: con dos piezas, una de comedor, conectado con la cocina, y un salón; zona de noche, con tres dormitorios y dos baños.

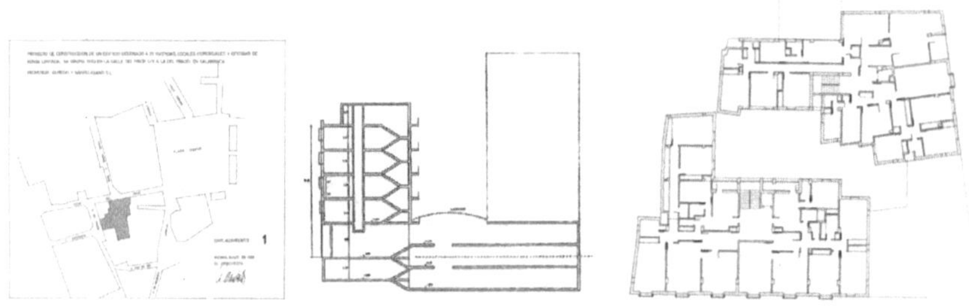

Situación y sección: marzo 1963. (Fuente: FAS). Planta tipo definitiva (Autor: desconocido, publicado en J. Grijalba, BAU 12, 1995, 81)

En la consecución de este rigor funcional, la planta evoluciona con precisos cambios desde el inicial croquis, donde parece que el proyecto incluya también el portal de la esquina, y las plantas definitivas. Sendas escaleras acaban por posicionarse en dirección perpendicular a las fachadas de calles, aunque asomando al principal patio interior. Las zonas de cocinas y dormitorios de servicio de calle Prado son las que más modifican su distribución y su posición. La correspondiente modificación de esta área en las viviendas oeste de calle Prior acompaña la disposición final de la correspondiente escalera.

En todo caso, la evolución que experimenta la planta en la claridad de su distribución interior sucede en paralelo con el incremento de contención volumétrica de la fachada en el propio dibujo de la planta, tema éste al que habitualmente se adjudica la singular especificidad de este proyecto en la trayectoria sotiana.

Volviendo al croquis inicial de la planta, podemos observar el vuelo de la fachada de calle Prior que, recogiendo cuatro habitaciones en esa fase, desaparecerá finalmente, al igual que la mayor ocupación del patio, debido a la todavía invasión en esta fase que manifiesta el área de la cocina de la vivienda oeste del portal de calle Prior. A esto atiende el segundo objetivo, consistente en alcanzar la mayor dosis de abstracción formal de la fachada, como mecanismo adecuado para implicarse en el contexto histórico de la ciudad de Salamanca a través de la expresión del material de la piedra local.

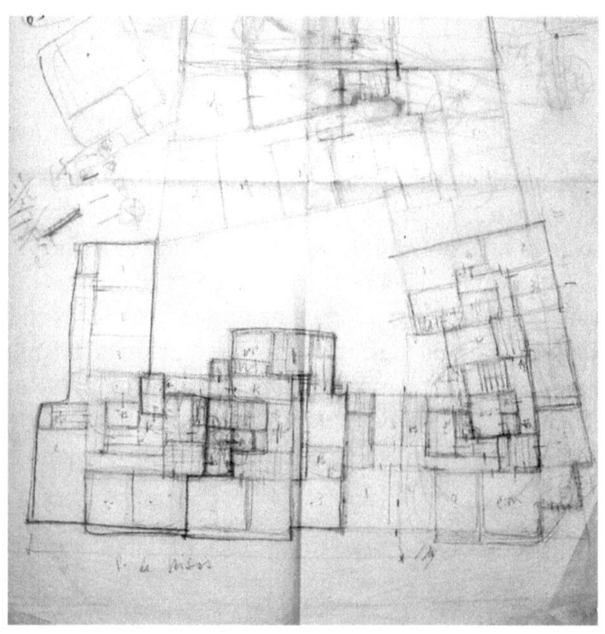

Croquis previo de la planta.

Si comparamos las viviendas de Salamanca con las construidas siete años antes en Zamora (1956-59) para el mismo promotor, dueño de los Almacenes Olmedo, podremos ver algunas diferencias en la estrategia proyectual entre ellas, que nos serán útiles para advertir la innovación metodológica introducida. En Zamora distribuye las viviendas en tres bloques dispuestos en peine que se apoyan en la alineación de la calle Santa Clara, a la que asoman todos los salones con orientación noroeste. El programa es similar al proyecto salmantino, pero en Zamora, distribuyendo igualmente dos viviendas por planta, sin ascensor en este caso, sólo dispone de un acceso desde la escalera. El compromiso con el contexto histórico recurre también a una piedra local –la del antiguo convento de Santa Clara que fue demolido– en un juego neorrealista con un nuevo material como el Viroterm2. La organización de la planta en peine, la disposición lineal del ala de dormitorios y el trazado oblicuo de la entrada de la cocina para hacer sitio al vestíbulo de entrada demuestra una mayor adscripción tipológica con la modernidad. Sin embargo, la relación entre la articulación de la planta y la formalización volumétrica del edificio es más directa y elocuente en la materialización de los miradores y, también, más tradicional.

Arquitectura-container

En Salamanca, la estrategia del proyecto se desarrolla en una dirección totalmente diferente. La distribución de la planta no se informa en la volumetría ni en la articulación de fachadas. Como ya hemos señalado, los volúmenes que volaban sobre la alineación en el croquis inicial acaban por eliminarse y similar contención se ha buscado en las fachadas del patio y, como abordaremos más adelante, la solución de los miradores se aparta de la solución tradicional de acumular verticalmente cada uno de ellos –es el caso de Zamora, Pontevedra, etc.– para apoyar la lectura de una fachada de piedra tratada como plano abstracto. Aunque en Zamora

[2] *"La vivienda de Zamora, si en algunos aspectos recuerda a la reconstrucción popular italiana, es sobre todo ejemplar en la adaptación a una estética de lo "feo", un neorrealismo a través del empleo de materiales nuevos, sorprendentemente usados, y un cierto alarde en cuanto a la expresión próxima a la ética brutalista".* BALDELLOU, M.A. *Alejandro de la Sota*, Hogar y Arquitectura,115, 1974, 41

también existe un dormitorio del servicio, con acceso desde la cocina, carece de la dualidad de recorridos y de la complejidad de relaciones internas de las viviendas de Salamanca y ello no sólo porque éstas cuentan con dos accesos independientes, sino porque las relaciones espaciales las permiten diferentes alternativas de recorridos interiores. Esto es, sin duda, el reflejo de una atención a los problemas del habitar en toda su complejidad. Hay una obra de Paul Klee, Mecánica de un barrio urbano (1928), compuesto con la superposición e intersección de muchas figuras cuadrangulares, muchas de las cuales van agrupadas de dos en dos o de tres en tres. Su acumulación evoca un recorrido laberíntico y estructura una composición abierta y azarosa, carente de una envolvente externa que lo contenga, y cuyo contorno exterior es la expresión directa de la interrelación de las distintas piezas. Si encerrásemos esa composición dentro de un contorno cuadrangular preciso, que no mostrase al exterior la articulación de su organización interna, tendríamos una aproximación a la elaborada contención de las salmantinas fachadas de calle Prior y de calle Prado y su esfuerzo por encerrar, abstracta y silentemente, el laberinto vital del habitar interior. Esta operación constituye una marca de la casa que tiene sus mejores ejemplos en obras como el Gobierno civil de Tarragona, donde las viviendas explotan más generosamente la dualidad de recorridos que se originan en el doble acceso desde la escalera. Es el "cubo que funciona", idea que Sota recoge de la caja que funciona de Le Corbusier, y que expresa la funcionalidad vital que alberga la abstracción formal de su volumetría. En Salamanca está presente "la rotura de la relación función-forma" y la opción de diseñar una "arquitectura-container" con la libertad de crear su significación más allá de "los recursos de las arquitecturas racionalistas y expresionistas: la expresión de la función por la forma y la propuesta simbólica de un espacio funcional"[3].

Queremos subrayar, con todo lo dicho, la alta atención prestada al tema del habitar, a la organización de los problemas del espacio doméstico. A lo que, además, habría que añadir la articulación que establece la sección con el restante programa del edificio: oficinas en parte de la planta primera, y el local comercial en la planta baja, sótano y entreplanta. La planta baja es ocupada casi completamente por el comercio del promo-

[3] BALDELLOU, M.A. *op. cit*, 95.

tor del edificio, Almacenes Olmedo, hasta el punto de que el ascensor de las viviendas solo arranca desde la planta primera y el portal de acceso a éstas y a las oficinas queda desplazado a la medianera. Por ello, tanto el local comercial como el portal son objeto de diseño específico, resolviendo con ello la conexión entre el acceso desde la medianera y la posición central de la escalera en el resto de las plantas –tema ya ensayado en las viviendas de Zamora–.Sin embargo, Alejandro de la Sota resume todo este esfuerzo, resuelto con habilidad y atención, en las nueve palabras citadas y, además, le resta todo protagonismo que sí se lo adjudica a las partes del proyecto que definen la relación con lo urbano: el mirador, la fachada de piedra y el cristal de la planta baja.

Calle Prior.

La acción de mirar y la construcción del mirador

> *"En Salamanca, como en muchas ciudades españolas, las gentes que las habitan todavía se interesan por los demás conciudadanos. Les interesa ver qué pasa en sus vidas a través de lo que desde su vivienda vean en la calle. Necesitan "mirar"; necesitan "miradores".*[4]

El proyecto de las viviendas de Salamanca en las calles Prior y Prado es uno de los mejores ejemplos de lo que significa la idea del "container" como estrategia formal en la obra de Sota. Y lo es por el modo eficaz en el que desvincula forma y función de una relación directa y biunívoca, conquistando así la libertad para desarrollar las otras razones de su significación, bien sea como objeto –Centro de Cálculo, Bankunión, Casa Domínguez–, bien sea por su implicación en la escena urbana –Gobierno Civil, Correos en León, Gimnasio Maravillas–.

Este es un proyecto ineludible en cualquier monografía, grande o pequeña, pero rara vez aparecen publicadas sus plantas y secciones[5]. El eficaz desplazamiento de la importancia temática hacia la fachada y los miradores ha sido suficiente para construir la memorabilidad de esta obra en coincidencia con el argumentario del propio arquitecto. El mirador concentra la mayor intensidad del proyecto. Podemos decir que lo sabemos casi todo de los miradores de este edificio y poco de todo lo demás. El diseño de su forma concreta y de su solución constructiva, que aglutinan la mayor cantidad de dibujos conservados, están al servicio de la experiencia vital que pueden posibilitar. Dicho de otro modo, el arquitecto identifica una necesidad –mirar, poder observar a sus conciudadanos, ver la calle desde la casa–, y asume el diseño de una forma y el uso de unos materiales que la satisfagan. La relación que establece entre el tema residencial y doméstico con la escala urbana es determinante para comprender la condición

[4] Ver n. 1.

[5] Pueden verse las plantas en GRIJALBA BENGOETXEA, J., *Dos proyectos de Alejandro dela Sota en Zamora 1956 y Salamanca 1963,* en BAU, 12, 1995, 76-83; FERNÁNDEZ-GALIANO, L. *Viviendas en la calle Prior. Salamanca* 1963, en AV, 68, 1997, 90-93; Archivo digital Alejandro de la Sota; Archivo DOCOMOMO, 2009; GARCÍA BRAÑA, C., AGRASAR, F. 1998. *Arquitectura Moderna en Asturias, Galicia, Castilla y León,* COAS; ÁBALOS, I., LLINÁS, J., PUENTE, M., 2009. *Alejandro de la Sota,* Fundación Caja de Arquitectos: Barcelona.

de interfaz social que estos singulares miradores adquieren. Siendo un tema recurrente en la arquitectura sotiana, los miradores de Salamanca sobresalen entre experiencias anteriores y posteriores por la cohesión lograda entre su materialización y su significación existencial.

El mirador salmantino surge de la necesidad de mirar y observar hacia los laterales y hacia abajo. Su sofisticada elaboración como una caja de vidrio deriva de la lógica de construir un observatorio privilegiado sobre una calle estrecha; estas son las nuevas condiciones para su nueva forma[6], extrayendo la idea de su volumen del contexto histórico próximo.

Aunque más adelante en el texto reconocerá la posibilidad de permanecer y estar en el mirador, lo que inicialmente orienta su aparición y diseño es su condición de observatorio más que la preocupación por la relación dentro-fuera de épocas anteriores. En el proyecto de Bankunión (1970), esa actitud observadora, orientada hacia abajo, queda recogida en la perspectiva del "preciosísimo dibujo de Paco Alonso"[7]. En este caso, la mirada hacia abajo se facilita porque los forjados no llegaban a la fachada. Este interés por la observación dirigida está presente en los croquis del proyecto del Museo Provincial de León, con personajes en los miradores de la última planta, simulando "ojos que se abren al paisaje"[8] y en la sección que certifica que el cono visual abarca completamente la torre de la catedral.

"Hay que mirar con facilidad hacia abajo"[9], pero han de servir para permanecer en ellos, al menos los niños, por eso "todas estas ventanas, con una luna pordebajo, tienen además el alféizar blando y guateado para apoyarse y mirar para abajo"10 Nuevamente, el arquitecto escudriña la condición del habitar, sus cualidades de confort, temas que, en el posterior proyecto de Viviendas en Alcudia (Mallorca, 1984), verifica con numerosas perspectivas el disfrute y contemplación de l11a bahía desde el patio entoldado, como signo ancestral de posesión del propio territorio[11].

[6] SOTA, A. de la, *"Por una arquitectura lógica. 1982"*, en *Alejandro de la Sota. Escritos, conversaciones, conferencias*, GG: Barcelona, 2002, 70-71.
[7] Ibídem, 176.
[8] Ibídem, 194.
[9] Ibídem, 175
[10] Ídem.
[11] SOTA, A. de la, *"El proyecto"*, en GALLEGO JORRETO, M., *Alejandro de la Sota. Viviendas en Alcudia, Mallorca, 1984*. Rueda: Madrid, 2004, 41.

Máquinas de mirar: Bankunión, Museo de León, Alcudia.

Necesidad e innovación del mirador. Eficacia y disfrute

> *"La calle Prior es estrecha, no admite miradores normales; se proyectaron pequeños, efectivos y cómodos para estar tiempo en ellos, incluso los niños; son resistentes"* [12].

A la necesidad de mirar, Sota incorpora la estrechez de la calle, la comodidad para permanecer en ellos y su resistencia. Se completa así todos los datos que estimulan su particular diseño. Resulta inevitable el recuerdo de los dibujos con los que Sota ilustra el proceso compositivo del Gobierno Civil deTarragona, consistente en "superposición y yuxtaposición de diferentes partes del programa para constituir un todo sin que éstas pierdan su independencia"[13]. En esa secuencia lógica hay una fase que no termina de cerrar del todo su razón de ser y que, sin embargo, es determinante de la imagen hipnótica del alzado sobre la plaza Imperial Tarraco; nos referimos al desplazamiento zigzagueante de las tres terrazas de los pisos superiores de las viviendas. Más allá de su justificación para jerarquizar la posición central en el eje de la fachada del balcón del gobernador sobre los huecos de las viviendas, esa composición constituye, sin duda, una aparición repentina en el proceso de abstracción por el que se nos ha guiado para explicar su razón compositiva[14].

[12] Ver n. 1.
[13] LÓPEZ-PELÁEZ, J.M. *"La fidelidad del Estilo"*, en LAHUERTA, J.J.; PIZZA, A., *Alejandro de la Sota*, CRC-Galería de Arquitectura: Barcelona, 1985, 11-17.
[14] *"La voluntad de abstracción lleva las cosas hasta un punto en que dejan de serlo ... Estamos lejos aquí de una complejidad abstracta, nacida de una laboriosa génesis plástica. La*

El proceso de diseño que conduce a los miradores de Salamanca contiene también al menos un momento de inexplicada prestidigitación que provoca su sorprendente e hipnótico efecto. Nos referimos al momento en el que se decidió que eran cajas de vidrio que no apoyaban en el suelo, sino que estaban suspendidas de la fachada de piedra como elementos aislados unos de otros. La diferente documentación del proyecto que conocemos, con ser incompleta, corrobora que esto no fue siempre así ni surgió de inmediato.

Después del croquis inicial de la planta, donde el vuelo continuo de la calle Prior recogía los salones y los comedores de ambas viviendas, el proceso de proyecto pasa por la fase de marzo de 1963 donde, ya sin el vuelo, hay seis habitaciones de calle Prior con mirador y una con ventana para, finalmente, consolidarse con los cuatro miradores que conocemos de los salones y comedores y tres ventanas, una a la izquierda y dos a la derecha. Entre medias, y con anterioridad a la ejecución de la obra, cabe situar unos croquis que documentan las reflexiones llevadas a cabo sobre el diseño de los miradores.

Los dos alzados de 1963, el de calle Prior y el de calle Prado, parecen haber dejado abierto el debate hacia la solución definitiva. El de calle Prior dibuja siete huecos por planta sobre un despiece de piedra: seis de ellos vacían la fachada con huecos balconeros cuya parte superior sobresale del plano de fachada, configurando miradores aislados cuya sombra proyectada se recoge en el alzado. El despiece horizontal de piedra modula estos huecos y sus separaciones en altura. Cada hueco abarca tres hiladas de piedra, dos se corresponden con el mirador y una con su antepecho de vidrio; las separaciones verticales entre huecos son algo mayores, a juzgar por el despiece. La solución descrita es, en su volumetría, una inversión del balcón tradicional, con el volumen más sobresaliente de la barandilla de la parte inferior; el mirador es una solución frecuente en la biografía personal y profesional del arquitecto: "La escueta delicadeza de las cajas de vidrio y metal constituye una síntesis abstracta de los miradores de la Galicia natal del autor, de los enrejados ya ensayados

naturaleza de la Abstracción que presenta el gobierno Civil es directa, corresponde a una imagen formulada de una sola vez, es una aparición repentina más próxima a Malevich que a Mondrian". NAVARRO BALDEWEG, J., *Una laboriosa abstracción. Sobre Alejandro de la Sota*, en Arquitectura Viva, 3, 1988, 29-31; para un análisis exhaustivo de los mecanismos compositivos en relación a estos croquis para el Gobierno Civil, cfr. CORTÉS VÁZQUEZ DE PARGA, J. A. *"9 reflexiones para el Gobierno Civil*, 73 y ss.

en Esquivel y de los balcones y ventanas tradicionales"[15]. Sin embargo, la solución de mirador descrita no aparece en el alzado de la calle Prado, en el que el gran hueco vertical acumula todas las terrazas de salones ubicados sobre la situación del portal en esa fase, situado junto a la medianera de la derecha. No obstante, no se han dibujado las sombras arrojadas que permitan identificar el mirador del salón de una de las viviendas que sí figura en la planta. De ser así, esta solución de mirador de la calle Prado, que en el alzado no cuenta con el antepecho de vidrio que vemos en el alzado de calle Prior y en su correspondiente sección, va a ser la opción triunfante. El despiece de la piedra de esta fachada continúa la misma modulación que el de calle Prior.

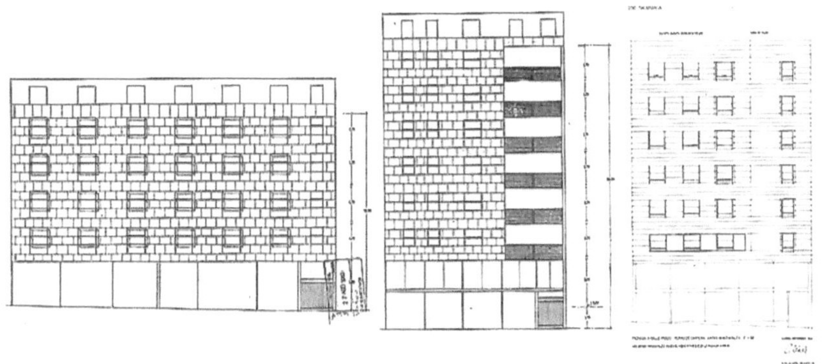

Alzados marzo 1963: Calle Prior y calle Prado.
Alzado septiembre 1964: calle Prado.

Este alzado de calle Prado de 1963 no tiene aún equiparadas sus tres ventanas a las dimensiones del mirador; otra importante modificación que va a suceder en esta fachada afectará al gran hueco de la ventana más terraza del salón junto a la medianera. En el alzado, este hueco extiende su vano hasta la medianera, no coincidiendo con lo dibujado en planta que será la solución definitiva, con un paño de piedra junto a la medianera; falta incorporar en planta un mirador, algo más estrecho, junto a la terraza. Estos últimos cambios quedan recogidos en el alzado de septiembre de 1964, donde se especifican las juntas horizontales de

[15] FERNÁNDEZ-GALIANO, L. *Viviendas en la calle Prior. Salamanca* 1963, en AV, 68, 1997, 90.

la cantería con una nota: "Las juntas horizontales siguen el mismo ritmo que en la fachada a Prior", ritmo que es distinto de los alzados de 1963.

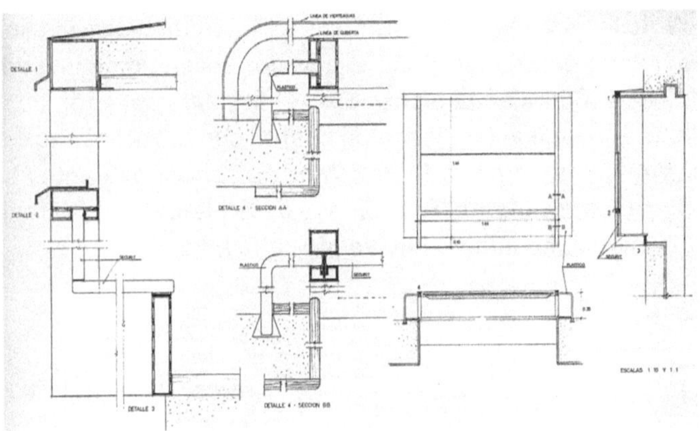

Detalle constructivo del mirador.

La solución de los miradores con la idea de cubos de vidrio suspendidos de la fachada de piedra, cuyos montantes se separan de las esquinas que, como conocemos por los precisos detalles constructivos, resuelve con plástico curvado, y el piso transparente de luna securit, queda perfectamente recogido en este alzado. El dibujo y la nota referidos a las juntas horizontales indican la desaparición de los antepechos de vidrio y el reajuste dimensional de las hiladas de piedra que finalmente se realizaron. Es la pragmática ejecución de la piedra de Villamayor que acompaña a la versatilidad del sistema formal que define la relación constructiva entre el mirador y la fachada pétrea, permitiendo diversas combinaciones –mirador, terraza, ventanas estrechas– y satisfacer diferentes usos, viviendas y oficinas, estirando en este caso el vano del mirador con ventanas en diferentes soluciones. El mirador ha pasado de evocar la arquitectura tradicional a codificar formal y constructivamente toda la composición de la fachada, admitiendo diversas variaciones, como el propio Alejandro de la Sota ponía de relieve en 1985[16].

[16] SOTA, Alejandro de la, conferencia, COAM, 1985, min. 1:40:05 a 1:45:50, consulta: 1/02/2018, https://www.facebook.com/FundacionAlejandrodelaSota/videos/1205741536103153/

Conocemos diversos croquis que muestran la evolución de pensamiento en el diseño del mirador con la identificación de los diferentes temas específicos que conducen a su progresiva abstracción formal: el rasgado balconero en el muro de piedra, el volumen superior con suelo de vidrio, la desaparición de la carpintería en las esquinas, el curvado de las esquinas. Con la desaparición del antepecho de vidrio, el mirador se hizo más ancho que el hueco de piedra. La forma del mirador y su relación con la fachada está ya definida en los croquis que estudian el local comercial de la planta baja de calle Prior realizada "con un solo cristal"[17]. En ellos estudia el diseño del escaparate comercial, cuya entrada ya no se corresponde con la posición centrada de las plantas y el alzado de marzo de 1963, sino con el definitivo desplazamiento hacia la derecha, dejando igualmente visto un pilar de la estructura y habiendo quedado sin sitio para el portal que todavía aparecía en la fase anterior para esa calle.

Croquis del comercio original de Planta baja de calle Prior.
Croquis con los miradores.

[17] Esta es una de las alteraciones más graves del edificio, realizadas sin permiso del arquitecto y de las que éste se quejaba amargamente en 1985. El local comercial se fragmentó en pequeños locales, se desmontó el escaparate original y cada propietario alteró su imagen, arruinando absurdamente la poética paradoja de una fachada de piedra de gran formato descansando en vuelo sobre el escaparate de cristal sin carpintería visible.

Material, oficio, pensamiento y paradojas

> *"La piedra es la de siempre en Salamanca y tratada como siempre se hizo; ahora se olvida esta preciosidad de labra de piedra con azuela y de junta seca. ¡Es lástima!*
>
> *"Toda la fachada Prior de piedra descansa sobre voladizo. Se cerraba el bajo de la fachada con un solo cristal"*[18].

El mirador de Salamanca no es solamente una idea brillante o un objeto bello; hay en él algo de la condición de máquina que permite construir el proyecto: su abstracción formal y material realza la cualidad de la piedra, entendida ésta como materia y como memoria de la ciudad. Sota alude en su conferencia a la piedra de los conventitos –recuerda, incluso, la plaza compostelana de La Quintana–. A ellos debe pertenecer la axonometría con la imagen cúbica de un hueco enrejado, el único que en los croquis de estudio del mirador no dispone del antepecho de vidrio inferior: "No he tenido que hacer nada más que como el conventillo que tenía unas rejas salientes que daban el mismo efecto que aquí"[19]. Magnífico ejercicio de abstracción y atención al contexto que ocupaba en buena medida el debate arquitectónico en aquellos años en relación a la intervención en los centros históricos[20] y sobre lo que Sota habrá de volver en obras importantes de su última etapa –edificio de Correos de León, Museo Provincial de León, ampliación de los Juzgados de Zaragoza–. La abstracta levedad de los miradores privilegia por contraste la sólida gravedad de la fachada de piedra. El mirador contribuye de modo determinante a construir la imagen del edificio y solventa con versatilidad la idea de arquitectura-container. A este sentido maquínico nos referimos. Hay una imagen de una máquina que los ingenieros utilizaban

[18] Ver n. 1.
[19] SOTA, A. de la, *"Conferencia, Barcelona, 1980"*, en *Alejandro de la Sota. Escritos, conversaciones, conferencias*, GG: Barcelona, 2002, 170-186, 175.
[20] El propio Le Corbusier se expresaba de forma similar por aquellos mismos días cuando explicaba su proyecto para el Hospital de Venecia argumentando que no había hecho más que aplicar lo que ya sucedía en la ciudad. ALONSO, E. *"El espacio público en Le Corbusier. Evolución de su pensamiento y de sus estrategias formales"*, en TORRES, J. *Le Corbusier. 50 years later*, Universidad de Valencia: Valencia, 2015, p. 94 (74-98). http://dx.doi.org/10.4995/LC2015.2015.1012

para construir un canal y que Sota solía utilizar en la explicación de sus planteamientos: "El Canal. Hay que fijarse en la postura que toma la ingeniería para resolver los problemas. Si se tiene que hacer una obra se diseña la máquina que hace la obra"[21]. Los miradores de Salamanca, más que ningún otro en la obra de Sota, tienen esta condición de maquínica.

Los miradores de estas viviendas tenían ya desde su mismo enunciado otra condición maquínica, debían ser máquinas para observar la ciudad y a sus conciudadanos. Su forma se justifica mejor desde su localización en la calle Prior por ser más estrecha, dato de partida que reconduce el diseño hacia la máxima levedad y redunda en la transparencia del observatorio, lo que aporta algunas consecuencias reseñables. Entre las imágenes utilizadas por Sota en sus conferencias, está la de una bombilla[22], cuya forma desaparece cuando entra en uso.

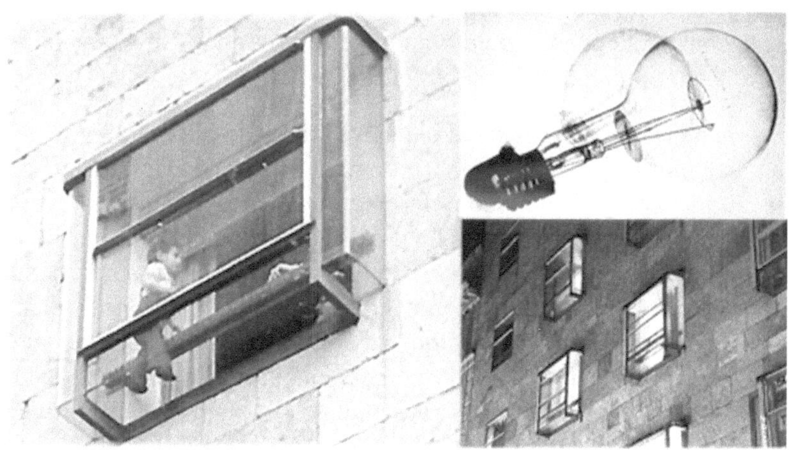

El niño en el mirador. La bombilla de las conferencias.
Vista nocturna de los miradores de Calle Prior.

[21] GUARNER, I., *Sobre unas diapositivas de las conferencias de Alejandro de la Sota*, BAU, 13, 1995, 84-87.

[22] *"La bombilla aporta el mayor rendimiento con el mínimo material, con lo menos posible. El vacío hecho es una finísima película de vidrio que revolucionó nuestro mundo".* GUARNER, I., op. cit.; "construir *un límite que permite al interior salir al exterior produciendo un halo en el cual la propia pared queda disuelta",* LÓPEZ PELÁEZ, op. cit. 11.

La arquitectura aporta en ocasiones sorpresas mientras el arquitecto está ocupado en resolver problemas. Entre los requisitos que debían tener los miradores, el de la observación estaba dirigido hacia la calle. El recurso de la transparencia como medio para obtener ligereza, en respuesta a la estrechez de la calle Prior, devuelve la dirección de la mirada hacia el mirador. Buscamos inconscientemente, cada vez que vemos esos miradores, la imagen del niño puesto de pies sobre el suelo de securit, bajo la atenta mirada de su abuela, una fotografía que cuando Sota la explicaba en 1985 apostillaba que sucedía a veces, empujándonos a intentar buscar de nuevo esa particular circunstancia. Esa transparencia, provocada por la desaparición de la forma cúbica de vidrio, suspendida espacialmente del muro de piedra, provoca también una suspensión temporal por la fuerza que tiene la arquitectura de quedar vinculada a recuerdos e imágenes en la memoria. Al contemplar la imagen de ese niño en el mirador de la calle Prior, recordamos el texto de Llinás a propósito de la fotografía de una niña en la casa Farnsworth: "Hay muchas cosas que pareciendo que existen y tienen ser ya no son nada sino una palabra o una figura"[23].

La forma de los miradores de la calle Prior experimenta cada noche otra particular desaparición y una especial transformación en luces de la ciudad, como grandes luminarias que advierten de la presencia de sus habitantes. El juego que ha derivado de la inicial ocurrencia del mirador establece un diálogo entre la ligera y transparente luminosidad de los miradores, que la tecnología y los materiales modernos han posibilitado, y el uso sabio de la piedra de Villamayor, que Sota lleva a su terreno en su despiece, textura y colocación, más allá de la obligación de su uso en el centro histórico que impone la ordenanza normativa, y cuya modulación viene definida en última instancia por los miradores. "La materialidad de los materiales se convierte en un elemento clave de la arquitectura sotiana"[24]. Por ello, no podemos sino unirnos al indignado réquiem por la desaparición de la original fachada del comercio en planta baja realizada con un solo vidrio, –o, si no lo era, lo parecía convincentemente–, que tan rotundamente subrayaba la aportación de

[23] LLINÁS, J, *Sobre la foto de una niña en la casa Farnsworth*, Quaderns, 152, 1982, 40-41.z

[24] MONEO, R., *Presentación,* MONEO, R., *Alejandro de la Sota,* Harward University: Harward, 1987.

la fachada de piedra a este diálogo como si de un fragmento de historia de la ciudad se tratase, suspendido estructuralmente del vuelo de las vigas del edificio y suspendido temporalmente de la memoria. El recorte que los miradores operan sobre el muro de piedra posee la evocación temporal que podemos experimentar ante las ruinas. Algo de esto transmite sin duda el edificio y nos sugiere la percepción de la maqueta con seis plantas sobre la baja y seis miradores por planta. En esa maqueta, la transparencia de los miradores evidencian las oquedades del muro de piedra, las zonas que concentran la mayor negritud del objeto fotografiado. Sin embargo, esos cubos transparentes resultan perceptibles porque vemos la sombra que arrojan sobre la fachada; es la paradójica sombra arrojada por un agujero o así nos lo parece durante los primeros instantes de observación.

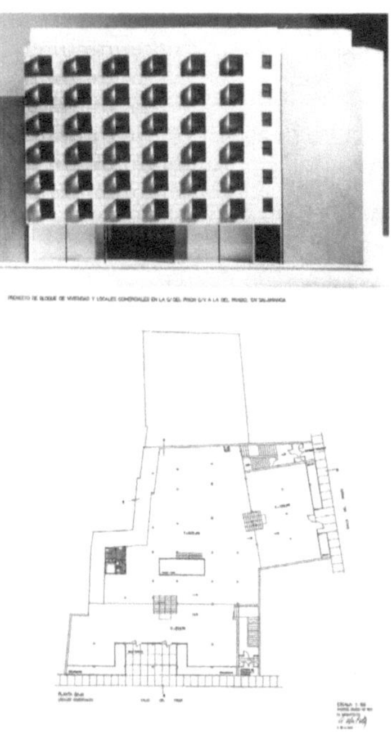

Maqueta y planta baja de marzo de 1963.

Conclusiones

Desde el primer momento y tal como hemos analizado, Sota desplaza la intensidad del proyecto a los miradores y su inserción en la fachada de piedra. No sólo en su solución formal, sino en las implicaciones urbanas y relativas a la idea de habitar. Este enfoque del problema atiende a la experiencia individual, la relación con los otros conciudadanos y a la cultura arquitectónica local. Desde ese reconocimiento, enunciado por él mismo, de normalidad y ausencia de novedad en las viviendas puede resultar lógico que sus plantas aparezcan tan escasamente publicadas, sobre todo si comparamos tal circunstancia con la publicación de la memorable imagen de los miradores. Sin embargo, queremos reafirmar dos cuestiones relativas a las viviendas y al dibujo de sus plantas.

Ya hemos subrayado la complejidad de las plantas articulando las relaciones espaciales entre las tres zonas diferenciadas –la cocina y su dormitorio, el salón y el comedor, los tres dormitorios de la casa– preservando a su vez, desde le doble acceso, la privacidad de cada parte. Todos estos temas están ya presentes diez años antes en las viviendas del Gobierno Civil de Tarragona, sometidas en este caso a la perfección del cuadrado[25], mientras que en Salamanca se adaptan a la complejidad geométrica de la parcela. Podría decirse que si en ambos casos hay una organización topológica igualmente clara, el diseño de Salamanca adquiere una cualidad laberíntica que recuerda algunos trazados de las composiciones de Paul Klee –a alguno ya nos hemos referido– y que el propio arquitecto usaba en sus conferencias. Sin embargo, el juego de circulaciones ni tan versátil ni tan rico en Zamora –las tres zonas diferenciadas se conectan necesariamente sólo a través del mismo y único pasillo– o en Pontevedra, que, al igual que en Zamora, las viviendas de calle Gondomar sólo disponen de un acceso.

Por otra parte, el croquis de planta previo y la planta definitiva demuestran, más allá del esfuerzo empleado en alcanzar la mayor sencillez formal posible, que la condición laberíntica sucede a partir de la segunda

[25] CAPITEL, Antón., *Creación y limitación en la obra de Alejandro de la Sota,* en ÁBALOS, I., LLINÁS, J., PUENTE, M., 2009. *ALEJANDRO DE LA Sota,* Fundación Caja de Arquitectos: Barcelona, 545-547.

crujía porque el dibujo, modulación y ritmo de las habitaciones situadas en las fachadas a calle están preparando la cualidad de la fachada como arquitectura-container para sistematizar la modulación de huecos y miradores. Hay dos modos diferenciados de dibujar: uno es la yuxtaposición sencilla de habitaciones similares en sendas crujías exteriores sobre las dos calles; el otro es la intersección y encabalgamiento a partir de la segunda crujía, que le permite absorber las divergencias formales que concurrían sobre el patio y en cuya zona interior de la casa convergen piezas de diferentes tamaños como dormitorios, baños, cocina. Es el juego de contrapuestos[26] que Sota utiliza aquí como técnica de dibujo pero que también extrapola al juego conceptual de los materiales y la percepción del tiempo: el recuerdo de la obra de la piedra tradicional convive con la modernidad futura del vidrio de los miradores y el gran escaparate de planta baja. No obstante, ambos temas, la organización de la planta y el diseño de la fachada son finalmente fruto de la reflexión sobre la idea de habitar, de las relaciones de contacto y privacidad entre las diferentes partes del interior de la casa y de las relaciones que la casa establece con la ciudad a través de afrontar la necesidad de mirar y observar la calle.

Bibliografía

ÁBALOS, I., LLINÁS, J., PUENTE, M., 2009. Alejandro de la Sota, Fundación Caja de Arquitectos: Barcelona.

ALONSO GARCÍA, E. "El espacio público en Le Corbusier. Evolución de su pensamiento y de sus estrategias formales", en TORRES, J. Le Corbusier. 50 years later, Universidad de Valencia: Valencia, 2015, 74-98. http://dx.doi.org/10.4995/LC2015.2015.1012

Archivo digital Alejandro de la Sota: http://archivo.alejandrodelasota.org/es/original/project/299

Archivo DOCOMOMO, 2009.

[26] ABALOS, I, 2009 (1997). *Alcudia, León y la construcción de un arquitecto,* en ÁBALOS, I., LLINÁS, J., PUENTE, M., 2009. *ALEJANDRO DE LA Sota,* Fundación Caja de Arquitectos: Barcelona, 53-61.

BALDELLOU, M.A. Alejandro de la Sota, Hogar y Arquitectura,115, 1974.

CAPITEL, Antón, 2009. Creación y limitación en la obra de Alejandro de la Sota, en ÁBALOS, I., LLINÁS, J., PUENTE, M.,. ALEJANDRO DE LA Sota, Fundación Caja de Arquitectos: Barcelona, 545-547.

CORTÉS VÁZQUEZ DE PARGA, J. A. 2006. Gobierno Civil deTarragona 1957-1964. COA Almería: Almería

FERNÁNDEZ-GALIANO, L. Viviendas en la calle Prior. Salamanca 1963, en AV, 68, 1997, 90-93;

GALLEGO JORRETO, M., 2004. Alejandro de la Sota. Viviendas en Alcudia, Mallorca, 1984. Rueda: Madrid.

GARCÍA BRAÑA, C., AGRASAR, F. 1998. Arquitectura Moderna en Asturias, Galicia, Castilla y León, COAS.

GRIJALBA BENGOETXEA, J., Dos proyectos de Alejandro dela Sota en Zamora 1956 y Salamanca 1963, en BAU, 12, 1995.

GUARNER, I., 1995. Sobre unas diapositivas de las conferencias de Alejandro de la Sota, BAU 13, 84-87.

LLINÁS, J, 1982. Sobre la foto de una niña en la casa Farnsworth, Quaderns, 152, 40-41.

LÓPEZ-PELÁEZ, J.M. 1985. "La fidelidad del Estilo", en LAHUERTA, J.J.; PIZZA, A., Alejandro de la Sota, CRC-Galería de Arquitectura: Barcelona, 11-17.

MONEO, R., 1987. Presentación, Alejandro de la Sota, Harward University: Harward,.

NAVARRO BALDEWEG, J., 1988.Una laboriosa abstracción. Sobre Alejandro de la Sota, en Arquitectura Viva, 3, 29-31.

SOTA, A. de la, 2002. Alejandro de la Sota. Escritos, conversaciones, conferencias, GG: Barcelona.

SOTA, Alejandro de la, conferencia, COAM, 1985, min. 1:40:05 a 1:45:50, consulta: 1/02/2018, https://www.facebook.com/FundacionAlejandrodelaSota/videos/1205741536103153/

GENEALOGÍA TIPOLÓGICA DE LA VIVIENDA DE SALÓN PASANTE

LAS VIVIENDAS PARA LA OHS EN VALLADOLID, DE JESÚS CARRASCO, 1938. 2020

Jesús Carrasco Muñoz, como ya se ha señalado anteriormente, fue un arquitecto atento a los debates de la arquitectura moderna que estaban teniendo lugar en Europa. La influencia que pudiera haber recibido de las viviendas de Solokoetxe II del arquitecto bilbaíno Calixto Emiliano Amann (Teresa, 1989, 260) no viene sino a subrayar su capacidad de reconocer en los proyectos nacionales aquellos temas de la modernidad que él compartía.

La presencia mayoritaria en esta obra del tipo de vivienda con salón pasante denota la atención a los debates que el movimiento moderno estaba desarrollando en los años veinte, tanto en España como en Europa (Sainz Guerra, 1995). Dos cuestiones diferentes pero relacionadas entre sí emergen en el estudio genealógico de esta tipología. La primera se refiere a la nueva concepción del espacio doméstico y la relación entre las diferentes partes de la casa; la segunda, a los mecanismos compositivos que regulan su trazado. Ésta es una línea de investigación prioritaria del movimiento moderno en la que se buscó la adecuada relación entre un espacio fluido y la articulación precisa que permitiera la necesaria privacidad de determinadas partes de la vivienda (Klein, 1980).

La planta de Jesús Carrasco Muñoz para las viviendas de Valladolid carece de los matices en la articulación entre las diferentes habitaciones que veremos en los ejemplos europeos, pero resulta clara su atención para activar la relación espacial entre el salón y las restantes piezas de la casa y, a su vez, reducir al máximo los espacios de circulación, cuestión esta que resultaba un objetivo prioritario en el proyecto de una vivienda mínima. Dispone todas las habitaciones alrededor del salón, desde el que se accede a tres dormitorios, la cocina y el vestíbulo; éste da paso, además de a la caja de escaleras, a un baño y un cuarto dormitorio. Esta idea del salón como núcleo central de la casa emerge con claridad en diferentes propuestas residenciales del movimiento moderno, que recogen a su vez tradiciones y experiencias anteriores y muchas de las cuales quedaron recogidas en los congresos CIAM sobre La Vivienda Racional de 1929-1930 (Aymonino, 1973).

Como queda reflejado en los citados congresos y en la literatura específica, estas investigaciones tienen su inicio en estudios y proyectos sobre la vivienda unifamiliar. En 1923, George Muche y Adolf Meyer proyectaron una Casa Experimental para la Exposición de la Bauhaus (Fig. 1a). Era una casa unifamiliar cuyo salón se situaba en el centro de una planta cuadrada, que quedaba rodeado por las restantes piezas de la casa (dormitorios, cocina, aseos, vestíbulo de acceso) que conformaban un perímetro envolvente cuyas habitaciones asomaban directamente al exterior mientras que la iluminación del salón quedaba resuelta cenitalmente a través del mayor levante de este espacio que resultaba de su mayor altura en relación a la corona perimetral. El acceso desde el salón a las distintas habitaciones no se hacía directamente sino a través de distribuidores, uno por cada uno de los cuatro lados del salón, salvando, de este modo, más superficie de pared del salón que, de otro modo, se hubiese llenado de puertas de paso (Frampton, 1990, 141).

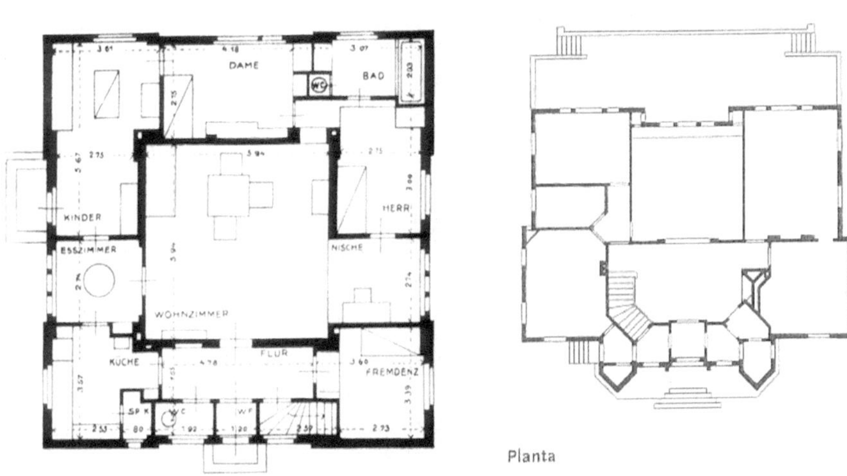

George Muche y Adolf Meyer Casa: Experimental para la Exposición de la Bauhaus, 1923; Walter Gropius y Adolf Meyer: casa Sommerfeld, Berlín-Dahlem, 1921-22.

Apenas un año antes, Gropius y Adolf Meyer habían proyectado la casa Sommerfeld en Berlín-Dahlem, 1921-22 (Fig. 1a), que, a diferencia de la plástica más moderna de la Casa Experimental, cuya imagen purista deriva del uso de superficies abstractas, fue construida según la imagen tradicional de una casa de troncos. Su planta baja organiza diferentes espacios en forma de U en torno al salón que, en este caso, asomaba directamente al exterior. Sendos ejemplos, que pudieran parecer contradictorios en su materialidad e imagen (Frampton, 140-141), manifiestan, no obstante, similar interés por la articulación de las relaciones espaciales interiores en torno al salón. El espacio de doble altura del ejemplo berlinés es el mecanismo que permite hacer converger sobre el hall las relaciones de las habitaciones de la planta superior, recogiendo así diferentes experiencias que van desde Fran Lloyd Wright a la tradición anglosajona.

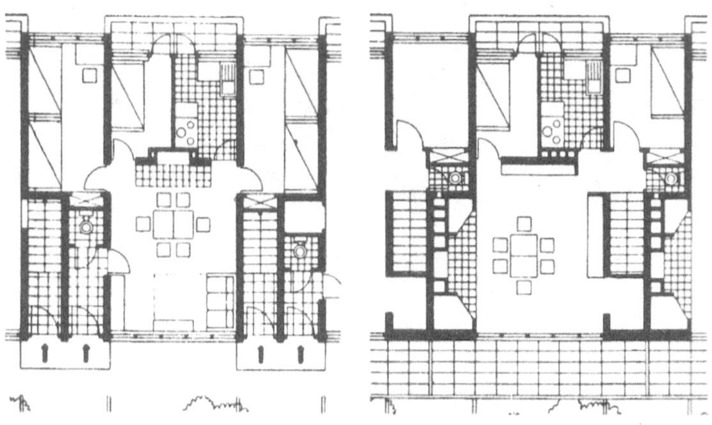

J.J.P. Oud: Hoek van`t Holland, Rotterdam, 1924.

J.J.P. Oud construyó en 1924 en Hoek van`t Holland (Rotterdam) (Fig. 2) una serie de casas unifamiliares superpuestas y ordenadas en hileras de dos plantas. El sistema estructural de muros perpendiculares a fachadas organiza una serie de bandas paralelas que agrupa en su profundidad salones pasantes con dormitorio más cocina y sendos accesos con dormitorios, siendo estos susceptibles de adscribirse a una u otra vivienda, tanto en planta baja como en planta primera. Este mecanismo de accesos independiente a cada planta contiene importantes diferencias en la relación entre la ubicación del acceso a la vivienda y la distribución de las circulaciones interiores. En la vivienda de la planta alta (ésta es la única planta que recoge Aymonino en el apartado de Edificios de dos viviendas) la escalera permite desembarcar en el centro de la casa y, aunque coloca un vestíbulo que distribuye el acceso al dormitorio y la cocina, las circulaciones al salón y el otro dormitorio discurren sobre el eje central. En la planta baja es necesario atravesar el salón, bien en diagonal bien a lo largo del muro, para llegar a ese eje de circulaciones paralelo a fachadas (Aymonino, 163).

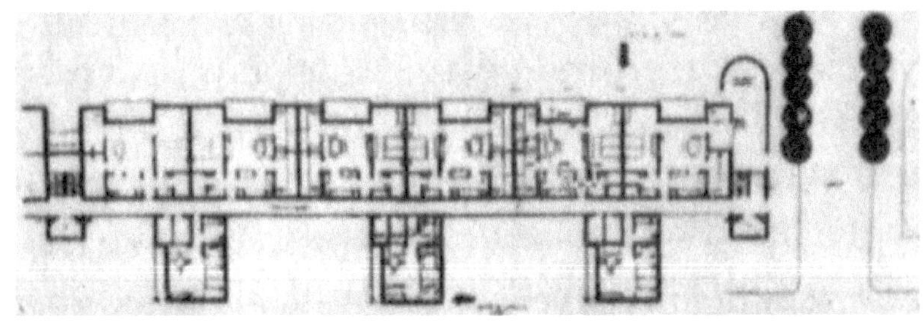

Walter Gropius: concurso de un edificio de doce plantas en el barrio Haselhorst, Spandau, 1929.

Los estudios sobre la unifamiliar permitieron analizar algunas claves para dar el salto a la vivienda colectiva y en altura. Hay en la casa de Muche y Meyer una particular ambigüedad que recorre la evolución dela arquitectura moderna doméstica en particular, cual es la similitud posicional del salón con el lugar que ocupaba tradicionalmente el patio y en el que todas las piezas de la casa se disponían en torno a él (Capitel, 2005, 160). Entre la casa de 1923 y la más tradicional de 1922, la transición de la planta central pura a la planta en forma de U posibilita que el salón se asome al exterior y abre así la vía a la superposición en altura de varias unidades residenciales como en los casos de vivienda colectiva, bien sea como agrupación en torno a un núcleo de escaleras o con acceso desde galería que es la trasposición más directa de la agrupación de unifamiliares a edificios de gran altura, tema este último que ocupó en parte los debates de los CIAM de 1929-30 (Aymonino, 211) .

Gropius ganó en 1929 el concurso de un edificio de doce plantas en el barrio Haselhorst en Spandau (Fig. 3). Una galería exterior da acceso a las viviendas que, estructuradas en tres bandas perpendiculares a fachadas, dispone todas las piezas ordenadas en forma de U alrededor del salón, que ocupa parte de la banda central y asoma sobre la terraza exterior (una planta esquemática pero muy similar está recogida en Klein, 1980 28, atribuida a una vivienda plurifamiliar en Frankfurt que formaba parte de la Exposición organizada por Ernst May en el II CIAM celebrado en Frankfurt en 1929; otra versión en el reparto de los dormitorios está en Argan, 1988, fig 78).

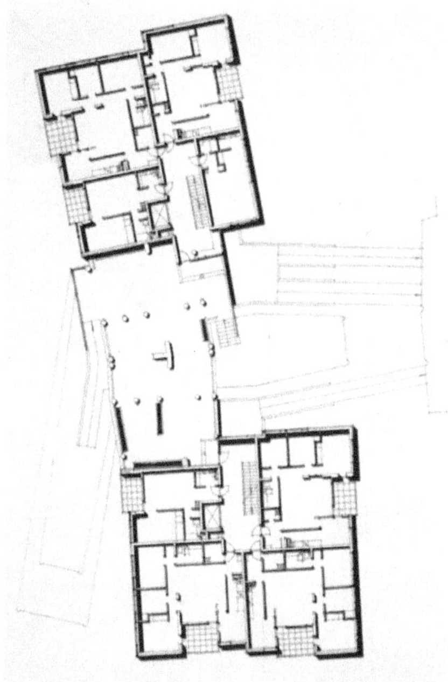

Alvar Aalto: Hansaviertel, Berlín 1958.

El éxito de esta tipología tiene dos importantes secuelas. Es el caso de la propuesta que realizará décadas después Alvar Aalto en Hansaviertel, Berlín 1958 (Fig. 4), cuya solución es paradigmática de esta tipología de salón pasante. A diferencia de las viviendas de Valladolid, cuyo salón no se abre sobre la terraza, que se reserva para la cocina y el baño (sí lo hace en las viviendas de Zamora), las viviendas de Aalto en Berlín son paradigmáticas porque la terraza recoge accesos de la cocina, el salón y el dormitorio principal, resultando un intercambiador de circulaciones muy versátil que enriquece el juego de flujos entre las diferentes partes de la casa y las relaciones entre interior y exterior. Buena parte de estos temas están anticipados en el proyecto que Quaroni y Ridolfi (Fig. 5) construyeron en el barrio Tiburtino de Roma en 1949 (Alonso, 2014, 35). En él hay unas torres que agrupan tres viviendas por planta con similar distribución. También en las viviendas de Aalto como en las de Quaroni y Ridolfi se preserva la mayor cantidad de pared para posible soporte de mobiliario gracias a la precisa e intencionada localización de los accesos a las habitaciones.

Ludovico Quaroni y Mario Ridolfi: barrio Tiburtino, Roma, 1949.

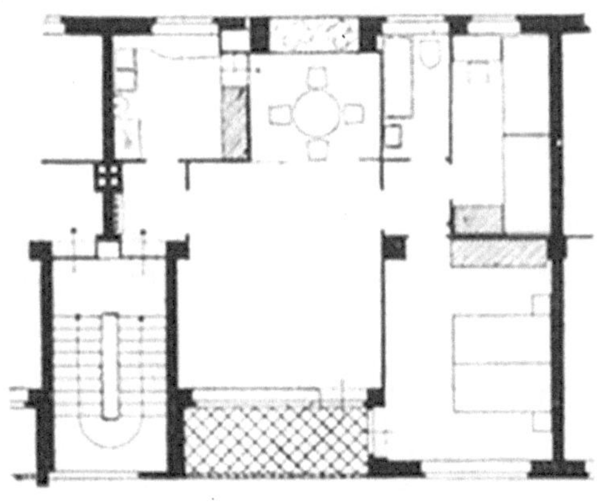

Hans Scharoun: Siedlung Siemensstadt, Berlín, 1929.

En sendos proyectos de Berlín y Roma está el eco de la propuesta de Hans Scharoun para la Siedlung Siemensstadt de 1929 Fig. 6), donde el propio Scharoun vivió hasta 1960 (Guridi, 2015, 94), aunque en este caso el salón se asoma sobre ambas fachadas del bloque, disponiendo con ello de la doble orientación.

Durante esos años la experimentación con el salón pasante se llevó a cabo con diferentes geometrías de la planta, analizando el ajuste de las circulaciones y de las relaciones espaciales entre las distintas habitaciones y el salón. En 1927, Buckminster Fuller proyectó la Casa Dymaxion (Fig. 7), proyecto que va a tener desarrollos posteriores, algunos de ellos con formas circulares (Blanco, 2015, 69). En este caso adopta la forma hexagonal y distribuye en el perímetro todas las habitaciones, incluido el salón pasante, y en el centro la distribución de accesos a los dormitorios; no obstante se ofrece como alternativa otra circulación en el perímetro, estableciendo puertas de paso entre todas las habitaciones. Su geometría hexagonal difiere claramente de nuestro caso de estudio vallisoletano y de las referencias anteriormente citadas y es, precisamente por ello, que nos resulta útil para subrayar el centrado que en aquellos años se estaba haciendo en el estudio de las relaciones espaciales en la vivienda social y en las estrategias para lograr un aprovechamiento máximo del espacio y una reducción de los espacios de circulaciones, más allá de los sistemas compositivos y geométricos que se utilizaran. En esta propuesta de Dymaxion, el núcleo central de circulaciones es de ida y vuelta completa, lo que implica que se accede desde el salón y a través de él a todas las restantes piezas dela casa pero también es posible conectar estas habitaciones entre sí sin necesidad de pasar obligatoriamente por el salón. Carl Fieger anticipó cuatro años antes esta solución aplicada a una planta circular con una distribución muy similar de espacios perimetrales y núcleo de aseo en el centro con acceso a todas las habitaciones, cuya construcción, al igual que las investigaciones de Fuller exploraba las estructuras ligeras (Fig. 8). El proyecto de Fieger fue recogido por Gropius en su artículo Wohnhaus Industrie de la revista Bauhausbücher 3, de 1923.

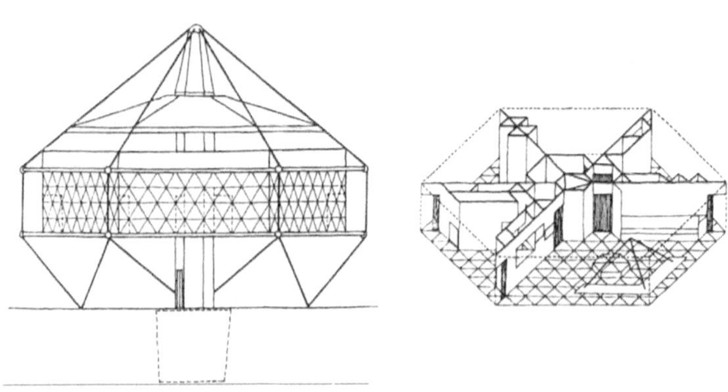

Buckminster Fuller: Casa Dymaxion, 1927.

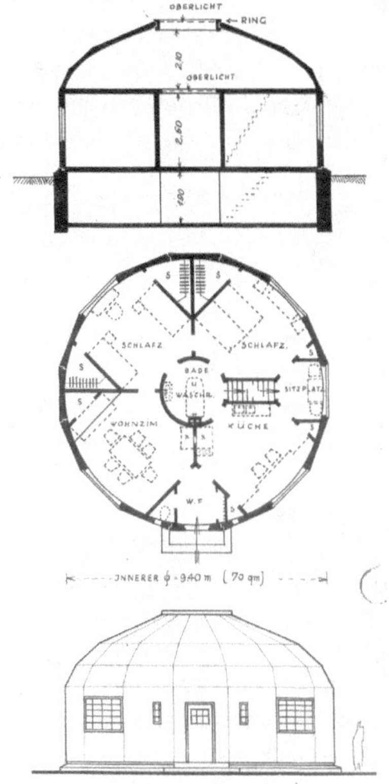

Carl Fieger: Casa circular, 1923.

Hemos visto algunos ejemplos donde la organización espacial se estableció a partir de bandas paralelas a fachadas que agrupan de formas diferentes las distintas piezas de la casa. Otra línea de trabajo fructífera es la que organiza los espacios interiores en bandas paralelas a las fachadas. En muchos de estos casos, al igual que sucede en el caso de estudio vallisoletano, es posible establecer una lectura de ambos sistemas compositivos.

Entre las diferentes propuestas en las que Gropius había venido trabajando durante los años veinte sobre esta idea de la flexibilidad espacial entre las relaciones de las distintas partes de la casa, vinculadas en muchos casos a sus investigaciones sobre la construcción prefabricada y la composición modular (Casas para profesores de la Bauhaus, 1925; viviendas Törten, 1926 y 1928; Siedlung Weissenhhof, 1927), hay un proyecto de 1931 en el que recoge, a partir de una propuesta de Vivienda unifamiliar de cobre ampliable, una organización de bandas paralelas a fachadas en la que el salón y cocina ocupan la banda central, incluyendo en una de sus bandas laterales el patio-terraza. Los esquemas de Gropius explican el proceso de progresivo crecimiento, pasando de uno a cuatro dormitorios (Fig. 9).

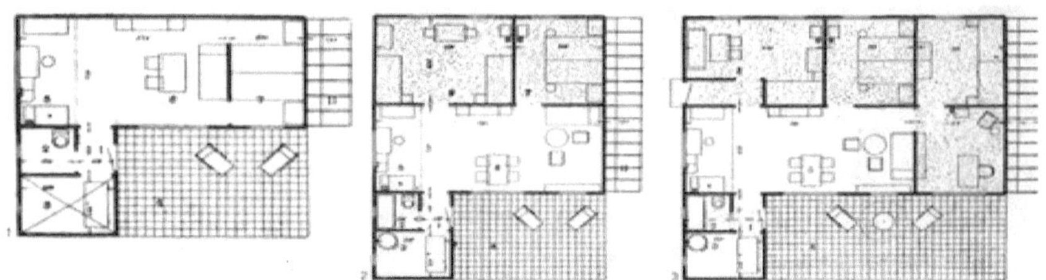

Walter Gropius: Vivienda unifamiliar de cobre ampliable, 1931.

Este nuevo modo de organización espacial de modo lineal y en bandas encuentra una particular composición en la propuesta de Le Corbusier para la Ville Radieuse de 1931 (Fig. 10). La gran terraza-patio, los dormitorios y la agrupación de baños y cocina configuran tres bandas paralelas a sendas fachadas que se presentan perpendicularmente al salón, si bien el dormitorio principal participa de ambas lecturas de bandas paralelas y banda transversal, por encontrarse en la intersección de la banda del salón y la de baños y cocina. Aquí la relación privilegiada es con el espacio de la terraza-patio, tanto del salón como de los dormitorios. Al igual que señalamos en el caso de las viviendas de Alvar Aalto, en la Ville Radieuse se posibilitan dos opciones de circulación y conexión entre el salón y los dormitorios: una por el interior de la casa, la otra a través de la terraza-patio y la presencia de ambas hace más enriquecedora la experiencia del espacio doméstico.

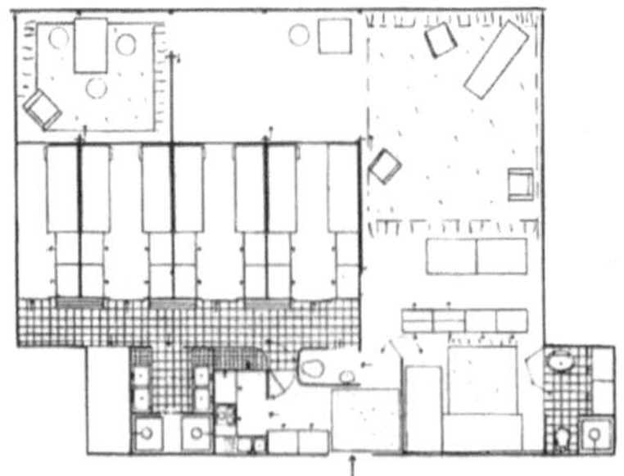

Le Corbusier: Ville Radieuse, 1931.

Mies van der Rohe elide este conflicto entre sistemas centrales y sistemas lineales, incluso entre bandas paralelas o perpendiculares a fachadas en su proyecto de viviendas para la Siedlung Weissenhof en Stuttgart de 1927 (Fig. 11) al ofertar una variedad inclusiva de muchas de estas opciones, una de las cuales resulta muy similar a la geometría de la planta de las viviendas con salón pasante de Valladolid. Mies experimenta con variaciones diversas en cada planta y en cada portal sobre las relaciones entre salón, cocina y dormitorios y nos ofrece composiciones en bandas paralelas, con salones de fachada a fachada, con relaciones espaciales diagonales, con composiciones en forma de U alrededor del salón que recuerdan, es este caso, nuestro caso de estudio en Valladolid. Y todas ellas, por supuesto, con la misma solución estructural de tres pórticos paralelos a fachadas.

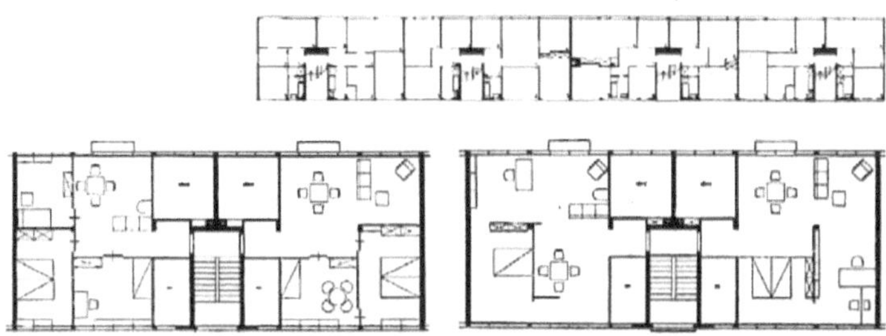

Mies van der Rohe: Siedlung Weissenhof, Stuttgart, 1927.

Dentro de la experimentación con la composición de la planta mediante bandas paralelas, buscando la reducción máxima del espacio de circulaciones y ajustando el impacto de los pasos de puertas entre habitaciones y salón, algunos proyectos hicieron hincapié en organizar el deslizamiento de las circulaciones sobre el eje murario paralelo a fachadas y separador de ambas bandas, siendo en muchas ocasiones elemento estructural principal.

P. J. C. Klaarhamer elaboró en 1919 junto a Robert van`t Hoft un proyecto de alojamiento para trabajadores (Fig. 12) que, no obstante su sencillez, recoge la atención a los aspectos constructivos y compositivos que, bajo la influencia de F. Ll. Wright, el grupo De Stijl desarrolló en aquellos años (Fanelli, 1983, 23-25). En la planta se unen cocina y baño junto a la entrada y agrupa estas piezas y los dormitorios formando un área en L envolvente alrededor del salón que contiene un pequeño mirador en fachada. El salón pasante recoge el tránsito entre el vestíbulo y los tres dormitorios junto al muro central perforado puntualmente para albergar el reducido distribuidor, girado a 45 grados, para recoger las cuatro puertas. Tan sólo la cocina abre su puerta directamente al salón.

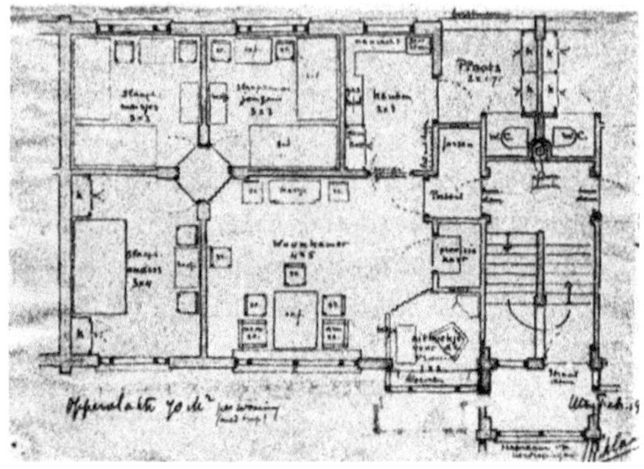

P. J. C. Klaarhamer y Robert van't Hoft: Proyecto de alojamiento para trabajadores, 1919.

Bertold Lubetkin realizó en Highpoint I, Londres 1935-38 (Fig. 13), una elaboración mayor de esta articulación de circulaciones a través de un salón pasante con una precisa ubicación de distribuidores que minimizan el impacto de puertas en el salón; el distribuidor incluye el acceso al baño y, según los casos, dos o tres dormitorios. La construcción del edificio con estructura de hormigón armado es otra vinculación con el ejemplo neoplástico citado y una lógica coincidencia de las relaciones entre estructura, forma y sus consecuencias en las organizaciones espaciales.

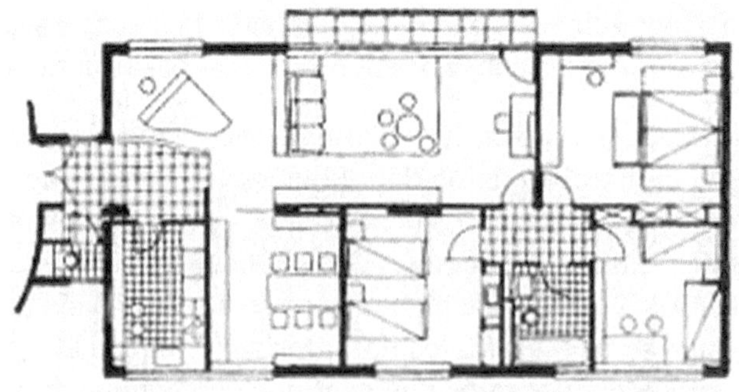

Bertold Lubetkin: Highpoint I, Londres, 1935-38.

En el proyecto de Franco Albini para un barrio popular de Milán de 1936-38 (Fig. 14), la planta se organiza también en bandas paralelas a fachadas, incorporando incluso una tercera en fachada que contiene la cocina y la terraza. Salvo el del baño, el salón recoge todos los accesos a las demás piezas de la casa. Las circulaciones desde el vestíbulo a los dormitorios se deslizan junto a la pared del eje central paralelo a fachadas; la ubicación de las puertas queda lo suficientemente ajustada para posibilitar la colocación de una cama en el salón. En esa pared central del salón, todo lo que no es puerta es cama o armario.

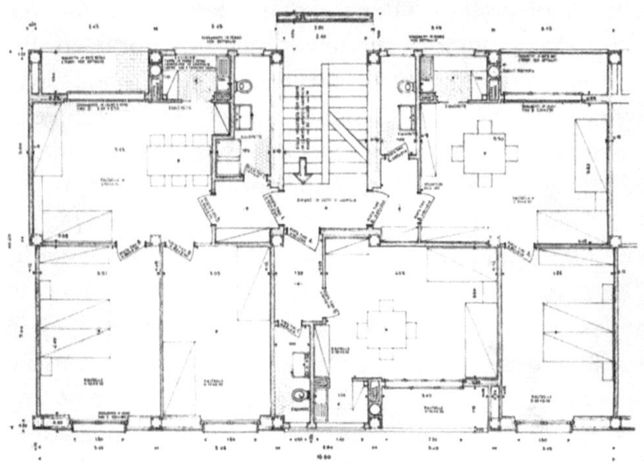

Franco Albini: Casas populares, Milán, 1936-38.

Estas breves notas reflejan, aunque sea a través de estos pocos ejemplos, la atención prestada por el Movimiento Moderno al tema de la vivienda popular (Woude,1983) y el compromiso con el proyecto de la vivienda mínima. Y también nos ayuda a comprender las vinculaciones tipológicas de las viviendas que Jesús Carrasco Muñoz construyó en Valladolid con los ejemplos europeos, al tiempo que pone de relieve algunos aspectos mejorables.

La posición central del salón pasante queda subrayada, como hemos visto en algunos de los ejemplos analizados, por la disposición envolvente de las restantes piezas de la casa. Todas ellas quedan distribuidas según tres bandas paralelas y perpendiculares a las fachadas, colocando el salón en la banda central. Resulta contradictorio que en estas viviendas de Valladolid no se haya favorecido la relación entre el salón y la terraza, presente en tantos ejemplos que hemos analizado. Esta relación si sucede en las viviendas que el mismo arquitecto construyó en Zamora, prácticamente con la misma tipología. Al igual que sucede con las viviendas de Valladolid, la terraza forma parte de la banda lateral que recoge la cocina y el baño, pero eso no impidió establecer una relación lateral entre salón y terraza.

También cabe hacer, aunque sea parcial, una lectura de bandas paralelas a fachadas, que viene marcada fundamentalmente por la agrupación de la escalera y sendas parejas de dormitorios de cada una de las viviendas. Esta composición se ve reforzada por el hecho, ya analizado en algunos de los casos de estudio europeos, de deslizar las circulaciones de acceso desde la escalera hasta los dormitorios del fondo a lo largo de la pared que los alinea. Sin embargo, no existen algunas de las sutilezas que hemos podido señalar en los ejemplos estudiados; nos referimos a la posibilidad de disponer sobre esa pared un largo armario que mejorase las necesidades de almacenamiento de la casa; para ello tan sólo sería necesario cambiar el sentido de apertura de la puerta de paso del vestíbulo al salón y desplazar ligeramente esa puerta hacia la cocina cuanto fuera posible para la ubicación de armarios. Como hemos advertido al analizar algunos de los ejemplos europeos, la reducción del impacto de la presencia de puertas sobre el desarrollo de la pared, aportaba mayor eficacia funcional para disponer de armarios y ubicación de otros objetos domésticos. Tampoco disponen estas casas de los oportunos distribuidores que habrían permitido agrupar sobre ellos las puertas de dormitorios y evitar que todas asomen sobre el salón.

El parentesco tipológico con algunas de los mejores ejemplos del Movimiento Moderno en el diseño de viviendas mínimas debe servir para marcarnos las líneas de actuación que mejoren y adecúen estas viviendas a las actuales necesidades y las devuelvan su eficacia espacial y su calidad arquitectónica.

Bibliografía

ALONSO GARCÍA, Eusebio. 2014. Mario Ridolfi. Arquitectura, contingencia y proyecto. Universidad de Valladolid: Valladolid.

ARGAN, Giulio Carlo. 1988. Walter Gropius e la Bauhaus. Einaudi: Turín

AYMONINO, Carlo. 1973. La vivienda racional. Ponencias de los congresos CIAM 1929-30. GG: Barcelona.

BLANCO, Arturo. 2015. Trazos de habitaciones mínimas, en Alonso García, Eusebio. Alojamiento para otros modos de vida. Universidad de Valladolid: Valladolid.

CAPITEL, Antón. 2005. La arquitectura del patio. GG: Barcelona

FANELLI Giovanni. 1983. De Stijl. Laterza: Roma Bari,

FRAMPTON, Kenneth. 1990. Storia dell'architettura moderna. Zanichelli: Bologna.

GURIDI, Rafael. 2015. Lecciones alemanas. Los bloques de Hans Scharoun en la Siemensstadt, en Alonso García, Eusebio. Alojamiento para otros modos de vida. Universidad de Valladolid: Valladolid.

KLEIN, Alexander. 1980. Viviendas mínimas: 1906-1957. GG: Barcelona.

SÁINZ GUERRA, José Luis. 1995. Las Siedlungen alemanas de los años 20. Frankfurt, Berlín, Hamburgo. COACYLE: Valladolid.

TERESA, Enrique de. 1989. Primeras experiencias de vivienda masiva en Valladolid. La aparición de un nuevo tipo residencial, en Mata, Salvador. Arquitecturas de Valladolid. COAVA: Valladolid.

WOUDE, Auke van der. 1999. La vivienda popular en el Movimiento Moderno, Cuaderno de Notas 7, 5-34.

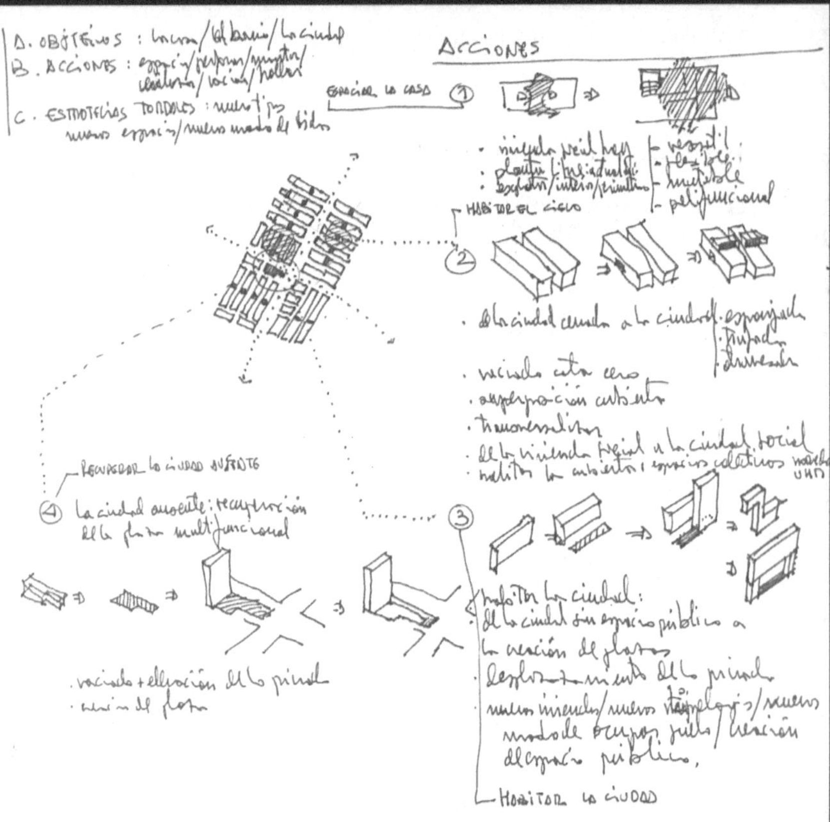

Acciones y estrategias de intervención para la regeneración urbana y arquitectónica de un barrio de la periferia de los sesenta (© EAG)

III HABITAR EN EL ESPACIO PÚBLICO Y LA CIUDAD

III.1 El espacio público en Le Corbusier. Evolución de su pensamiento y de sus estrategias formales. 2015.

III.2 Estrategias de intervención en un barrio de la periferia. 2015.

III.3_Mario Ridolfi. En el interior del tiempo. En el interior de la ciudad. 2007

"Las clases han ocupado toda una parte de mi vida, me he empleado en ellas con pasión. [...]. Es como un laboratorio de investigación: se organizan cursos acerca de aquello que uno investiga, no acerca de lo que uno sabe [...].
Era como una cámara de ecos, un serpentín en el que las ideas retornaban después de haber pasado por muchos filtros".

Gilles Deleuze, *Conversaciones*. Valencia: Pre-Textos, 1995, 221-222

EL ESPACIO PÚBLICO EN LE CORBUSIER

EVOLUCIÓN DE SU PENSAMIENTO Y DE SUS ESTRATEGIAS FORMALES. 2015

Introducción. Espacio público, paisaje y mecanización

El espacio público en sus diferentes categorías –espacio urbano, colectivo, comunitario, de encuentro y relación, social, circulatorio, etc. – es hoy un campo de trabajo muy presente en cualquier debate arquitectónico, cuya importancia trasciende la propia disciplina: *"... lo cierto es que si se toman algunas de las obras clásicas del pensamiento urbano procuradas en las décadas de los años sesenta , setenta e incluso ochenta, el valor ´espacio público´ apenas aparece o, si lo hace, ... le habrían convenido otros conceptos como "espacio social", espacio común", espacio compartido", espacio colectivo", etc."*[1] y, aunque no siempre fue así, suele implicar o ir asociado a otro concepto con diferentes acepciones y paradojas, el de paisaje –paisaje natural, cultural, urbano, interior, virtual, etc.–. La reciente exposición sobre la obra de *Le Corbusier, An Atlas of Modern Landscapes*[2], organizada por el MOMA (2013) y que pasó por España en 2014 subrayó esta relación entre arquitectura y paisaje y la interrelación que se produce entre espacio público y espacio privado, incorporando con ello un ineludible debate ideológico en la búsqueda de las estrategias formales del proyecto.

La obra de Le Corbusier se desarrolla entre los planteamientos urbanos utopistas de finales del siglo XIX y principios del XX –Fourier, Sant`Elia, Tony Garnier– y los estudios de antropólogos, geógrafos y sociólogos cuyos textos a partir de los años de las décadas de los cincuenta y sesenta revitalizan algunas de estas cuestiones.

Estas reflexiones sobre el espacio público en Le Corbusier ilustran, por un lado, la evolución del problema en su pensamiento, el diferente protagonismo que adquiere en diversos proyectos, con escalas, programas y ubicaciones distintas, y, por otro lado, el constructo que el propio Le Corbusier va articulando en su trayectoria durante los dos primeros tercios del complejo siglo XX. Realiza muy tempranamente propuestas urbanísticas de gran escala donde el paisaje figura como el espacio público de la ciudad; son propuestas abstractas e idealizadas pero abordará también proyectos de menor tamaño con una actitud más fenoménica y contingente.

[1] Delgado, Manuel, *El espacio público como ideología*. Madrid: Catarata, 2011, p. 16.
[2] Cohen, Jean-Louis, *Le Corbusier: an atlas of modern landscapes*, New York: MOMA, 2013.

Desde el punto de vista de la fortuna crítica, en general y sobre Le Corbusier en particular, es oportuno señalar dos cuestiones: la primera se refiere al modo en que determinados logros del pensamiento quedan a veces fijados en el tiempo por más que evoluciones posteriores resulten críticas con ese momento particular y permitan elaboraciones de mayor complejidad; abordaremos a continuación las similitudes y diferencias entre estas propuestas urbanísticas realizadas entre principios y la mitad de los años veinte y sus otras propuestas de principios de los años treinta como las realizadas para Argel y Sudamérica. La segunda se refiere a la sesgada percepción de excesiva originalidad de cualquier aportación artística e intelectual por desconocimiento u ocultación de sus antecedentes. Dos responsabilidades convergen aquí para el caso que tratamos; una es el propio Le Corbusier en su afán de apropiarse de avances ajenos y rebautizarlos como nuevas invenciones[3] y la otra, que afecta de modo particular al siglo XX, recae sobre la omisión de críticos y estudiosos, tendentes en ocasiones demasiado fácilmente a recrearse en la condición de invención y originalidad. En las últimas décadas, la producción de estudios atentos y rigurosos va confirmando para el caso Le Corbusier aquello que Frampton afirmaba para la arquitectura del siglo XX, en general, en términos de *"continuidad e inflexión más que en términos de originalidad como fin en sí mismo"*[4].

Le Corbusier, como tantos otros en los inicios del siglo XX, confía en la ciencia y en la técnica como remedio y salvación de tantos males que aquejan a la sociedad en general y, en particular, a las ciudades y al problema de la vivienda[5]; habrán de pasar algunas décadas para comprender la carga ideológica que ambas representan. En 1941 el propio Le Corbusier recoge el sentimiento de decepción[6]:

[3] Tafuri, Manfredo. "Machine et mémoire. The City in the Work of Le Corbusier". En Brooks, H. Allen. *Le Corbusier*. Princeton: Princeton University Press. 1997, p. 204; a propósito de *"la formulación teórica de la casa como máquina de habitar en un escrito de 1853 de Adolphe Lance"*; también cfr. Moos, Stanislaus von. *Le Corbusier.* Barcelona: Lumen. 1977 (1968) 1ª ed. p. 93.
[4] Frampton, Kenneth. "Rappel à l'Ordre: The Case for the Tectonic". En Frampton, Kenneth, *Labour, work and architecture. Collected Essays on Architecture and Design.* New York: Phaidon, 1987. p. 92.
[5] Torres Cueco, Jorge. *Le Corbusier: visiones de la técnica en cinco tiempos.* Barcelona: Fundación Caja de Arquitectos. 2004.
[6] Esta reflexión de Le Corbusier aparece en el libro *Sur les Quatres Routes* de 1941 y encabeza el artículo de Frampton, Kenneth "The Other Le Corbusier: Primitive Form and the Linear City, 1929-52". En Frampton, Kenneth, op. cit., p. 219.

"La sociedad contemporánea sufre una devastadora enfermedad. La Mecanización, que debería haber sido un remedio para todos sus males, ha sido desplazada. Nos permitimos derramar (despreciar, desaprovechar) nuestros tradicionales modos de vida, siendo imposible llegar a un acuerdo. A pesar de milagros aislados, la era de la máquina no ha conseguido todavía sus avances. No ha sido capaz de conseguir sus propios retos ni aprendió a saltar en el vacío y establecer una nueva tradición de la felicidad humana. Así, lo que debería haber sido un laborioso recurso de la humanidad para la libertad ha llegado a ser considerado por muchos poco menos que una calamidad".

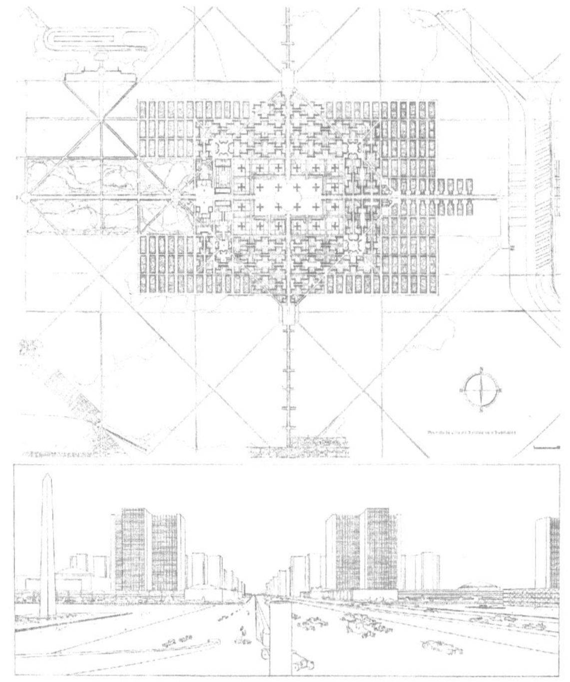

LC: Ville Contemporaine. Ciudad para 3 millones de habitantes, 1922.

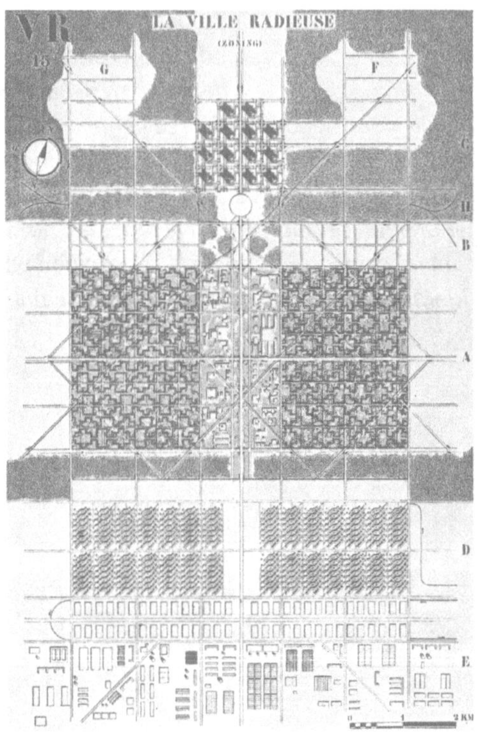

LC: Ville Radieuse.

Articularemos estas reflexiones en tres apartados. El primero incidirá en la relación o identificación que se produce entre *paisaje y espacio público* en sus propuestas urbanísticas en las décadas de los años veinte y treinta.. En el segundo apartado contrastaremos las diferencias y similitudes entre dos proyectos entendidos a veces como contradictorios pero en cuya solución proyectual resulta determinante el diseño y ubicación de los espacios colectivos de encuentro y relación de la comunidad; y ello a pesar de sus diferencias programáticas. En el tercer apartado veremos la interacción con el paisaje urbano que establece la dialéctica entre arquitectura y ciudad en dos proyectos de los últimos años. Esta breve selección de edificios y proyectos, dentro de la dilatada producción de Le Corbusier, permitirán, por su adscripción temática y cronológica, establecer una adecuada perspectiva temporal en la compresión del tema y su evolución.

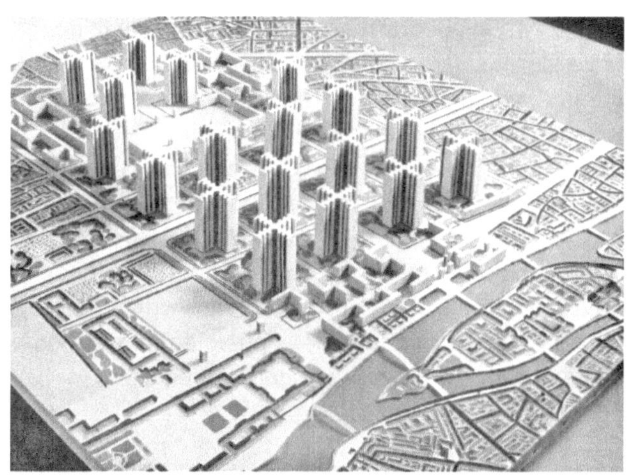

LC: Plan Voisin 1925. Detalle del centro.

Paisaje y espacio público en las propuestas urbanas de los años 20 y 30

Bien formado y conocedor de las teorías utopistas del siglo XIX[7] sobre las teorías y propuestas urbanas para una nueva sociedad, Le Corbusier filtró pronto y reinterpretó su aprendizaje en sus propuestas urbanísticas de los años 20. Son propuestas que en su gran escala resultan necesariamente genéricas pero en donde emerge el descubrimiento de la naturaleza entendida como paisaje, con sus propias leyes compositivas y en su doble función de acoger la arquitectura, constituyéndose en su fondo natural, y para ser contemplada desde ella, dotando a la naturaleza de condición plástica y objeto experiencia artística: *"la naturaleza sobre la que se asienta la ciudad de los modelos teóricos no es silvestre porque no existe ningún paisaje circundante; es un parque, una arquitectura vegetal con la que se manufactura el paisaje urbano"*[8].

[7] Bergdoll, Berry, "París: más allá de la ciudad del siglo XX". En *AV Monografías*. Le Corbusier. An Altas of Landscapes. Madrid: Arquitectura Viva, 2015, 176. p. 44.

[8] González Cubero, Josefina. "Sesión continua: nómadas en el jardín. Ville Contemporaine y Ville Radieuse". En Monteys, Xavier. *Massilia: anuario de estudios lecorbuserianos. Le Corbusier y el paisaje.* Sant Cugat del Vallés, 2004. p. 75.

La Exposición de Artes Decorativas de 1925 consolidó la imagen vanguardista de Le Corbusier, no sólo por el propio Pabellón de l`Esprit Nouveau sino por la documentación relativa a algunas de las propuestas urbanísticas que hasta entonces había desarrollado –Plan Voisin, Ville Contemporaine–. Esta imagen quedó reforzada con la ejecución de sus obras puristas más insignes –villas Stein, Savoie,...– a finales de la década de los años veinte al tiempo que, no obstante, el propio Le Corbusier abordaba en aquellos años reflexiones bastante más críticas –las conferencias de Sudamérica, 1929, las propuestas de Argel, 1931-33, por citar algunas– con aquellos postulados que le posicionaron como uno de los máximos representantes de la modernidad mecanicista.

LC: Ville Verte .

Libertad, felicidad humana, salvación moral, etc., son términos y aspiraciones que el arquitecto ha recogido de los utopistas del siglo XIX y que están presentes en sus investigaciones sobre el problema de la vivienda y de la ciudad durante las primeras décadas –viviendas Dom-Ino[9],

[9] Los espacios públicos y arbolados que resultan de la ordenación zigzagueante de los bloques Dom-Ino evocan *La ciudad Industrial* de Tony Garnier. Moos, Stanislaus von. *Le Corbusier,* op. cit. pp. 58-59.

Inmuebles Villas[10]– en las que sobresalen dos aspectos clave, la relación de la casa con la vegetación y la naturaleza y los espacios colectivos que surgen de los mecanismos de agrupación de las viviendas. Son experiencias de pequeña escala que aluden ya a una conciencia de lo público y de las relaciones sociales cuyo marco ideal de desarrollo será en medio de un paisaje natural y lejos de los centros congestionados de la ciudad industrial.

Paisajes habitados: la ciudad en el parque

Al abordar escalas mayores como el diseño de la *Ville Contemporaine, una Ciudad para tres millones de habitantes,* el paisaje natural, el parque, es el gran espacio público, la *alfombra de verdor*[11], en cuyos dominios se insertan los edificios, a partir del cual se despliegan en sus diferentes escalas los diversos espacios públicos, colectivos, comunitarios, de encuentro y relación junto a la diversidad de tipologías edificatorias. Casa y ciudad insertadas en la naturaleza. Este protagonismo del paisaje natural en su relación con la arquitectura es la aportación significativa de Le Corbusier al proyecto de la ciudad contemporánea que recoge de la tradición pintoresca del siglo XIX , que le es transmitida en primera instancia por L`Eplattenier, su profesor en La Chaux-de-Fonds[12].

[10] La calle corredor elevada en los diferentes niveles de acceso a las viviendas, que aparecerá posteriormente en los *Redents* y en las *Unités*, recuerda los corredores de los falansterios de Fourier.

[11] Curtis, Williams. *Le Corbusier. Ideas y formas*. Madrid: Blume. 1986. p. 61.

[12] Ábalos, Iñaki. *Atlas pintoresco. Vol. 2: los viajes*. Barcelona: GG. 2008. pp.120 y ss. Analiza las influencias en Le Corbusier de los pintorescos del siglo XIX, como Frederick Law Olmsted, cuyo Central Park le impactará especialmente en su viaje a NY en 1935, junto al Rockefeller Center.

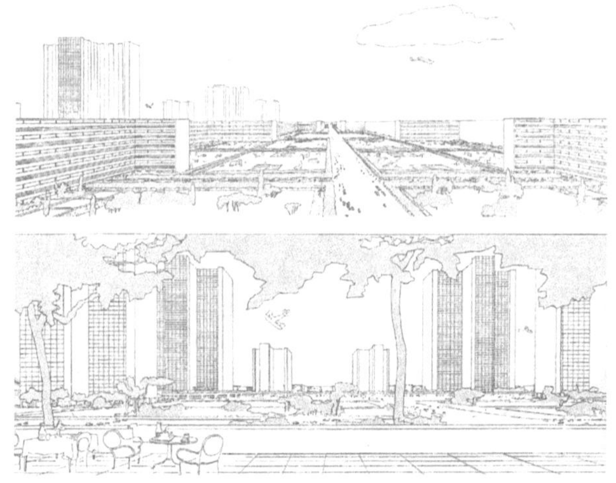

LC: Ville Contemporaine. Ciudad para 3 millones de habitantes, 1922.
Bloques à Redents de la periferia y rascacielos del centro frente al aeropuerto.

LC: ante la maqueta de los Bloques à Redents.

La *Ville Contemporaine* (1922) y su actualización posterior, la *Ville Radieuse* (1930-33), son sus aportaciones teóricas a partir de la crítica moderna de la ciudad congestionada, obsoleta, insalubre, heredada del siglo XIX. Junto a un predominio compositivo de la planta que recoge mecanismos geométricos de jardines de los diseñadores franceses de los siglos XVIII y XIX[13], se recogen las ambiciones utopistas de la vida en la naturaleza y a través del protagonismo "*de la naturaleza en la construcción del espacio público de la ciudad*"[14], la gran máquina de la ciudad moderna de Le Corbusier[15] adopta el espacio exterior y verde como característica determinante de sus estrategias formales.

Con diferencias en su composición y en sus trazados geométricos, ambas se asemejan en su entendimiento de articular el gran jardín como un plan urbano. La *Ville Contemporaine* presenta un esquema centralizado y una organización concéntrica en la secuencia tipológica que, desde el centro a la periferia, distribuye rascacielos cruciformes, bloques *à redents* e inmuebles-villas. Estos tres elementos básicos, que son objeto de diversas experimentaciones en proyectos específicos durante aquellos años, constituyen también la base tipológica de la *Ville Radieuse* que organiza con una serie de bandas paralelas, diferenciadas por usos y tipologías, y cosidas por una espina central que concluye en la agrupación de los rascacielos de oficinas, configurando una composición antropomórfica.

El *Plan Voisin* (1925), que arrasaba buena parte del centro de París situado al norte del Sena, representa una concreción mayor con el lugar y una menor idealización que las anteriores, adecuándose al menos a la continuidad de las calles del entorno y manteneniendo dentro de su perímetro algunos edificios preexistentes. Esta mediación, que en este caso establece la corona más exterior de los inmuebles-villas en su encuentro con las edificaciones del viejo París, sería más difícil con la propuesta *Ville Radieuse*. No obstante, la defensa que el propio Le Corbusier hace en Buenos Aires del *Plan Voisin* como *"máquina de finanzas: la época maquinista ha creado una mina de diamantes en el centro de París"*[16], deja ex-

[13] González Cubero, Josefina, op. cit. pp. 72-73.
[14] Ábalos, Iñaki, op. cit. p.123.
[15] Monteys, Xavier. *La gran máquina. La ciudad en Le Corbusier*. Barcelona: COAC. 1996.
[16] Le Corbusier. *Precisiones.* Barcelona: Poseidón. 2ª ed. 1978, p. 202.

puestas las razones para concitar una crítica sobre el carácter de herramienta de producción de la ciudad liberal que este tipo de planes urbanísticos contiene[17].

Le Corbusier proyecta para el centro de la *Ville Contemporaine* siete niveles de circulación superpuestos[18] que albergarían, enunciados desde abajo hasta el nivel superior: estaciones de grandes líneas, recorridos de cercanías, el metro, circulación de peatones, cruces de tránsito ligero y, finalmente, el aeropuerto. Además, la superposición de niveles, con calles elevadas para el tráfico rápido de coches, permitía la continuidad ininterrumpida de tránsitos peatonales y los recorridos sinuosos a pie entre la vegetación que explicita el dibujo de la *Ville Verte*[19]. Si en la *Ville Contemporaine* estas calles elevadas sobre pilotis para el tráfico se limitaban a los ejes principales, en la *Ville Radieuse* aparecen en mayor número y complejidad.

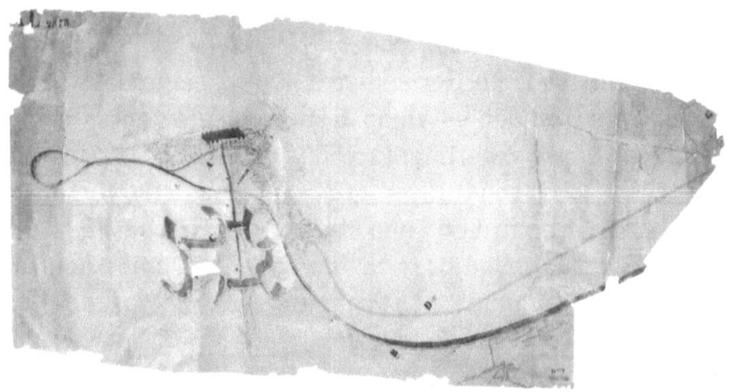

LC: Plan Obús para Argel (1932-34). Planta.

Argel: infraestructura habitada y acústica visual.

Las vías elevadas para el tráfico de automóviles de los modelos teóricos representan, por un lado, la reconciliación de la ciencia –el tráfico rápido sin interrupción– y la naturaleza –posibilidad de recorrer a pie, también sin interrupción, los senderos peatonales entre los árboles–; supone la

[17] Tafuri, Manfredo, op. cit., p. 214.
[18] Moos, Stanislaus von, op. cit., p. 202.
[19] Le Corbusier, Op. cit., p. 179.

convivencia de la civilización maquinista con la naturaleza[20]; por otra parte, estas vías rápidas elevadas vinculan el mito de la velocidad y una especial percepción del paisaje; no por casualidad, las perspectivas que muestran la contemplación del paisaje desde esta posición privilegiada mientras se conduce subrayan su predisposición al deleite en la casi total ausencia de tráfico. Es una plasmación más de las estrategias de le Corbusier en torno a la idea de una *visión en movimiento*[21].

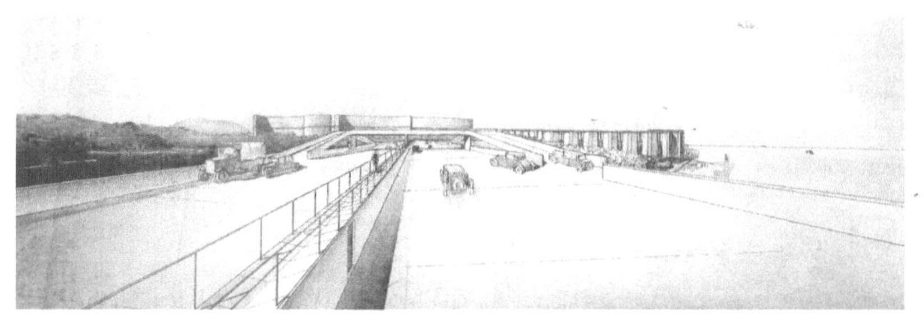

LC: Plan Obús para Argel (1932-34). Percepción desde el viaducto habitado mientras conducimos.

En el proyecto Obús para Argel (1932-34) el mito de la velocidad sigue presente pero entra en juego la acusada topografía y emergen dos aspectos que anclan la propuesta al lugar con tanta radicalidad visual como significación cultural y ello se produce desde una mayor concreción y relación dialéctica con el sitio; en Argel propone construir un *viaducto habitado*, elevado 100 metros y bajo el cual se construirán las viviendas. Un edificio puente que recorre en paralelo la bahía, siguiendo la geometría curva de la costa. Este particular modo de responder a la topografía ya había aparecido en algunas propuestas para Sudamérica –Sao Paulo, Río de Janeiro, Montevideo– con ocasión del viaje de 1929, a la vuelta del cual escribirá durante el viaje de regreso sus *Precisiones respecto a un estado actual de la arquitectura y del urbanismo.* a diferencia de los modelos teóricos que hemos visto, donde los edificios residencia-

[20] Picon, Antoine. *"Argel: ciudad, infraestructura y paisaje".* En *AV Monografías,* Le Corbusier. An Altas of Landscapes, op. cit. pp. 64 y ss.
[21] Cohen, Jean-Louis. *"En defensa del paisaje".* En *AV Monografías.* Le Corbusier. An Altas of Landscapes, ibídem, p. 10.

les construían un nuevo horizonte, ahora son esos viaductos los nuevos horizontes que referencian el lugar. La topografía provoca una *reacción poética*[22] y, en el caso de Argel, *"las curvas de la carretera evocaban el vaivén de las caderas de las mujeres y el contorno de sus cuerpos tendidos*[23]*;* el trazado sinuoso del viaducto y de los bloques *à redents,* situados estos sobre el promontorio de Fort L`Empereur y destinados a la vivienda de la población europea, recuerda los trazados de los desnudos de mujeres de sus dibujos y pinturas y la geometría de la caligrafía árabe. En Argel aparece también el concepto de *acústica visual* que Le Corbusier recuerda haber sentido por primera vez frente al Partenón en 1910 y que va a ser un argumento importante en su justificación del proyecto de Ronchamp: *"El Plan Obús para Argel, inmediatamente posterior a sus vuelos americanos, será su primera gran composición de acústica visual"*[24].

Espacios colectivos: espacios de encuentro y relación para la comunidad

El juego de dualidades contrapuestas y la confrontación de fenómenos dispares es un procedimiento proyectual muy utilizado por Le Corbusier[25]. En la Unidad de Habitación de Marsella y en Ronchamp están también presentes pero la comparación entre ambas obras, tan cercanas en el tiempo de su ejecución y tan distantes en la fortuna crítica inicial, puede resultar estimulante. A pesar de su diferente programa, residencial y religioso, ambas atienden el desarrollo de una vida social y colectiva en un lugar determinado –recorrido, acceso, ascensión, reunión, comunicabilidad,...–. Son dos proyectos que de modo distinto privilegian los espacios colectivos de encuentro y conexión de sus respectivas comunidades.

[22] Frampton, Kenneth, "The Rise and Fall of the Radiant City: Le Corbusier 1928-1960". En Oppositions. *Le Corbusier 1923-1960.* 1980, 19-20. Cambridge: MIT Press, p. 3

[23] Picon, Antoine, op. cit., p. 66; Macleod, Mary. "Le Corbusier and Algiers" .En Oppositions, 1980, 19-20, op. cit., pp. 55-85; Moos, Stanislaus von, "Le Corbusier As Painter". En Oppositions, 1980, 19-20, ibídem, pp. 89-107.

[24] Quetglas, Josep. *"Ronchamp: un paisaje de acústica visual".* En *AV Monografías.* Le Corbusier. An Altas of Landscapes, op. cit., p. 56.

[25] Menin, Sarah; Samuel, Flora. *Nature and Space: Aalto and Le Corbusier.* London-New York: Routledge. 2003, p. 23; Curtis, Williams. Le Corbusier, *op. cit.,* p. 11.

UHM y Ronchamp: fenómenos duales

La Unidad de Habitación de Marsella (1947-52) y la capilla de Nôtre Dame du Haut de Ronchamp (1950-54) representan el final de una etapa, la primera, y el principio de otra, la segunda. Todavía hoy, vistas juntas, configuran una imagen ambivalente que las hace parecer cosas diversas; buena parte de la crítica asumió sin más que, abandonando las proclamas maquinistas de las décadas anteriores que prepararon la construcción de la Unidad de Habitación, Le Corbusier se sumergió en una experimentación plástica motivada por el programa religioso. Abstracción formal en la primera y empatía en la segunda expresan claramente sus diferencias y los cambios vitales.

Marsella y Ronchamp parecen dos caras contrapuestas de la reflexión sobre la relación entre técnica y arquitectura que constituye a su vez un debate permanente en la historia del arte y de la arquitectura. La primera unidad de habitación que construyó –también la más completa de programa colectivo y más elaborada en su construcción– y la iglesia de Nôtre Dame du Haut representan dos imágenes y dos sistemas formales tan contrapuestos a priori, como sendas caras de La Gorgona que el propio Le Corbusier publicara en 1942, una figura ambivalente donde el rostro del sol, que significa vida, alude a la nueva arquitectura y la medusa Gorgona, que a quien miraba convertía en piedra, es símbolo de muerte y de la Academia[26], de la dualidad entre ciencia y arte[27]. James Stirling expresó tempranamente en primera persona la perplejidad que gran parte de la crítica experimentó ante la dualidad contrapuesta que el propio Le Corbusier asumió al concluir dos obras casi en el mismo tiempo como Ronchamp y las casas Jaoul, apenas posteriores a la finalización de la Unidad de Habitación de Marsella. Al analizar la experiencia que Le Corbusier había recorrido en su arquitectura doméstica desde la segunda década del siglo XX hasta sus casas más brutalistas advertía que *"Le Corbusier, yendo de lo general a lo particular, ha producido una obra maestra de un orden*

[26] Pierrefeu, François de, Le Corbusier, *La maison de l' homme*, París: Plon, 1942, p. 204. La ilustración se publicó también en el cuarto volumen de la *Oeuvre complète*, 1965.
[27] Torres Cueco, Jorge, op. cit., p. 225. cfr. Frampton, Kenneth, *Le Corbusier,* Madrid: Akal, 2000 (Hazan, *1997*), p. 96.

excepcional pero completamente personal" y subraya cómo Garches y Jaoul *"... representan los dos extremos de su vocabulario..."* [28].

LC: UHM: el espacio público de la cubierta; lugar de encuentro colectivo y observatorio del paisaje.

LC: UHM: pilotis de planta baja.

[28] Stirling, James, *De Garches a Jaoul,* en AR, 1955; Stirling, James, *Ronchamp. La capilla de Le Corbusier y la crisis del racionalismo,* en AR, 1956.

No obstante esta dialéctica no es cerrada y en ambos casos se interpretan y transfieren valores de uno de ambos sistemas (maquinista y fenomenológico) en el otro. Aunque, como el propio Stirling detecta, cabe identificar claramente un cambio filosófico de actitud entre el sistema formal de la Unidad de Habitación y el de la capilla de Ronchamp, el debate contiene mayor complejidad, pues si en el contexto social es posible datar en torno a 1950 este cambio[29], también es fácil identificar ejemplos de esa actitud fenoménica con anterioridad[30] y, a su vez, el eco de estrategias enunciadas anteriormente en las obras posteriores.

La actitud brutalista de las casas Jaoul está presente en el hormigonado en bruto de los pilotis de Marsella, cuya marcada textura de la tablazón del encofrado –que el propio arquitecto prefería frente al relamido acabado de los pilotis de Berlín– recuerda la materia de que están hechos y el trabajo artesanal de su ejecución; una actitud, que teniendo episodios anteriores, convive en Marsella con el montaje en seco de elementos prefabricados[31].

LC: UHM: maqueta de la cubierta.

[29] Judt, Tony, *Post-guerra. Una historia de Europa desde 1945*. Madrid: Santillana, 2005, p. 24.
[30] Frampton, Kenneth. "The other Le Corbusier: Primitive Form and the Linear City, 1929-52". En Frampton, Kenneth, *Labour, work and architecture,* op. cit., p. 218-225; Monteys, Xavier. "Le Plan Paralysé. Revisando los cinco puntos". En Quetglas, Josep. *Massilia 2002: anuario de estudios lecorbuserianos*. Barcelona: Fundación Caja de Arquitectos. 2002, pp. 141-147.
[31]· Frampton, Kenneth, *Le Corbusier,* op. cit. pp. 112-146

Los espacios públicos de la UHM. La soledad de las unités. Identidad y significación de la terraza comunitaria

La imagen de jaula tridimensional del botellero es la imagen que construye la fachada del edificio como imagen alveolar, como suma de espacios o vacíos entre planos huecos que albergan la estructura y las instalaciones. El edificio consolida la imagen de esta pequeña ciudad como suma de unidades o alvéolos articulados por tres elementos de escala colectiva: la calle comercial que se ubica en niveles intermedios y los ya mencionados equipamientos y espacios de encuentro de la cubierta y de la planta baja. Su escala monumental está en consonancia con la *´grandeur conforme´*[32]que buscaba Le Corbusier y que es el catalizador de la reinterpretación operada sobre los cinco puntos de su arquitectura. En este sentido, la *Unidad de habitación de Marsella* no es sólo el epígono de una época sino que se presenta como una experiencia cargada de futuro, no tanto en la traslación literal de hallazgos formales, sino en la maduración conceptual llevada a cabo sobre el papel que los aspectos técnicos van a desempeñar en la estrategia formal. Las ´unidades de habitación´ conforman una ciudad vertical que alberga entre 300 y 400 familias, superponiendo sobre un desarrollo de planta común los usos privados y colectivos, circunstancia que no queda enunciada en los inicios del proyecto de Marsella pero que se alcanza en etapas sucesivas. Su carácter microurbano y acumulativo se sustancia en la autonomía formal de cada parte, significando con claridad el juego vibrante de vida –apartamentos y espacios de tránsito y relación– y azaroso juego de escalas en la combinación de usos y medidas; con la excepción de la forzada inclusión de todo el programa en la volumetría prismática, cabría advertir la traslación al proyecto de una contingencia procesual que es característica notable en *Ronchamp* y otras obras; de hecho, frente al resto de las unidades ejecutadas, los pilotis de Marsella denotan esta cualidad fenomenológica en su geometría y materialidad, explotando la condición

[32] Banham, Reyner, "Fórmulas de vivienda colectiva. La maison des hommes y la misère des villes", en *Le Corbusier (II),* AV,10, Madrid, 1987, pp. 24-35; Curtis, William, *Le Corbusier,* op. cit., pp. 162-174; Moos, Stanislaus von, *Le Corbusier,* op. cit. pp. 234 y ss.; Calafell, Eduard, *Las unités d´habitation de Le Corbusier*, Barcelona: Fundación Caja de Arquitectos, 2000, pp. 14-35.

´matérica´ del hormigón bruto[33]. Esta visualización y puesta en escena del proceso de transformación de los pilotis de Marsella –al igual que en muchas de las piezas de la cubierta: gimnasio, chimeneas de ventilación, las rocas junto a la piscina, etc, cuyas geometrías explotan las posibilidades plásticas de la ejecución del hormigón bruto anticipan mecanismos de proyecto que va a experimentar a partir de Ronchamp.

La terraza en la cubierta de la UHM representa, mejor que en ninguna de las otras cuatro *unités* construidas[34], que fueron progresivamente simplificándose, la necesidad de dotar de sentido y significado a los espacios públicos de estas ciudades verticales; la fotografía de la maqueta de la terraza, con todos sus edificios y espacios comunitarios en detalle, frente al absoluto desdibujado de todos los pisos inferiores –relegados a constituir un mero basamento de realce de esos espacios públicos de la comunidad– nos parece suficientemente expresiva de la intencionalidad significante: "S*e trata del lugar que Le Corbusier denominaba toit-terrasse, que alberga una serie de instalaciones destinadas al uso colectivo, a la cultura del cuerpo y del espíritu –gimnasio, solario, sala de juegos de la guardería, teatro, piscina– y cuya formalización y disposición contrasta fuertemente con la regularidad y repetición que son una constante en el cuerpo del edificio*" [35]. La terraza que corona el edificio acoge el desplazamiento de casi todos los equipamientos que requiere la comunidad que, a excepción de una zona comercial ubicada en plantas intermedias, son deslocalizados de la habitual cota del suelo en planta baja y reubicados en la cubierta del edificio mediante una estrategia bastante frecuente en Le Corbusier, consistente en trastocar las localizaciones habituales del programa dentro del propio edificio[36]. Esta cota privilegiada de la cubier-

[33] Gargiani, Roberto, Rosellini, Anna. *Béton Brut and Ineffable Space, 1940-1965.* NewYork-Oxford: Routledge, EPFL Press, 2011, pp. 3 y ss.

[34] Sbriglio, Jacques. *Le Corbusier: l`Unitéd`habitation de Marseille.* Marseille: Parenthèses, 1992.

[35] Sequeira, Marta. *"Toit-civique. Le Corbusier y el espacio público a 50 metros del suelo".* En PC: proyecto y ciudad: revista de temas de arquitectura, 2012, n° 3. Cartagena: Universidad, p. 21; Sequeira, Marta. "A Concepçâo da cobertura da Unitéd`habitation de Marselha: três invariáveis". En Quetglas, Josep et altri. *Massilia 2005: anuario de estudios lecorbuserianos.* San Cugat del Vallés: Centre d`investigacions estétiques. 2005, pp. 132-155.

[36] Alonso García, Eusebio. *"Estrategias alucinatorias en el último Le Corbusier".* En Actas, Critic/All. Madrid: Critic/All Press. 2014, pp. 55-73.

ta se convierte en un mirador urbano sobre el paisaje, una infraestructura clave de este edificio-ciudad, a la que complementa el suelo elevado sobre pilotis que alberga las instalaciones. El uso colectivo de la cubierta estaba ya presente en los inmuebles villas de los años veinte y en los *redents* de la Ville Contemporaine, pero sin la fuerte carga simbólica que la estrategia formal de estos usos comunitarios le añaden.

La soledad de una única *unité* lastra en buena medida la idea de *la ciudad en el parque,* la idea del paisaje como espacio público y la posibilidad de contemplar el cruce de senderos peatonales que se despliega en la Ville Verte. Este era el planteamiento inicial de estas pequeñas ordenaciones y así sucede en el proyecto donde por primera vez aparece el tipo edificatorio de la *unité,* el proyecto de dieciocho *unités* en Némours (1934), conectadas por una red de circulaciones con geometría romboidal para adaptarse a la topografía.

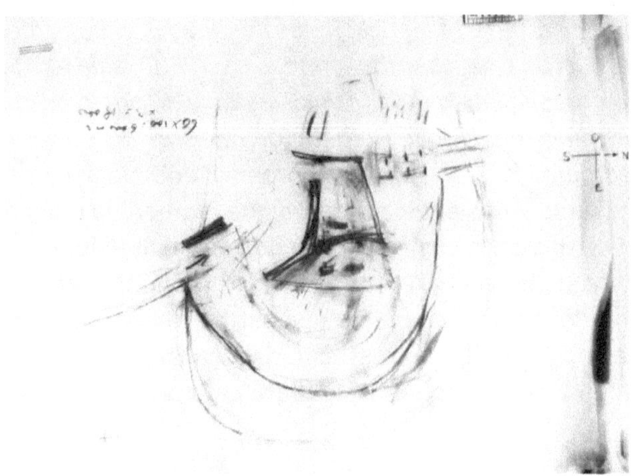

LC: primer diseño de Ronchamp
donde aparece la cávea que encinta la iglesia exterior.

La capilla de Ronchamp: identidad, memoria, significado

La iglesia de Ronchamp protagoniza una lista de proyectos y edificios de tema religioso del que tan sólo tenía dos precedentes que no pasaron de las primeros bocetos: Le Tremblay (1929), donde una rampa exterior accede al volumen vertical y ortodoxamente prismático; la iglesia excavada en la montaña de la Sainte Baume (1948), la evocación del espacio excavado; el *Convento de la* Tourette (1956), donde la iglesia cierra el claustro en el lado norte y en el convento el programa de usos se superpone en diferentes niveles, ocupando los superiores las habitaciones; Firminy (1961-63 y 2003-2006); este proyecto quedó inconcluso a su muerte, en 2003 apenas estaba ejecutado parte del zócalo inferior y la iglesia ha sido recientemente concluida. Ronchamp (1950-55) es un espacio críptico y evocador, cuya forma es el resultado de un proceso altamente sensible, cuyas reglas no resultan obvias[37].

Ya no es tan fácil individualizar los volúmenes platónicos que el arquitecto descubrió en la Roma clásica; estos han sufrido a lo largo del proceso de proyecto una transformación. El propio arquitecto reconoce en esos últimos años el carácter biológico de su arquitectura. Su complejidad y sus anamorfosis le acercan a los procesos formales de arquitectos barrocos como Borromini –con quien compartía también el gusto por coleccionar *objects trouvés,* entre ellos, conchas, caracolas–, o a la evolución formativa de los organismos biológicos que enseñó D´Arcy Thompson por primera vez en 1917 y que volvió a publicar en 1942. Alan Coulquhoun constata la *"necesidad de introducir ´intención´ en el proceso de diseño"* ante la imposibilidad de la pura objetividad tras la entrevista con Xenakis en la que éste relata cómo en el proceso de diseño del Pabellón Philips (1958), junto a Le Corbusier (otra versión no cúbica de la *boîte des mîracles*): *"utilizó procedimientos matemáticos para determinar la forma característica de la estructura ... el cálculo determinó la forma característica de la estructura, pero después de esto la lógica deja de actuar y la organización compositiva tiene que ser decidida basada en la intuición"*; y concluye que *"una doctrina puramente teleológica de las formas técnico-estéticas resulta insostenible"*[38].

[37] Eardley, Anthony, *Le Corbusier's Firminy Church*, NY: IAUS, Rizzoli International, 1981; TeresaTrillo, Enrique de, *Tránsitos de la forma*, Barcelona: Fundación Caja de Arquitectos, 2009; Burriel Bielza, Luis, 2010, "El altar y la puerta en la iglesia parroquial de Saint-Pierre de Firminy-Vert", RA n° 12, junio 2010, Universidad de Navarra; Alonso García, Eusebio, "La iglesia de Firminy y la *machine à émouvoir de Le Corbusier",* en Actas, Porto: CEAA/ Centro de Estudios Arnaldo Araújo, , 2012, pp 61-68

[38] Coulquhoun, Alan, "Tipología y método de diseño", en Jencks, Charles, Bird, G, *El significado en arquitectura.* Madrid: Blume, 1975 (*1969*), p. 302.

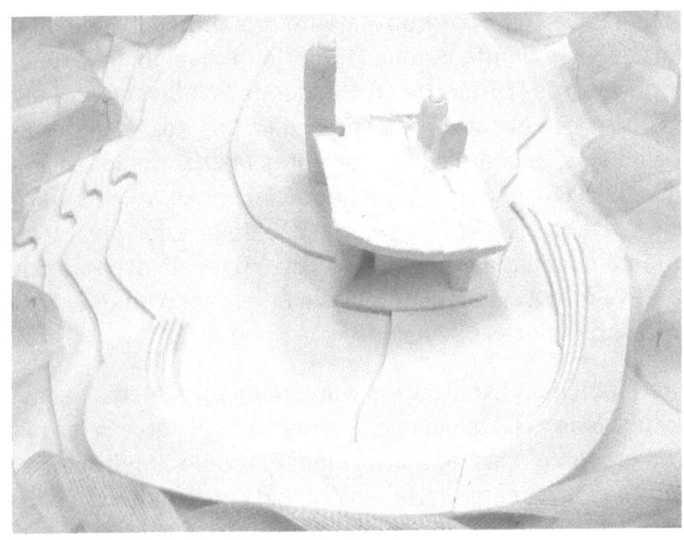

LC, Ronchamp. Hipótesis de maqueta según los primeros diseños de Ronchamp (©Eusebio Alonso García) donde aparece la cávea que encinta la iglesia exterior.

Aldo van Eyck defendió la idea de que la arquitectura, más allá ser funcional, debía ser portadora de significado[39]. Definió la arquitectura como *construcción significante* en una clara crítica hacia el funcionalismo e investigó en los mecanismos de accesibilidad al nivel emocional: "*Van Eyck reconoció ´el lugar´ en tanto que cualidad universal fundada en todas las formas de la arquitectura urbana pre-industrial, como ´espacio abierto´, como ´espacio hecho accesible´, tanto emocional como institucional, como un espacio concreto que es conquistado por el lenguaje urbano desde el vacío neutral del espacio Newtoniano y cargado con potencial específico de la experiencia*"[40]. Para Reyner Banham, la *capacidad de conmover* es una de las características del *nuevo brutalismo*; inicialmente le asignaba tres características: la legibilidad formal de la planta,

[39] Strauven, Francis, *Aldo van Eyck. The Shape of Relativity*, Amsterdam: Architectura and Natura, 1998.
[40] Strauven, Francis, "*The urban conjugation of functionalism architecture*", en VV.AA., *Aldo van Eyck*, Amsterdam: Stichting Wonen, 1982, p. 101.

clara exhibición de la estructura y valoración de los materiales por sus cualidades inherentes; posteriormente, siguiendo los proyectos de los Smithson, reemplazó el primer punto por "*memorabilidad como imagen*", subrayando la relevancia de la imagen por sí misma y explicaba que su valor reside en la capacidad de conmover a quien la contempla[41].

Comunicabilidad: La *machine à émouvoir*

"La percepción ... funciona de una forma que es esencialmente distinta del análisis científico. La experiencia posee una naturaleza "sintética", comprende conjuntos complejos cuyos componentes, aún sin tener una relación lógica, aparecen, sin embargo, totalmente integrados. En nuestro caso es especialmente importante el amplio grupo de sistemas simbólicos conocido como arte. El arte no nos proporciona descripciones sino expresiones directas de ciertos aspectos de la realidad"[42].

Le Corbusier apreció en sus viajes esta *máquina de conmover;* en el capítulo dedicado a ´arquitectura pura, creación del espíritu´: "... *Voici la machine à émouvoir. Nous entrons dans l'implacable de la mécanique [...] ces formes provoquent des sensations catégoriques ...Le sentiment d'une fatalité extra-humaine vous saisit. Le Parthénon, terrible machine, broie et domine"*[43]. La estrategia formal de Ronchamp trasciende lo razonable y constituye el paradigma de lo que le Corbusier definió como el ´espacio indecible´[44], algo de lo que es difícil hablar porque asistimos a una visión repentina de un proceso que ya no es mera combinatoria sino el resultado de transformaciones sucesivas que, como afirma el propio arquitecto: *"... es una aventura que se desarrolla en tres tiempos: 1. integrarse en el sitio. 2. Nacimiento `espontáneo´ (después de incubación) de la totalidad de la obra, de una vez, de un golpe. 3. Lenta ejecución de los dibujos, de los*

[41] Nernández Villalobos, Nieves, *Utopías domésticas. La casa del futuro de Alison y Peter Smithson*, Barcelona: Fundación Caja de Arquitectos, 2012, p. 23.
[42] Norberg-Schulz, Christian, "El significado en arquitectura" *(1966)*, en Jencks, Charles, *op. cit.*, p. 242-243.
[43] Le Corbusier, *Vers une architecture*, París: Crés, 1923, p. 173.
[44] "El espacio inefable": Le Corbusier,"L'espace indicible", en *L'Architecture d'Aujourd'hui*, n. hors–série, "Art", 1946, pp. 9–17

diseños, de los planos y de la construcción misma y 4. Acabada la obra, la vida está implicada en la obra, totalmente encajada en una síntesis de sentimientos y de medios materiales de realización"[45].

Un diseño temprano de la planta de Ronchamp, dibujado en formato grande y en una sola sesión, conteniendo algunas correcciones, es un buen ejemplo de esto. Aunque faltan todavía piezas claves del programa como las capillas-torre, elementos fundamentales en la estabilidad del edificio, la estrategia formal está definida con claridad, conteniendo desde estos inicios *las dos iglesias*, la interior y la exterior de la que se ocupará en posteriores diseños y de la que finalmente no se llegará a construir la cávea que sí queda aquí recogida y aparece en numerosos diseños (un elemento éste de la cávea que acompaña a muchas de las *boîte à miracles* de su producción). Están ya aquí identificadas las claves de la *´acústica visual´* del lugar.

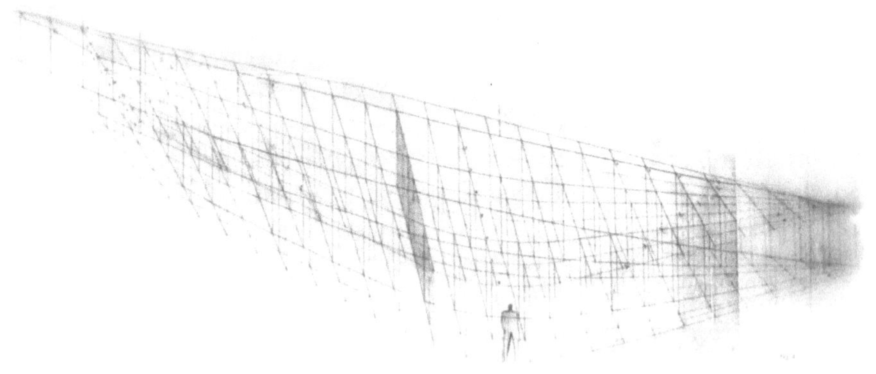

LC: Ronchamp. Estructura de la cubierta con las costillas de hormigón.

Es éste un diseño enigmático, ´como surgido de golpe´, donde queda reflejada desde sus trazas iniciales la diferente función de los muros sur y este; ambos se reúnen en la esquina que habrá de recibir a los peregrinos

[45] Petit, Jean, *Le livre de Ronchamp. Le Corbusier.* París: Editec, 1961, p. 17.

en su acceso al sitio y cuyo encuentro con la cubierta configura una de las imágenes más crípticas y conmovedoras de la arquitectura moderna a la vez que ha generado, como advirtiera Stirling, uno de los cuestionamientos más duros a la misma. El edificio contiene todos los elementos necesarios para la liturgia, con el altar situado al este y en cuyo extremo opuesto se ubica la gran gárgola que evacua las aguas de la cubierta sobre la cisterna exterior; queda marcado así un eje este oeste que con otro transversal, que liga las dos capillas más orientales, dibuja un cruz en el pavimento interior, dispuesto con ligera pendiente hacia el altar principal, resuelto con inclinación contraria a la que adopta en el mismo eje el techo, abriendo la perspectiva y activando el terreno de la colina donde se ubica; al igual que en la iglesia exterior, la propia topografía participa en la iglesia interior.

Ceci n´est pas une voûte

Al igual que cuando nos aproximamos al exterior, en el interior de la iglesia *´la machine à émouvoir´* actúa con eficacia y junto a la *sorpresa* entra en juego la *memoria*: reconocemos formas y mensajes, un espacio abovedado, gruesos muros y vidrieras, aunque, parafraseando a Magritte, tendríamos que decir que *´ceci n´est pas une voûte´*, pues lo que vemos no es una bóveda sino un gran arquitrabe con un perfil de sección en permanente variación y el muro que parece más grueso, por la geometría de sus ventanales abocinados y no coincidentes, es precisamente el muro más ligero de toda la construcción, pues es un *´muro hueco´* que se construye con delgadas pantallas de hormigón armado, arriostradas horizontalmente a diferentes alturas, en concordancia con la distribución de ventanas, y sobre las que se fijaron mallas metálicas para recibir el hormigón proyectado que conforma el acabado de la pared que vemos; toda la cubierta se construyó con delgadas láminas de hormigón que exigieron un encofrado con precisión puntual para cada caso pero con un trabajo sistematizado. La técnica es sofisticada en su planteamiento y callada en su presentación, permitiendo *´activar´* el espacio en la intención deseada.

LC Ronchamp. Reunión de la comunidad en la explanada de la iglesia exterior.

Ronchamp es ante todo espacio interior; lo era incluso la iglesia exterior con su altar específico y su cávea envolvente[46] y nos recuerda por ello el mecanismo de la *´boîte à miracles´* –no cúbica, en este caso– tal como la describió el propio Le Corbusier: *"... el arquitecto puede concebir los edificios que os serán más útiles, porque posee el más alto grado de conocimiento de lo volumétrico. Puede, de hecho, crear una caja mágica que encierre todo lo que podéis desear. Desde la estancia en juego de la ´Caja de los Milagros´ escena y actores se materializarán: la ´Caja de los Milagros´ es un cubo; en ella se dan todas las cosas necesarias para la fabricación de los milagros, levitación, manipulación, distracción, etc."*[47].

[46] Le Corbusier incorporó un dibujo de este espacio escénico en un diseño para un plato conmemorativo. Sobre la cualidad escénica del espacio de la iglesia exterior y su inclusión en el discurso de un "*teatro en serie*", *cfr.* QUETGLAS, Josep, "Mise en scène de Ronchamp". En RICHARD, Michel, *La boîte à miracles. Le Corbusier et le théâtre. Massilia 2012.* París: FLC, Editions Imbernon, 2012, pp. 108-109.
[47] Lámina 11, Proyecto del Museo del Siglo XX, en Le Corbusier, *Oeuvre Complète,* Zurich: Artemis, 1965, Volumen 7, p. 170.

La experiencia anterior a Ronchamp fue la frustrada iglesia excavada en la montaña de la *Sainte Baume* y esta condición de espacio excavado y moldeado está presente en Ronchamp, no sólo por lo que respecta a la 'aparente bóveda invertida', sino por la superficie reglada de la pared del muro sur, o las capillas que alberga el espacio-estructura –en la tradición francesa del *poché*– de las tres torres. Todo el juego de luces, la que resbala desde lo alto de las torres, la que entra por la grieta entre los muros sur y este y la 'bóveda' es el 'juego sabio 'para activar estas sensaciones. Con obras como la iglesia de Firminy o el Pabellón Philips en la Expo de Bruselas (1958) aprendimos que la *'caja de los milagros'* no tiene que ser necesariamente cúbica como si lo es, entre otras obras, en la Tourette o en el Hospital de Venecia.

Función, estructura y símbolo es un breve texto de Kenzo Tange (1966) donde aparecen estas preocupaciones, relativas a la arquitectura, al espacio urbano y a los planes urbanísticos que denotan la preocupación por estas cuestiones en la época: *"Creo poder afirmar que tenemos necesidad de un concepto simbólico de la arquitectura y del espacio urbano, a fin de asegurar al hombre la significación y el valor humanos. Si hacemos corresponder una forma característica a una función característica ésta resulta perceptible de inmediato y posee su propia identidad. Desarrollando esta noción, se comprueba que a través de la forma se puede expresar no sólo una función física del espacio, sino también su significación metafísica. ... El pensamiento simbólico entra también en el proceso de estructuración. Es práctico dar una significación simbólica a la propia estructura para elaborar los planes y favorecer su comprensión por la gente"*[48].

Arquitectura y ciudad. Interacciones con el paisaje urbano. De Harvard a Venecia

Los dos últimos años de su vida Le Corbusier trabajó en el *Hospital de Venecia*, que finalmente no se llegará a realizar, potenciando con ello el carácter mítico y testamentario que contribuirá a ampliar la resonancia

[48] Tange, Kenzo, "Función, estructura, símbolo", en Kultermann, Udo, *Kenzo Tange 1946-1969,* Barcelona: GG, 1970, p. 225; Lin, Zhongjie, *Kenzo Tange and the Metabolism Movement*, London-NY: Routledge, 2010, pp. 172 ss.

y validez de las posibilidades que el proyecto contiene, cuestión programática inherente a su propio planteamiento, pues en él se aborda no sólo la solución a determinados problemas enunciados sino la cuestión de la *flexibilidad* frente a la aparición de problemas futuros. Entendiendo que *"Las ciudades son caleidoscópicas, metamórficas y caóticas y lo son necesariamente"*[49], incorpora en la estrategia formal del proyecto la lógica formativa de la propia ciudad de Venecia. Apenas unos años antes, su intervención en la Harvard extrude la volumetría del edificio a partir a partir de interpretar cuál debe ser la relación de éste con el espacio público. En sendos casos, los espacios públicos de tránsitos y circulaciones no sólo son determinantes en la organización espacial del programa, sino que aparecen, como veíamos en el caso de la epifanía que representa el diseño FLC 7470 de Ronchamp, con clarividencia desde el inicio. Más allá de la idea de *promenade architecturale* –mecanismo que será negado en Venecia– es la idea de circulación y tránsito, de enlaces y conexiones lo que encuentra renovados argumentos de proyectos: "*la calle como máquina de circular*" había expresado años antes Le Corbusier[50].

La ciudad atraviesa la casa: el Centro de Artes Visuales Carpenter

Edificio con una mayor implicación urbana, que anticipa planteamientos del Hospital de Venecia; lo público y lo privado, lo individual y lo colectivo conviven simultáneamente: *"En tanto que forma, lo urbano lleva un nombre; es simultaneidad*[51] *... Simultaneidad de percepciones, de acontecimientos, espacio por tanto de hipersocialización, puesto que es la forma concreta que adopta el encuentro y la reunión de todos los elementos que constituyen la vida social"*[52].

[49] Eyck, Aldo van, *La interioridad del tiempo*, en Jencks, Charles, op. cit., p. 201.
[50] Torres Cueco, Jorge. "La arquitectura es la circulación". En Torres Cueco, Jorge. *Le Corbusier: mise au point.* Valencia: Universidad. 2012, p.214.
[51] Lefebvre, Henri, *El derecho a la ciudad*, Barcelona: Península, 1978 (*1968*), p. 68.
[52] Lefebvre, *ibidem*, p. 99

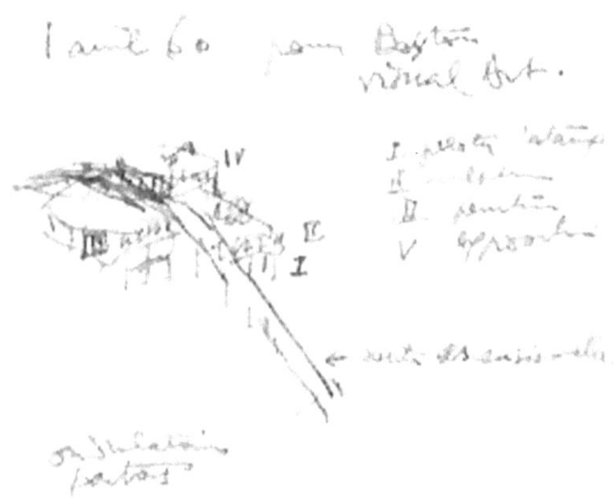

LC: Centro de Artes Visuales Carpenter, Universidad de Harvard (1960-63).

Sobre la base de la multitud de caminos que atravesaban diagonalmente las diferentes parcelas en el entorno de *La Yarda* de *Harvard* y sobre la idea de mantener este recorrido, al parecer existente sobre la propia parcela y con anterioridad a la construcción del centro de artes, Le Corbusier ensaya desde el inicio del proyecto esta visión de un camino que atraviesa en diagonal la parcela[53]; en un diseño muy temprano este recorrido parece describir un bucle sobre lo que habrá de ser el edificio, menos definido y vuelve a salir por el lado opuesto. Como en otros proyectos que hemos visto, esta intuición poética y poderosa supone un anclaje al lugar, entendido de un determinada forma o, mejor dicho, percibido de una determinada forma, pero también al programa; la idea de una calle que atraviesa el edificio satisface también el requisito de flexibilidad y el de potenciar la accesibilidad de los estudiantes de los diferentes centros del entorno a la escuela de artes, anticipándose así a la introducción de la ciudad en la casa que será tema específico en Venecia. Le Corbusier interpreta y actualiza la relación con el espacio público de la Yarda, pero cabe reconocer también el eco de este mecanismo circulatorio en la Villa Savoya[54].

[53] Sekler, Eduard Franz, *Le Corbusier at work: the genesis of the Carpenter Center for the Visual Arts.* Cambridge: Harvard University, 1978.
[54] Benton, Tim. "Le Corbusier y la promenade architecturale". En Arquitectura, 264-265. Madrid: COAM. 1987, p. 46.

Pero aquí las consecuencias son diferentes, entre otros motivos porque no se impone en ningún momento enrasar la volumetría ni por arriba ni por ningún lado; al contrario, la evolución del proyecto documenta que, definida la calle, ésta extrude el volumen que se ve paulatinamente sometido a diferentes estrategias formales que caminan en la misma dirección (*desdoblamiento, escisión, deslizamiento, fragmentación*); en definitiva, la calle que se eleva hasta el tercer nivel para volver a descender después de atravesar el edificio es el elemento formalmente más estable. A pesar de la pequeña dimensión, la oportunidad para desplazar el enfoque del problema arquitectónico hacia lo urbano y el espacio colectivo sitúa este proyecto en una imagen memorable gracias a esta *'calle extra'* que reclamaba por aquellos años Jane Jacobs como solución a tantos problemas urbanos[55].

Hospital de Venecia: Infraestructura urbana; construir sin construir; saltando sobre la ciudad, flotando sobre el agua

4.2.1. La ciudad como metáfora y analogía. Saltando sobre la ciudad y sobre el canal

En el Hospital de Venecia, Le Corbusier asume la condición mutable del propio programa sanitario y plantea la idea de flexibilidad en su organización como mecanismo más idóneo para poder adaptarse a las situaciones diferentes. Entre estas circunstancias cambiantes, sus posibilidades de crecimiento estaban entre las más importantes, dotando al edificio de una condición de "*inacabado*": *"... la especificidad de la sección del ático codifica genéticamente el crecimiento del Hospital... El modo en que el crecimiento queda controlado representa todavía uno de sus avances más significativos"*[56]:

[55] Jacobs, Jane, *Muerte y vida de las grandes ciudades*, Madrid: Capitán Swing Libros, 2011 (*1961*), p. 214.

[56] Sarkis, Hashim, "La paradójica promesa de la flexibilidad". En Sarkis, Hashim, *Le Corbusier's Venice Hospital and the mat building revival*, Munich-London-NY: Harvard Design School, 2001.

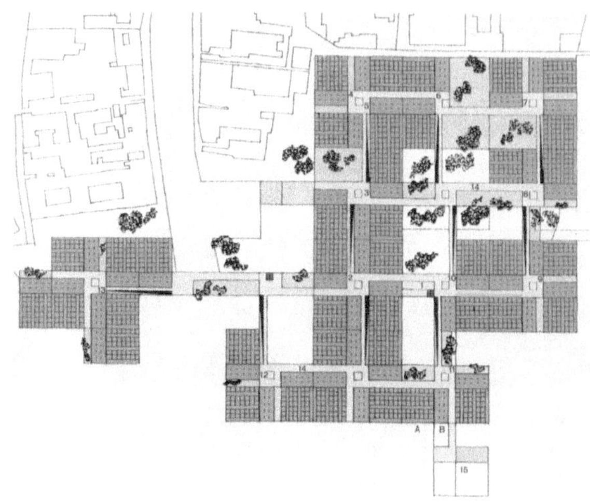

LC: Hospital de Venecia, 1964-65. Diseño original de LC y Jullian de la Fuente: Primer proyecto, 1964, planta 3.

La idea de la posibilidad de crecimiento es experimentada de modos diversos en relación a cada parte distinta del casco de Venecia, de tal modo que el perímetro del hospital asume desde el proyecto las mayores condiciones de incertidumbre que cabe advertir o, lo que viene a ser lo mismo, el sistema de organización inherente y su estrategia de implantación permite resolver de forma diferente situaciones diversas; esto es, asume con naturalidad las singularidades del sistema. El Hospital de Venecia plantea un sistema sintáctico de partes iguales entre sí estableciendo múltiples enlaces en su periferia con el casco de la ciudad. El proyecto se desarrolla horizontalmente —*matbuilding* o edificio estera— por medio de una acumulación lógica basada en una cuidada casuística. La unidad básica del programa o *'unité de batisse'*, la unidad de cuidados formada por 28 camas, se repite hasta el final. La composición rotatoria de las unidades, establece conexiones y vínculos entre un pabellón y otro, mientras su desplazamiento produce la aparición de vacíos en el campo horizontal del hospital. Es la forma de esta unidad básica y el modo preciso en que son articuladas lo que acaba por configurar la forma global del edificio[57].

[57] Cfr. Allen , Stan, *"Distribuciones, Combinaciones, Campos"*, en BAU, 14, 1996, pp. 68-75.

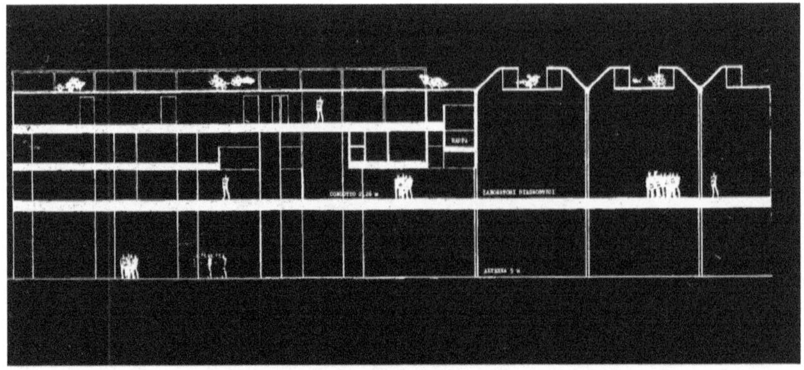

LC: Hospital de Venecia, 1964-65. Detalle de la sección, incluyendo laboratorios, *conduits* y rampas de conexión entre niveles superiores.

Si en Ronchamp resultaban determinantes los mecanismos evocadores de la *memoria* y el diálogo con el *lugar* para dotarla de *significado,* el Hospital de Venecia aúna en sí el hecho de ser posiblemente el proyecto más contextual de Le Corbusier y de recurrir para ello a los sistemas de crecimiento más abstractos que estaban utilizando los arquitectos del Team X, junto al abandono de la *promenade architecturale*, según relata el propio colaborador de Le Corbusier, Jullian de la Fuente: *"Desde 1963 con el proyecto de la Olivetti empezamos a plantearnos como estructurar los diferentes espacios sin usar ´la promenade architecturale´ como medio para conectarlo. El orfanato de Aldo van Eyck y sus escritos en Forum fueron una de las llamadas de atención en ese momento. La idea de un proyecto como una pequeña ciudad o parte de una ciudad fue confrontada con el proyecto del Hospital de Venecia (...). La idea de ´dual phenomena´ u opuestos fue explorada y, después de mi presencia en la reunión del Team X de Royaumont, confirmado por la discusión sobre el proyecto utópico de Blom para una ciudad. Le Corbusier estuvo de acuerdo: con su proyecto de apartamentos universitarios de 1925 como modelo, añadimos nuestra capacidad para producir una conjunción de solicitaciones y variaciones que crearon la estructura, permanencia y provocación del proyecto del Hospital de Venecia de Le Corbusier"*[58].

[58] Strauven, Francis, *Aldo van Eyck´s Orphanage. A Modern Monument,* Amsterdam: NAI, 1996, p. 50

Construir sin construir

Curiosamente en el Hospital de Venecia Le Corbusier adoptó, a favor de la flexibilidad del espacio y de la posibilidad de asumir posibles cambios internos y externos, un mecanismo basado en reglas sumamente abstractas y al mismo tiempo incorporó en su organización las claves del sistema urbano del propio lugar en el que surge el edificio: *"La ciudad de Venecia está allí y yo la he continuado. No he inventado nada. He proyectado un complejo hospitalario que puede nacer, vivir y expandirse como una mano abierta: es un edificio "abierto", sin una sola fachada definitiva, en el cual se entra desde abajo, es decir, desde dentro, como en otros lugares de esta ciudad"*[59].

Le Corbusier traslada al edificio la lógica del contexto veneciano —calles, plazuelas, puentes, etc.—. Por ello su forma es "abierta", ni cerrada ni inmutable. Su imagen no es definitiva: no sólo conceptualmente, sino que también espacialmente es posible modificarla, cambiarla, extender esta estructura, sin que por ello se altere su principio generador y su concepción arquitectónica global. Esto significa, como ha subrayado Petrilli, *"construir sin construir"*.

LC: Hospital de Venecia; maqueta del 2° proyecto, 1965, vista cenital.

[59] Petrilli, Amedeo. *Il testamento di Le Corbusier. Il progetto per l'Ospedale di Venezia*, Venecia: Marsilio, 1999, p. 49.

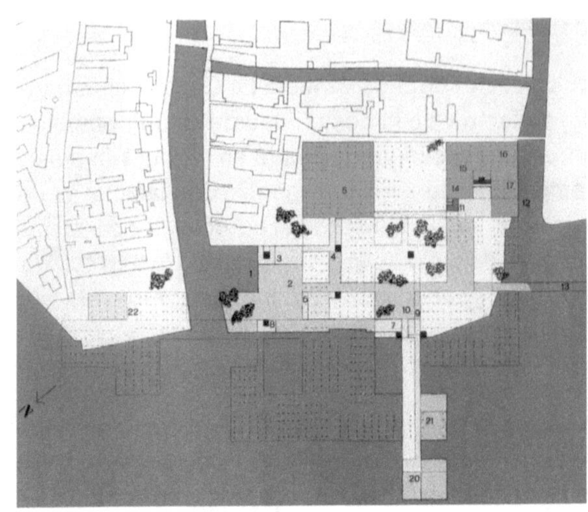

LC: Hospital de Venecia, 1964-65. Diseño original de LC y Jullian de la Fuente: Primer proyecto, planta 1.

La idea de generar un sistema de relaciones, de construir una infraestructura espacial que permita desarrollar el programa y contemplar sus variaciones a la vez que configurar espacios colectivos de relación evoca los sistemas de relaciones complejas de los "*mat building*", en los que el proyecto es entendido en términos de organizaciones topológicas abiertas y variables[60].

En Venecia la abstracción deriva de un entendimiento del problema en términos de infraestructura y logística. La estrategia formal del edificio, superponiendo en altura los diferentes usos, con las camas en el más elevado, se basa en la organización de las diferentes circulaciones, saltando sobre los campos, plazas y canales de la ciudad. Con el programa y la geometría diferentes de Ronchamp, las torres capillas, que inicialmente no están presentes en el primer croquis de la iglesia y sucesivos, van progresivamente *apareciendo*[61], transfiriendo esta condición *procesual*

[60] Cortés Vázquez de Parga, Juan Antonio, *Historia de la retícula en el siglo XX. De la estructura Dom-ino a los comienzos de los años setenta*, Valladolid: Universidad de Valladolid, 2013, pp.43 y ss.
[61] "*El acto de creación en sí mismo tiene mucha más importancia que el objeto creado y éste gana en significación en la medida en que muestra las señales del trabajo que lo ha engendra-*

a la propia obra a partir de una relación dialéctica y evocadora con la memoria del lugar y del programa. En Venecia esta contingencia se alimenta al proyectar un edificio con los mecanismos urbanos de la ciudad. La relación entre el edificio del hospital y el espacio público ya no es la convencional y mucho menos la relación con el suelo[62]. En esa década de los años 60, tal anhelo coincidirá con la reivindicación de lo público y la cualificación de espacio urbano y colectivo.

A modo de conclusión: una perspectiva en el tiempo

Estas reflexiones sobre algunas obras de Le Corbusier a partir de la idea del espacio público y del modo en que este tema incide en sus estrategias formales en torno a la arquitectura, la ciudad y el paisaje nos permite despejar una perspectiva temporal y una idea de continuidad en el modo de abordar los problemas y en el modo de concitar ideas y reacciones entre épocas, proyectos y lugares diversos. Desde la inicial vinculación a las influencias utopistas y al paisaje, de una anhelada e idealizada naturaleza, por un lado, y a la técnica, por otro, al compromiso dialéctico con el contexto urbano de Harvard o Venecia, se abre un camino de aprendizaje y confrontación con culturas y topografías que estimulan la reacción poética y la capacidad de entender el sentido y significado de los nuevos lugares. Vemos como a medida que el idealizado mito de la velocidad va sosegándose, la idea de circulación, de movimiento y de conexiones, alimenta la estrategia de proyecto con una diversidad de respuestas en las relaciones entre espacio público y espacio privado, entre arquitectura y ciudad, rica y conmovedora.

do y no está perfectamente acabado". Así se expresaban los miembros del Grupo COBRA (1948-51), incorporados luego a la Internacional Situacionista (1957). VV.AA, *Situacionistas. Arte, política, urbanismo*. Barcelona: ACTAR, 1996.

"... la acción sustituyó en el siglo XVII a la contemplación, acontecimiento radical que conlleva la conciencia del carácter procesual' de cualquier experiencia, incluso la real experiencia humana... El concepto central de las dos ciencias nuevas de la Época Moderna, las naturales no menos que las históricas, es el de proceso, y la real experiencia humana subyacente es acción". Arendt, Hannah., *La condición humana*. Barcelona: Paidós, 1993 (1958). p. 316

[62] Alonso, Eusebio, *Paulo Mendes Da Rocha. Constructor de horizontales en el aire.* En Barcelona: DPA 30, 2014, pp. 40-49. pp. 40-49.

Bibliografía

ÁBALOS, Iñaki. *Atlas pintoresco. Vol. 2: los viajes*. Barcelona: GG. 2008.

ALLEN ,Stan, *"Distribuciones, Combinaciones, Campos"*, en BAU, 14, 1996.

ALONSO GARCÍA, Eusebio, La iglesia de Firminy y la *machine à émouvoir de Le Corbusier,* en Actas, *Reapropiaciones del Movimiento Moderno.* Porto: CEAA/ Centro de Estudios Arnaldo Araújo, 2012.

ALONSO GARCÍA, Eusebio, *Paulo Mendes Da Rocha. Constructor de horizontales en el aire,* en Barcelona: DPA 30, 2014, pp. 40-49.

ALONSO GARCÍA, Eusebio, *Estrategias alucinatorias en el último Le Corbusier,* en Actas, Madrid: Critic/All Press, 2014, pp. 55-73.

ARENDT, Hannah, *La condición humana,* Barcelona: Paidós, 1993 (1958).

BANHAM, Reyner, "Fórmulas de vivienda colectiva. La maison des hommes y la misère des villes", en *Le Corbusier (II),* AV,10, Madrid, 1987.

BERGDOLL, Berry, "París: más allá de la ciudad del siglo XX". En *AV Monografías.* Le Corbusier. An Altas of Landscapes. Madrid: Arquitectura Viva, 2015, 176.

CALAFELL, Eduard, *Las unités d´habitation de Le Corbusier*, Barcelona: Fundación Caja de Arquitectos, 2000.

COHEN, Jean-Louis. *"En defensa del paisaje".* En *AV Monografías.* Le Corbusier. An Altas of Landscapes. Madrid: Arquitectura Viva, 2015, 176.

COHEN, Jean-Louis, *Le Corbusier: an atlas of modern landscapes*, New York: MOMA, 2013.

CORTÉS VÁZQUEZ DE PARGA, Juan Antonio, *Historia de la retícula en el siglo XX. De la estructura Dom-ino a los comienzos de los años setenta*, Valladolid: Universidad de Valladolid, 2013.

COULQUHOUN, Alan, "Tipología y método de diseño", en JENCKS, Charles, BIRD, G, *El significado en arquitectura.* Madrid: Blume, 1975 (*1969*).

CURTIS, Williams, *Le Corbusier. Ideas y formas*. Madrid: Blume. 1986.

DELGADO, Manuel, *El espacio público como ideología*. Madrid: Catarata, 2011.

EARDLEY, Anthony, *Le Corbusier´s Firminy Church*, NY: IAUS, Rizzoli International, 1981.

FERNÁNDEZ VILLALOBOS, Nieves, *Utopías domésticas. La casa del futuro de Alison y Peter Smithson*, Barcelona: Fundación Caja de Arquitectos, 2012.

FRAMPTON, Kenneth, *Labour, work and architecture. Collected Essays on Architecture and Design.* NewYork: Phaidon, 1987.

FRAMPTON, Kenneth, *Le Corbusier,* Akal: Madrid, 2000.

FRAMPTON, Kenneth, "The Rise and Fall of the Radiant City: Le Corbusier 1928-1960". En Oppositions. *Le Corbusier 1923-1960.* 1980, 19-20. Cambridge: MIT Press, 1980.

GARGIANI, Roberto, ROSELLINI, Anna. *Béton Brut and Ineffable Space, 1940-1965.* NewYork-Oxford: Routledge, EPFL Press, 2011.

GONZÁLEZ CUBERO, Josefina. "Sesión continua: nómadas en el jardín. Ville Contemporaine y Ville Radieuse". En Monteys, Xavier. *Massilia: anuario de estudios lecorbuserianos. Le Corbusier y el paisaje.* Sant Cugat del Vallés, 2004.

JACOBS, Jane, *Muerte y vida de las grandes ciudades*, Madrid: Capitán Swing Libros, 2011 (*1961*).

JENCKS, Charles, BIRD, G, *El significado en arquitectura*, Madrid: Blume, 1975 (*1969*).

JUDT, Tony, *Post-guerra. Una historia de Europa desde 1945*, Madrid: Santillana, 2005.

LE CORBUSIER, *"L'espace indicible"*, en *L'Architecture d'Aujourd'hui*, n. hors–série, "Art", 1946, pp. 9–17.

LE CORBUSIER, *Oeuvre Complète,* Zurich: Artemis, 1965.

LE CORBUSIER. *Precisiones.* Barcelona: Poseidón. 2ª ed. 1978 (*1930*).

LE CORBUSIER, *Vers une architecture*, París: Crés, 1923.

LEFEBVRE, Henri, *El derecho a la ciudad*, Barcelona: Península, 1978 (*1968)*.

LIN, Zhongjie, *Kenzo Tange and the Metabolism Movement. Urban Utopias of Modern Japan*, London-NY: Routledge, 2010.

MACLEOD, Mary. "Le Corbusier and Algiers". En Oppositions. *Le Corbusier 1923-1960.* 1980, 19-20. Cambridge: MIT Press, 1980.

MENIN, Sarah; SAMUEL, Flora. *Nature and Space: Aalto and Le Corbusier.* London-NewYork: Routledge. 2003.

MONTEYS, Xavier. *La gran máquina. La ciudad en Le Corbusier*. Barcelona: COAC. 1996.

MONTEYS, Xavier. "Le Plan Paralysé. Revisando los cinco puntos". En QUETGLAS, Josep. *Massilia 2002: anuario de estudios lecorbuserianos*. Barcelona: Fundación Caja de Arquitectos. 2002.

MOOS, Stanislaus von. *Le Corbusier.* Barcelona: Lumen. 1977 (1968) 1ª ed.

MOOS, Stanislaus von, "Le Corbusier As Painter". En Oppositions. *Le Corbusier 1923-1960.* 1980, 19-20. Cambridge: MIT Press, 1980.

NORBERG-SCHULZ, Christian, "El significado en arquitectura" *(1966)*, en JENCKS, Charles, BIRD, G, *El significado en arquitectura.* Madrid: Blume, 1975 (*1969*).

O´BYRNE OROZCO, Mª Cecilia, *El proyecto para el Hospital de Venecia de Le Corbusier*, Tesis Doctoral, Barcelona: ETSA UPC, 2007.

PETIT, Jean, *Le livre de Ronchamp. Le Corbusier*, Editec, 1961.

PETRILLI, Amedeo, *Il testamento di Le Corbusier. Il progetto per l´Ospedale di Venezia*, Venecia: Marsilio, 1999.

PICON, Antoine. *"Argel: ciudad, infraestructura y paisaje".* En *AV Monografías,* Le Corbusier. An Altas of Landscapes, Madrid: Arquitectura Viva, 2015, 176.

PIERREFEU, François de, LE CORBUSIER, *La maison de l´ homme*, París: Plon, 1942.

QUETGLAS, Josep. *"Ronchamp: un paisaje de acústica visual".* En *AV Monografías.* Le Corbusier. An Altas of Landscapes, Madrid: Arquitectura Viva, 2015, 176.

QUETGLAS, Josep, "Mise en scène de Ronchamp". En RICHARD, Michel, *La boîte à miracles. Le Corbusier et le théâtre. Massilia 2012.* París: FLC, Editions Imbernon, 2012, pp. 98-111.

SARKIS, Hashim, *"La paradójica promesa de la flexibilidad"*, en TRANSFER-, diciembre 2002; también *Le Corbusier´s Venice Hospital and the mat building revival*, Munich,-London-NY: Harvard Design School, 2001.

SBRIGLIO, Jacques. *Le Corbusier: l`Unitéd`habitation de Marseille.* Marseille: Parenthèses, 1992.

SEKLER, Eduard Franz, *Le Corbusier at work: the genesis of the Carpenter Center for the Visual Arts*, Cambridge: Harvard University, 1978.

SEQUEIRA, Marta. *"Toit-civique. Le Corbusier y el espacio público a 50 metros del suelo".* En PC: proyecto y ciudad: revista de temas de arquitectura, 2012, nº 3. Cartagena: Universidad, 2012.

SEQUEIRA, Marta. "A Concepçâo da cobertura da Unitéd`habitation de Marselha: três invariáveis". En QUETGLAS, Josep et altri. *Massilia 2005: anuario de estudios lecorbuserianos.* San Cugat del Vallés: Centre d`investigacions estètiques. 2005.

STIRLING, James, *De Garches a Jaoul. Le Corbusier como arquitecto doméstico en 1927 y 1953,* en Architectural Review, septiembre 1955. (Traducción en castellano en Anales de Arquitectura, Departamento de Teoría de la Arquitectura y Proyectos Arquitectónicos, Valladolid: Universidad de Valladolid, nº 5, 1993/94, pp.208-213).

STIRLING, James, *Ronchamp. La capilla de Le Corbusier y la crisis del racionalismo,* en Architectural Review, marzo 1956. (Traducción en castellano en Anales de Arquitectura, Departamento de Teoría de la Arquitectura y Proyectos Arquitectónicos, Valladolid: Universidad de Valladolid, nº 5, 1993/94, pp. 215-219).

STRAUVEN, Francis, *"The urban conjugation of functionalism architecture"*, en VV.AA., *Aldo van Eyck*, Amsterdam: Stichting Wonen, 1982.

STRAUVEN, Francis, *Aldo van Eyck. The Shape of Relativity*, Amsterdam: Architectura and Natura, , 1998.

STRAUVEN, Francis, *Aldo van Eyck's Orphanage. A Modern Monument,* Amsterdam: NAI, 1996.

TAFURI, Manfredo. "Machine et mémoire. The City in the Work of Le Corbusier". En Brooks, H. Allen. *Le Corbusier.* Princeton: Princeton University Press. 1997.

TANGE, Kenzo, *Función, estructura, símbolo (1966)*, en KULTERMANN, Udo, *Kenzo Tange 1946-1969,* Barcelona: GG, 1970.

TERESA TRILLO, Enrique de, *Tránsitos de la forma*, Barcelona: Fundación Caja de Arquitectos, 2009.

TORRES CUECO, Jorge. *Le Corbusier: visiones de la técnica en cinco tiempos.* Barcelona: Fundación Caja de Arquitectos. 2004.

TORRES CUECO, Jorge. "La arquitectura es la circulación". En TORRES CUECO, Jorge. *Le Corbusier: mise au point.* Valencia: Universidad. 2012.

VV.AA, *Situacionistas. Arte, política, urbanismo*, Barcelona: ACTAR, 1996.

ESTRATEGIAS DE INTERVENCIÓN EN UN BARRIO DE LA PERIFERIA. ACCIONES PARA RECUPERAR LA CIUDAD AUSENTE

2015

Introducción

este texto explora proyectos de intervención dirigidos a recuperar la calidad del espacio público y las condiciones de vida privada de los residentes en un barrio español paradigmático, La Rondilla, en la periferia de Valladolid, España. La Rondilla se desarrolló en la década de 1960 en la antigua periferia agrícola de Valladolid que, en ese momento, estaba compuesta por nuevos barrios de clase trabajadora resultantes de la construcción privada y especulativa. Era una ciudad dormitorio, densa y compacta, pero carente de infraestructura de equipamientos y espacios públicos en su interior. Se compone de una sucesión obsesiva de bloques paralelos de seis pisos, separados por calles estrechas. Su densidad de viviendas lo hace bueno desde la perspectiva del mercado, pero sus espacios públicos mínimos lo convierten en un lugar que no es tan bueno para vivir.

Barrio de La Rondilla, Valladolid (España). Imagen aérea

Barrio de La Rondilla, Valladolid (España). Situación del barrio (en gris) en relación al centro histórico. (Documento de síntesis e inventario de acciones. Instituto Universitario de Urbanística. 2003).

En julio de 2013 fue objeto de un taller internacional, "Alojamiento para otras formas de vida", en el que veintidós estudiantes de arquitectura de Valladolid, Madrid, Oporto y Roma, trabajaron durante diez días con sus profesores y otros participantes. El taller analizó el espacio urbano de este populoso barrio y desarrolló propuestas de intervención a diferentes escalas: el barrio en su conjunto, las manzanas vecinales y la vivienda. El objetivo era aumentar la complejidad de los espacios sociales y mejorar la vida cotidiana de los residentes. En el marco de este taller se utilizó la epistemología contemporánea para dar a los participantes modelos de trabajo de intervención en la ciudad heredada. Esto implicó la reapropiación de las cubiertas, las plantas bajas y los espacios intersticiales de los bloques de viviendas para el disfrute colectivo. Son modelos basados en la recuperación de espacios relacionales y de encuentro y la restauración del derecho a la ciudad en el siglo 21.

El taller condujo al desarrollo de cuatro enfoques temáticos: 1. Romper, liberar, recuperar; 2. Cubiertas habitadas; 3. La inclusión de nuevos puntos de referencia en el barrio; 4. La calle es de todos. Estos enfoques probaron diferentes mecanismos de apropiación, incluyendo: espaciar la casa, habitar la ciudad, habitar el cielo, recuperar la ciudad ausente. La necesidad de reorganizar los acuerdos de planificación, financieros, legales, institucionales y privados, para implementar estas ideas no invalida su capacidad y eficacia para mejorar la calidad de la construcción residencial y la vida privada y pública de los vecinos. Tales cambios son necesarios.

Vittorio de Sica, *Ladrón de bicicletas*, 1948

Simultaneidad e hipersocialización

Sin calle

En *Ladrón de bicicletas* (Vittorio de Sica, 1948) se muestra desde el inicio una barriada recién construida, carente de las mínimas infraestructuras y con las calles de tierra; la gente está recogiendo el agua de una fuente y trasladándola en cubos hasta sus casas; en unas escenas iniciales, la pareja protagonista está hablando de sus problemas mientras van desde la fuente a su casa, situada en uno de los bloques del nuevo barrio, salvando la compleja topografía de un recorrido sin atributos urbanos. Rondilla era ya un barrio populoso en los años setenta, más denso y compacto que el de la película italiana y con condiciones urbanas más duras. La *Ribera de Castilla* era un amplio terreno entre el barrio y el río Pisuerga; en él se localizaron los parques y equipamientos que, después de numerosas movilizaciones ciudadanas, el barrio consiguió.

Barrio de la Rondilla y del vertedero que existía en el actual parque de Ribera de Castilla.

Aldo van Eyck, leaf-tree diagram.

Aldo van Eyck: diagrama hoja y árbol.

Barrios y barro

Ambos casos nacieron desconectados de la ciudad tradicional y sin los servicios y espacios públicos adecuados. Este barrio señero del desarrollo urbano de la ciudad en los años sesenta surgió sin los espacios mínimos adecuados para el desarrollo de una vida urbana moderna, sin una estructura de espacios públicos que en sus diferentes escalas y funciones (calles, plazas, parques, etc.) sirviese de soporte para las relaciones sociales. La dureza de su arquitectura refleja esta falta de sensibilidad con el entorno, su incapacidad para articular espacios urbanos diversos y al automatismo formal de sus volúmenes, repetidos hasta la saciedad, manteniendo obsesivamente la altura de sus cornisas y ancho de sus calles, lo cual contrasta con la armonía vibrante del perfil que se advierte en los grabados históricos de Valladolid, cuyas torres e iglesias refrendaban el pulso de poder económico y territorial de la ciudad.

Son varias las paradojas que acompañaron el proceso de urbanización de este barrio. Antes de su construcción podía contemplarse el paisaje de huertas que rodeaban el casco histórico de Valladolid. A consecuencia del proceso de industrialización que la ciudad promovió en los años sesenta, se produjo un fenómeno migratorio de los pequeños núcleos *rurales* de la provincia y de la región hacia la capital. Buena parte de los trabajadores que desarrollaron su labor en esta actividad fueron a su vez los habitantes y compradores de estas nuevas construcciones. Se las llamó *ciudad dormitorio* porque era prácticamente la única necesidad que satisfacían; el resto, parques, escuelas, etc, fue objeto de reivindicaciones sociales y políticas en la década siguiente, pero, ante la ausencia de espacio previsto para ello en su interior, se ubicaron en su periferia, ocupando un vertedero ilegal.

De los tres campos o estratos que identificaba Lefebvre[1] –*lo rural, lo industrial, lo urbano*– lo urbano quedó hipotecado en La Rondilla por la ausencia de espacios apropiados para ello –para el desarrollo de la *vida cotidiana* en la ciudad, para los *lugares de encuentro* entre los ciudadanos– y por carecer de una estructura espacial adecuada. La disposición de bloques contrapuestos unos respecto de otros favoreció el aislamiento de sus escasos espacios públicos, las calles no encontraron conti-

[1] Henri Lefebvre, *La revolución urbana*, Madrid, Alianza Editorial, 1983 (*1970*), 34-35

nuidad unas con otras y carecieron de la oportuna transversalidad para potenciar la diversidad de tránsitos y conexiones de *lo urbano*[2].

Casa y Ciudad

La reflexión sobre el problema de la casa conlleva la reflexión sobre la idea de ciudad. Aldo van Eyck expresó esta dualidad comparándola con la que existe entre la hoja y el árbol[3]. Expresó una concepción fractal del problema al interpretar la autosimilitud de estructuras a diferentes escalas[4], el nivel de complejidad se mantenía con independencia del tamaño del grupo social y, en definitiva, las diferentes escalas en las que nuestra vida se desarrolla, desde la más privada a la más colectiva y social, están íntimamente relacionadas[5].

Casa y ciudad son dos escalas distintas de nuestro modo de habitar, los dos extremos del problema. Y este habitar consiste en nuestra relación con el mundo y en nuestras relaciones entre nosotros. De ahí surgen los conceptos de intimidad, privacidad, colectividad, urbanidad[6]; su evolución histórica ha acompañado los avatares sociales, tan convulsos en ocasiones. La arquitectura de la casa y la arquitectura de la ciudad conllevan necesariamente este sistema de relaciones entre los hombres

[2] Jane Jacobs, a propósito de su análisis del Rockefeller Center, reclamaba la conveniencia de una calle alternativa para mitigar la excesiva longitud de los bloques: *"...se puede comparar la decadencia de estos largos bloques con la fluidez de uso que una calle extra es capaz de producir"*. Jane Jacobs, *Muerte y vida de las grandes* ciudades, Madrid, Capitán Swing, 2011 (*1961*), 214.
[3] Así se expresaba en la revista Forum (1962-63) Aldo van Eyck: *"árbol es hoja y hoja es árbol – casa es ciudad y ciudad es casa – un árbol es un árbol, pero es también una enorme hoja – una hoja es una hoja, pero es también un pequeño árbol – una ciudad no es una ciudad si no es también una enorme casa – una casa es una casa solamente si es una pequeña ciudad"*. Aldo van Eyck, *Building a house*, in *Aldo van Eyck*, Amsterdam, Stichting Wonen, 1982, 44-45.
[4] Benoît Mandelbrot, *Los objetos fractales. Forma, azar y dimensión*, Barcelona, Tusquets Editores, 1996 (*1975*).
[5] La ciencia nos ofrece a nivel planetario esta concepción global al explicarnos que Gaia (la tierra) se comporta como un sistema autorregulador que tiende al equilibrio. La *"Teoría de Gaia"*, que, desde su primer enunciado en 1969 por James Lovelock, ha ido perfeccionándose y ajustándose a las sucesivas observaciones, constituye un conjunto de modelos científicos de la biosfera en el cual se postula que la vida fomenta y mantiene unas condiciones adecuadas para sí misma, afectando al entorno.
[6] Christopher Alexander and Serge Chermayeff, *Comunity and Privacy*, New York, Doubleday, 1963

y con el lugar, la articulación entre espacios de diferentes grados de privacidad y la creación de espacios públicos para el encuentro.

La *cotidianeidad* de los seres humanos se construye en sus diversas escalas o, como afirma Lefebvre, en *múltiples niveles.* Afrontamos esta dificultad con la estrategia de la *fragmentación de lo urbano*; en un afán de comprender el problema parcelamos el conocimiento del mismo, cortocircuitando sus interrelaciones necesarias e hipotecando una solución más acorde y coherente[7], De la casa a la ciudad, de la habitación a la metrópoli, el hombre construye diferentes escalas espaciales (distrito, barrio, calle, ...) para la satisfacción de sus necesidades individuales y urbanas a través de la actividad creadora[8].

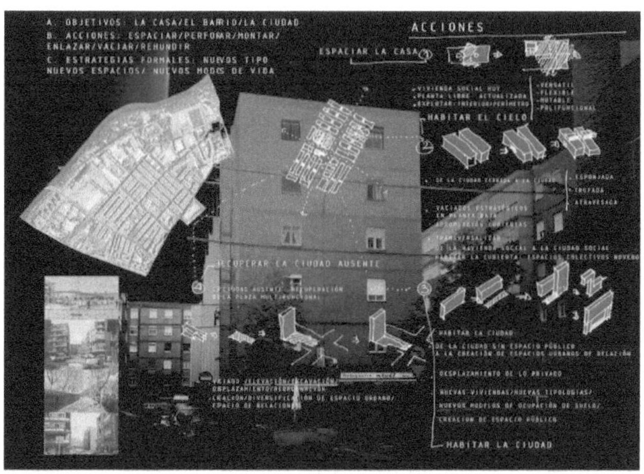

Acciones creativas y estrategias de intervención en la casa y en la ciudad. Propuestas del programa del Workshop Internacional: alojamientos para otros modos de vida. Dibujo del autor.

[7] "*la paradoja sólo puede pensarse como totalidad y ese carácter total no se deja captar".* H. Lefebvre, La revolución urbana, op. cit., 191. El espacio social de Lefebvre posee una condición *"hidrostática e hipercompleja... dominado por fijaciones relativas, movimientos, flujos, ondas, compenetrándose unas, las otras enfrentándose".* Manuel Delgado, *El animal* público, Barcelona, Anagrama, 1999, 38.

[8] *"Las necesidades urbanas específicas consistirán seguramente en necesidades de lugares cualificados, lugares de simultaneidad y encuentros".* Henri Lefebvre, *El derecho a la ciudad,* Barcelona, Editorial Península, 1968,123-124. *En su Crítica de la vida cotidiana de 1947, reflejo del existencialismo de postguerra contra el cual aún lucha... "la cotidianidad constituye el punto de intersección de las condiciones sociales y las necesidades individuales".* Bernard Waldenfels, *De Husserl a Derrida*, Barcelona, Paidós, 1997 (*1992*),139.

Acciones

En el marco del Workshop analizamos la producción del espacio que hemos heredado de una determinada época y las posibilidades de intervención para cambiarlo y regenerarlo. Las acciones de intervención sobre esta forma urbana heredada atienden a interrelacionar y multiplicar los diferentes niveles de un espacio social complejo que deriva entre la casa y la ciudad. La capacidad de transformarlo depende de la capacidad de leerlo. El barrio de La Rondilla en Valladolid contiene carencias importantes de lo que un espacio urbano y un espacio doméstico contemporáneos deben ser[9].

El workshop se planteó realizar un análisis crítico de esta situación y aportar propuestas de intervención que, poniendo a prueba la resiliencia de sus condiciones urbanas y arquitectónicas, permitiera reflexionar sobre la ciudad contemporánea y ofertar estrategias de intervención. Estas atenderían las diferentes escalas en las que se planteó el problema: la unidad de vivienda, sus mecanismos de agrupación y las diferentes tipologías edificatorias actuales y las que resultaran de las propuestas de intervención, los espacios colectivos y los nuevos espacios de relación resultantes. Así, se propusieron cuatro temas sobre los que pensar y realizar propuestas de intervención: *Espaciar la casa, Habitar el cielo, Habitar la ciudad, Recuperar la ciudad ausente.*

Eran acciones creativas para aportar nuevas estrategias conceptuales que nos permitieran actualizar la ciudad heredada. La acción comporta una relación dialéctica con la realidad, la voluntad de transformarla mediante un proceso altamente contingente[10].

[9] Al inicio de su *Producción del espacio*, Lefebvre, promete demostrar "*el papel activo del espacio, como conocimiento y acción, en el existente modo de producción ... Demostraré cómo el espacio sirve, y cómo la hegemonía hace uso de ello, en el establishment, sobre la base de una lógica subyacente y con la ayuda de conocimientos y experiencia técnica, de un sistema". Henri* Lefebvre, *The production of* space, Oxford, UK, Blackwell Publishing, 1991 (*1974*), 11.

[10] "*El cambio ocurrido en el siglo XVII fue mucho más radical de lo que es capaz de indicar una simple inversión del tradicional orden establecido entre la contemplación y la acción*". Hanna Arendt, *La condición humana*, Barcelona, Paidós, 1993 (*1958*), 316). "*...El concepto central de las dos ciencias nuevas de la Época Moderna, las naturales no menos que las históricas, es el de proceso, y la real experiencia humana es acción".* Op. cit. 251.

Algunas de las categorías que Lefebvre identifica en la forma urbana resultan útiles para concebir las estrategias de intervención que permiten superponer nuevas estructuras de organización espacial en el barrio sobre las actualmente existentes: *multiplicidad*[11], *simultaneidad*[12], *actualización*[13].

Herman Hertzberger, *Lessons for students in Architecture*, 010 Publishers, 2005. Imagen de dos ancianos comiendo en el maletero del autocar.

Jacques Tati, *Mon oncle*, 1958. Los Arpel viendo la TV desde el quicio de la sala.

[11] *"los espacios sociales se interpenetran y se superponen mutuamente".* H. Lefebvre, *The production of* space, op. cit. 86.
"Hoy ha dejado de ser concebible una totalidad que no sea potencial, conjetural, múltiple". Italo Calvino, *Seis propuestas para el próximo milenio"*, Madrid, Siruela, 1990, 131
[12] *"la forma del espacio social es encuentro, reunión, simultaneidad"*. H. Lefebvre, The production of space, op. cit. 101.
[13] *"Todo espacio social es el resultado de un proceso con múltiples aspectos, aportaciones y actualizaciones, significantes y no significantes, percibidas y vividas, prácticas y teóricas".* H. Lefebvre, The production of space, op. cit. 110)

Espaciar la casa

La arquitectura moderna ha explorado ampliamente sobre la cualidad del espacio y en particular sobre las relaciones que pueden establecerse entre interior y exterior y la riqueza espacial que de ello deriva. Luz y vistas se alían para configurar el espacio (el mito platónico de la caverna surge a partir de las sombras que se reflejan del exterior). En ausencia de ambas no podríamos hablar de espacio arquitectónico, al menos de espacio habitable. Hay una fotografía del arquitecto Herman Hertzberger en la que dos ancianos se han sentado a tomar unas viandas en el borde del maletero del autocar, que mantiene el portón abierto; lo que en principio es un espacio inhabitable, destinado a almacenar las maletas, se convierte con el concurso de la luz y las vistas en un espacio para la vida, aunque sea momentáneamente. Es un buen y sencillo ejemplo del concepto de *apropiación*[14].

El director de cine JacquesTati, irónico y burlón, identificó esta circunstancia de la arquitectura moderna y su obsesión por las relaciones entre interior y exterior y su anhelo por hacer disfrutar a la casa del espacio exterior como signo distintivo de modernidad. En una escena de *Mon oncle* (1958), Monsieur y Madame Arpel, orgullosos de su casa moderna con jardín, están sentados justo fuera de la casa, mirando hacia dentro de ella para contemplar la televisión, ubicada en el salón; el espacio exterior del jardín es soporte complementario de la cotidiana vida doméstica.

Un proyecto que aborde el habitar, el *habitar poético de Hölderlin*, subrayó Lefebvre, debe aspirar a la síntesis de dos principios contrapuestos, *utopía y pragmatismo*[15].

[14] La *apropiación*, como aclara Lefebvre, no alude a la propiedad, sino *"al proceso según el cual un individuo o grupo se apropia, transforma en su bien, algo exterior, de modo que puede hablarse de tiempo o espacio urbano apropiados por el grupo que ha modelado la ciudad"*. Henri Lefebvre, *De lo rural a lo urbano,* Barcelona, Editorial Península, 1978 (*1970*), 186.
[15] *"... a) No puede haber pensamiento sin u-topía, sin explotación de lo posible, del otro lugar. b) No puede haber pensamiento sin referencia a una práctica, la del habitar y la del uso"*. H. Lefebvre, *La revolución urbana*, op. cit. 187.

Louis Kahn, *estudios de ordenación del tráfico de Filadelfia*, 1954.

Trisha Brown, *Man Walking Down the Side of a Building,* 1970.

The Beatles, *Concierto en la Azotea de Apple Corps*, Savile Row, Londres, 30 de enero de 1969.

Habitar la ciudad

La ciudad es el espacio que los hombres han creado para establecer relaciones[16]. La diversidad de éstas ha ido configurando diferentes tipologías de espacios urbanos y estos nos hablan de la idiosincrasia de cada comunidad, del modo en que sus gentes desarrollan su existencia. Al abordar un problema aparentemente técnico como era la organización del tráfico de Filadelfia, Louis Kahn (1954) analizó los diferentes flujos y circulaciones, identificando situaciones diferentes (rodado, peatonal, cruce, intersección, accesos a aparcamientos, etc.), cuya codificación gráfica reflejó en los planos, realizando una interpretación existencial del sistema de relaciones que surgió a partir del problema del tráfico urbano. Los *situacionistas* elevaron a categoría principal y pasional el sistema de relaciones urbanas, redibujando el mapa de París en una cartografía *psicogeográfica* en el que la ciudad aparecía fragmentada y recompuesta en función de su deriva afectiva *–détournement–*, de su deambular existencial y azaroso, pero que ante todo suponía una crítica frontal al entendimiento de la ciudad como mero y exclusivo bien de mercado[17]. Ambos casos son alternativas de un crecimiento implosivo que permite articular estructuras urbanas diferentes a las heredadas, permitiendo espaciar la ciudad[18].

[16] *"La gran ciudad occidental actual concentra la diversidad"*. Saskia Sassen, La ciudad global, Buenos Aires, 1999, p. 42

[17] L. Andreoti et altri, *Situacionistas: arte, política y* urbanismo, Barcelona, Actar, 1996.

[18] Algunas experiencias de postguerra, que tuvieron que enfrentarse a reconstrucciones urbanas o a la necesidad de incorporar nuevos programas en áreas consolidadas de cascos históricos abordaron la complejidad de ese crecimiento implosivo (son los casos de la propuesta para el centro de Frankfurt de Candilis, Josics y Woods (1963), la ampliación de la Cámara de Diputados en Roma de Giuseppe y Alberto Samonà (1967), el concurso para el Centro Pompidou en París (1970) y, entre otras, la propuesta de Paulo Mendes da Rocha.

Workshop Internacional: *Alojamiento para otros modos de vida*, Valladolid, 2013. Propuesta 1: *Romper, liberar, recuperar;* estudiantes autores: Raquel Álvarez Arce, Laura Barrientos Turrión, Iago Pérez Fernández, Álvaro Pérez Uzuriaga. Nuevas conexiones del espacio público mediante vaciados de plantas bajas

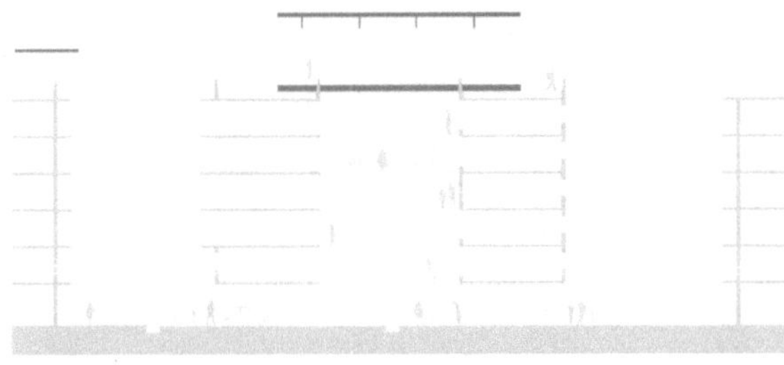

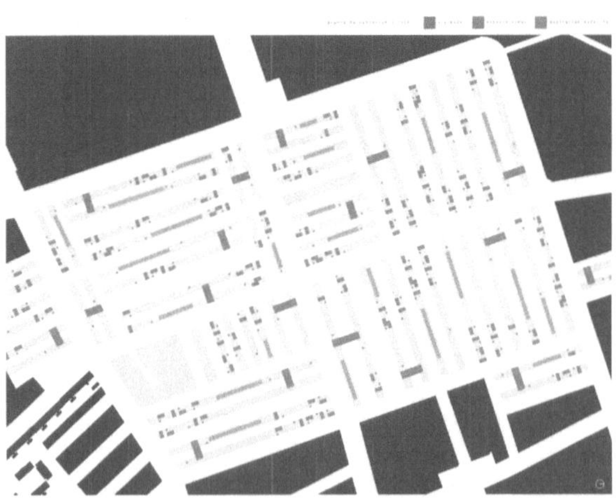

Workshop Internacional: *Alojamiento para otros modos de vida*, Valladolid, 2013. Propuesta 2: *Cubiertas habitadas;* estudiantes autores: Jacobo Abril, Gemma Hernández, María Laspra, Ana Prada. Vista de las cubiertas como nuevo espacio social, Sección, Planta de cubiertas con la ubicación de nuevas viviendas y espacios colectivos sobre ellas.

Workshop Internacional: *Alojamiento para otros modos de vida*, Valladolid, 2013.
Propuesta 3: *Hitos;* estudiantes autores: Sergio Abril Herrero, Miguel Ángel Cerro Casares, Javier Mínguez Menéndez, Soledad Moreno Martínez, Carlos Paredes Rodríguez.
Nuevo skyline del barrio, Maquetas con la localización de las nuevas torres.

Frente a los actuales trazados rígidos del barrio, con una nítida distinción de lo que es privado y lo que no, con un orden cerrado, se buscó sobrecargar los espacios de desorden y borrosidad, elidir las fronteras, *atravesarlo*, usando técnicas de *apropiación* y *détournement*[19]. El *détournement* consiste en la apropiación y reorganización creativa de elementos existentes. Las dos leyes básicas del *détournement* son la pérdida de la importancia de cada uno de los elementos autónomos manipulados, -que pueden llegar a perder su sentido original- y al mismo tiempo la organización de otros conjuntos con sentido que confiere a cada elemento un alcance y un efecto nuevos.

Habitar el cielo

Hemos aludido a algunos proyectos en los que la relación entre el edificio y el espacio público ya no es la convencional y mucho menos la relación con el suelo. Esta cuestión es particularmente oportuna para resolver el crecimiento implosivo aludido permitiendo superponer espacios y programas, articulando en sección la organización espacial que a priori no tiene cabida de modo extensivo sobre un plano del suelo ya agotado. Se exploraron las posibilidades de que esos espacios públicos de encuentro y relación no estuvieran exclusivamente sobre el suelo; las cubiertas dejaron de ser el final del edificio para convertirse en el inicio de nuevas relaciones de la comunidad[20], un *teatro espontáneo*[21].

[19] Lefebvre contrapone *apropiación* a *dominación;* frente a la rigidez de esta última, la apropiación aporta desorden y borrosidad; el espacio de la naturaleza y el espacio urbano están sobrecargados de desorden y borrosidad. H. Lefebvre, *The production of space,* op. cit. 164-168. Y resulta particularmente útil el concepto de *détournemnent* en relación con el de *apropiación*, concepto que usaban los *situacionistas*, con los que Lefebvre estuvo en sus inicios y a los que influenció.

[20] En el verano de 2013 algunas cubiertas de Sevilla se transformaron en escenarios musicales para aforos pequeños; en Broolkyn han reutilizado como huertos las cubiertas de antiguos edificios abandonados; en Nueva York, los arquitectos Diller y Scofidio han convertido la línea del ferrocarril elevado *High Line* en un parque lineal para esparcimiento de los ciudadanos que atraviesa la ciudad y pasa por encima de calles y carreteras de tráfico intenso; vienen a la memoria algunas experiencias de los años veinte (Hilberseimer), de los años 50 (P. y A. Smithson, entre otras su propuesta para el concurso para el centro de Berlín, Haupstadt) en las que se ensayan soluciones de ubicación del espacio público en niveles diferentes de la convencional cota cero del suelo tradicional, tema éste de amplio recorrido y de especial atención en las investigaciones contemporáneas.

[21] *"Lo urbano, al mismo tiempo que lugar de encuentro, convergencia de comunicaciones e informaciones, se convierte en lo que siempre fue: lugar de deseo, desequilibrio permanente, sede de la disolución de normalidades y presiones, momento de lo lúdico y lo imprevisible".* Henri Lefebvre, *El derecho a la ciudad*, op. cit. 100 ... *"es lo que aporta "movimiento, improvisación, posibilidad y encuentros. Es un 'teatro espontáneo' o no es nada"*. Ibídem, 157.

En los años sesenta algunas experiencias vinculadas al arte y a la cultura pop cuestionaron de forma lúcida y audaz qué cosa es y donde puede estar el espacio público de representación de la acción colectiva[22]; Trisha Brown, en su representación "*Man Walking Down the Side of a Building*" (1970), en la que utilizó como escenario la fachada de un edificio por la que desciende, recogiendo experiencias iniciadas en los años 60 cuando la danza contemporánea salió a la calle, investigando relaciones de interacción con el espacio público, desplazó el tradicional espacio escénico a la propia ciudad[23]. El 30 de enero de 1969 la gente se paraba en la calle, perpleja ante el sonido que venía de la azotea del número 3 de Savile Row en Londres, mientras la policía intentaba poner orden. Los Beatles estaban dando una actuación en directo sobre la cubierta del edificio de Apple Corps[24].

Conclusiones: Recuperar la ciudad ausente y el derecho a la ciudad

En un grabado de Valladolid del siglo XVI (Braun y Hogenberg, Valladolid 1574), el perfil de la ciudad se recorta contra el cielo; en primer plano vemos las tierras de cultivo, seguidamente, un caserío bajo y extenso y en el centro urbano, la secuencia vibrante de torres e iglesias que daban cuenta de la articulación de barrios, parroquias y conventos que organizaban la ciudad; esta imagen vibrante, plásticamente activa, elocuente de los diferentes puntos neurálgicos de la ciudad, resulta claramente distinta y distante de la imagen anodina y excesivamente horizontal del barrio de La Rondilla.

[22] "*la acción, única actividad que se da entre los hombres sin la mediación de cosas y materia, corresponde a la condición humana de la pluralidad, al hecho de que los hombres, no el Hombre, vivan en la tierra, habiten el mundo*". H. Arendt, op. cit. 21-22.

[23] Victoria Pérez, ¡A bailar a la calle! Danza contemporánea, espacio público y arquitectura, Salamanca, Universidad, 2009.

[24] "*En tanto que forma, lo urbano lleva un nombre: es la simultaneidad*". H. Lefebvre, *El derecho a la* ciudad, op. cit. 68. "*Simultaneidad de percepciones, de acontecimientos, espacio por tanto de hipersocialización, puesto que es la forma concreta que adopta el encuentro y la reunión de todos los elementos que constituyen la vida social*". Ibídem, 99).

Al final de la película con la que hemos iniciado estas reflexiones, tras los muchos avatares que al protagonista le han ido sucediendo mientras perseguía su bicicleta y que le hacen caer en la cuenta, a él y a nosotros como espectadores solidarios, que sus dificultades son también las que padecen el común de sus conciudadanos, mientras su hijo le tiende la mano y él parece irse sobreponiendo de su desesperación, la cámara se va retirando y nos deja ver que avanzan juntos, junto a tantos otros por la ciudad, y dispuestos a superar sus dificultades mientras la voz en off desgrana un discurso esperanzador.

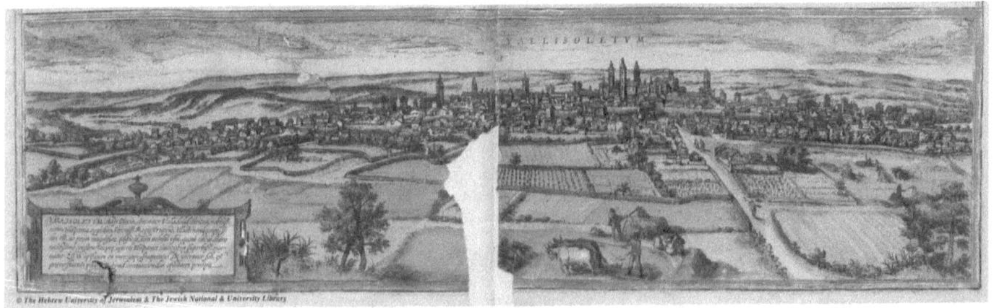

Braun y Hogenberg, *Valladolid*, 1574. Grabado.

Las reflexiones llevadas a cabo en julio de 2013 en Valladolid, en el seno del Workshop *"Alojamientos para otros modos de vida"*, a partir de las clases de los profesores intervinientes y de los proyectos desarrollados por los estudiantes de arquitectura participantes aportaron, en primer lugar, el hallazgo de estrategias concretas de intervención en un trozo de ciudad heredada para actualizar sus condiciones urbanas y la calidad de su espacio social; en segundo lugar, la obtención de herramientas críticas de análisis e intervención más allá del caso concreto de estudio; finalmente, verificamos la eficacia que la epistemología social ha aportado al debate sobre el espacio y la sociedad urbana, resultando de utilidad crítica e instrumental.

Bibliografía

ANDREOTI, L., Costa, X et al. *Situacionistas: arte, política, urbanismo*. Barcelona, Actar, 1996.

ALEXANDER, C., CHERMAYEFF, S., *Comunity and Privacy*' New York, Doubleday, 1963.

ALONSO, E., *De Ronchamp al Hospital de Venecia. Mito religioso y memoria colectiva en el último Le Corbusier*, in VV. AA., *Arquitectura, símbolo y modernidad*, Valladolid, Universidad, 2014, 349-366.

ALONSO, E., Estrategias *alucinatorias en el último Le Corbusier*, in VV. AA., *Critic/All Actas,* Madrid, Critic/All Press, 2014, 55-73.

ALONSO, E., *Mario Ridolfi. Arquitectura, contingencia y proceso*, Valladolid, Universidad, 2014 (*2007*).

ALONSO, E., *Paulo Mendes da Rocha. Constructor de horizontales en el aire*, DPA 30, Barcelona, 2014, 40-49.

ARENDT, H., *La condición humana* Barcelona: Paidós, 1993 (*1958*).

CALVINO, I.' *Seis propuestas para el próximo milenio*' Madrid, Siruela, 1990..

DELGADO, M., *El animal público,* Barcelona, Anagrama, 1999.

EYCK, A. van, *Building a house,* in VV. AA., *Aldo van Eyck,* Amsterdam Stichting Wonen, 1982.

GONZALO, Constantino, *Democracia y barrio. El movimiento vecinal en Valladolid, 1964-1986,* Valladolid, Universidad, 2013, p. 221).

HERTZBERGER, H., *Lessons for students in Architecture*, Rotterdam, 010 Publishers, 2005.

JACOBS, J., *Muerte y vida de las grandes ciudades,* Madrid, Capitán Swing, 2011, (*1961*).

LEFEBVRE, H., *El derecho a la ciudad* Barcelona, Editorial Península, 1978, (1968).

LEFEBVRE, H., *La vida cotidiana en el mundo moderno,* Madrid, Alianza Editorial, 1972 (*1968*).

LEFEBVRE, H., *De lo rural a lo urbano,* Barcelona, Editorial Península, 1978, (*1970*).

LEFEBVRE, H., *La revolución urbana,* Madrid, Alianza Editorial, 1983, (*1970*).

LEFEBVRE, H. *The production of space,* Oxford, UK, Blackwell Publishing, 1991, (*1974*).

MANDELBROT, B.: *Los objetos fractales: Forma, azar y dimensión,* Barcelona, Tusquets, 1996 (*1975*).

PÉREZ, V., ¡A bailar a la calle! *Danza contemporánea, espacio público y arquitectura,* Salamanca, Universidad, 2009.

SASSEN, S. *La ciudad global,* Buenos aires 1999.

WALDENFELS, B., *De Husserl a Derrida,* Barcelona, Paidós. 1997 (*1992*).

MARIO RIDOLFI

EN EL INTERIOR DEL TIEMPO. EN EL INTERIOR DE LA CIUDAD.

2007

Experimentación moderna y contaminaciones locales

Ridolfi está plenamente adscrito e interesado en la modernidad, aunque algunos de sus proyectos parezcan denotar mayor inclinación en uno u otro sentido. Sin duda, la fuerza seductora que la obra de Ridolfi pueda contener reside en la contaminación que determinados temas locales, no sólo geográficos sino, por decirlo de modo más amplio y general, culturales operan en los presupuestos más rabiosamente modernos y que de un modo muy personal nos revelan una anticipación ridolfiana de cuestiones y problemas que han de ocupar el debate moderno de la arquitectura de los años 50 y 60.

Barrio Tiburtino, Roma, 1949-54. Pasarela elevada.

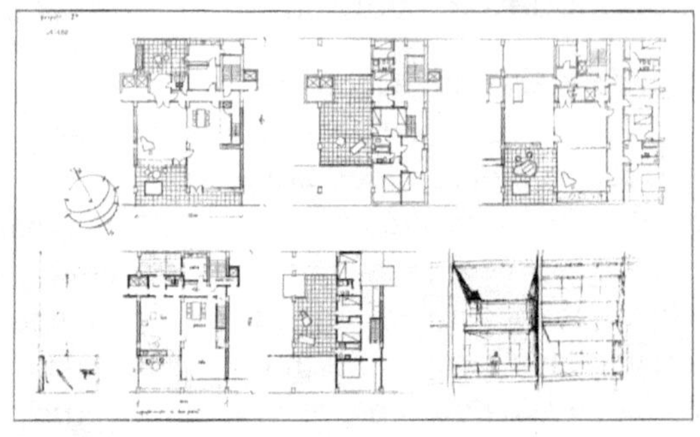

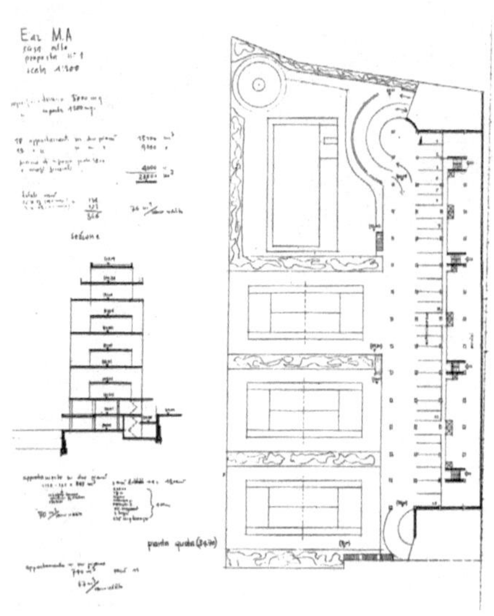

Proyecto de villas superpuestas, E42, Roma. Planta, perspectiva, sección.

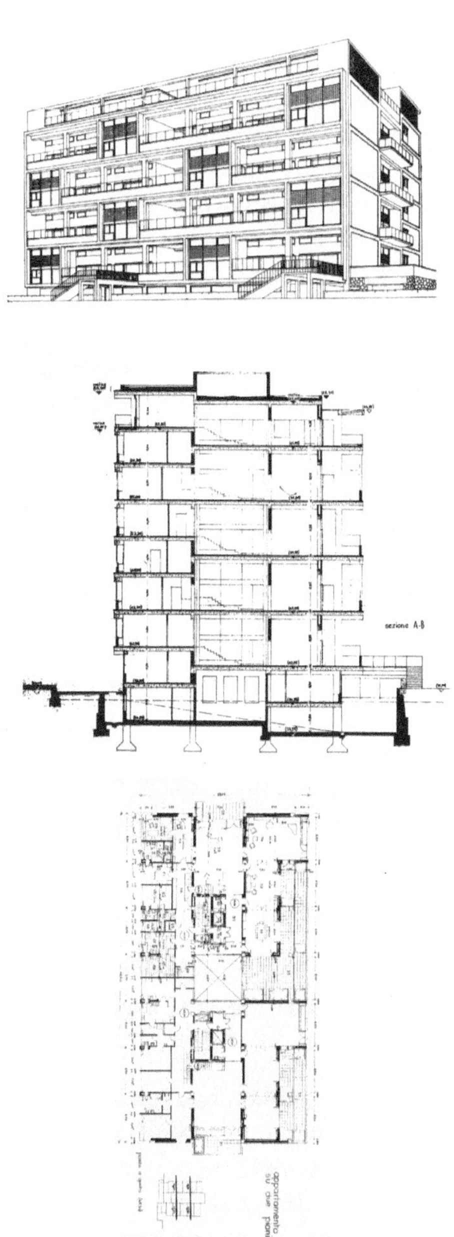

Proyecto de viviendas Rech e Festa, E42, Roma. Perspectiva, sección y planta.

Con ocasión de varios proyectos para la Exposición del año 42, que realiza para la empresa Rech e Festa, aparecen en el proyecto de la vivienda algunos de los temas que había abordado la modernidad y, en particular, están presentes algunas investigaciones llevadas a cabo por Le Corbusier: la idea de la villa con patio como unidad básica del bloque edificatorio, la importancia de la sección en el mecanismo de articulación y suma de distintas unidades, la retícula estructural como recurso configurador de la imagen del edificio

Al mismo tiempo se ocupa de esa particular interpretación de villas a distintos niveles y encabalgadas, que se resuelven planimétricamente con dos bloques unidos por los núcleos de comunicación, los patios y los salones en los hastiales.

Frente a la ortodoxia del bloque de las propuestas anteriores, explota aquí la ambigüedad de la tipología utilizada y surge así la mayor complejidad de su imagen en la que la retícula estructural recoge una articulación espacial compleja del interior, redundando en una casuística formal mayor.

Al igual que sucedía con las palazzinas, Ridolfi lleva a cabo un filtrado de los temas de la modernidad que funde con los temas locales y personales de la cultura en que vive, provocando una fricción entre ambas que resulta enriquecedora en ambas direcciones.

Codificación. Mecanismos de ensamblaje y crecimiento

La contribución de Ridolfi en la redacción del Manual del Arquitecto, publicado en 1946, constituye una experiencia significativa en la evolución y maduración de su trayectoria.

El Manual recogía de modo amplio una clasificación con sus diversas soluciones de los problemas que afectaban al proceso arquitectónico, desde los relativos a la representación gráfica, a las soluciones constructivas relativas a las fábricas, las carpinterías, etc. Supuso una herramienta fundamental para la unificación y revitalización de la disciplina arquitectónica que resultaba imperiosa en aquellos años de posguerra.

Pero más allá de este importante papel instrumental, el Manual nos revela una actitud que podemos reconocer en el método proyectual de Ridolfi. Nos referimos a la labor de codificación de soluciones diversas que implicaba la posibilidad de ofertar variaciones a partir de la repetición de soluciones estudiadas y la posibilidad de incorporar mecanismos de ensamblajes y crecimiento.

Esta actitud queda claramente reflejada en el Manual por explicitarse, como por otra parte siempre sucedió, en problemas de escala distinta, desde el estudio de tipologías residenciales y sus modos de crecimiento y ampliación hasta los detalles de carpintería.

El Manual recoge un sinfín de soluciones diversas en cada una de las disciplinas que aborda. Contiene ciertamente un carácter instrumental pero al mismo tiempo obliga a ejercer la libertad de elegir en función de cada situación concreta o de cada intención que contenga el proyecto.

Esta labor de codificación exhaustiva revela la cualidad contingente del hecho arquitectónico, ofertando desde el Manual una multiplicidad de soluciones a problemas diversos, reconociendo en esa diversidad la complejidad del proceso proyectual.

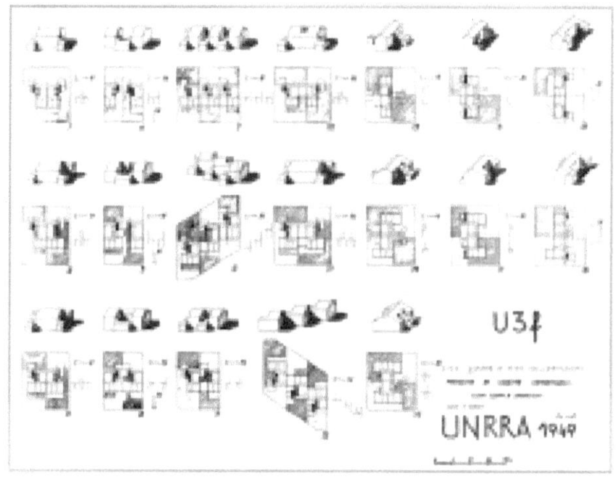

Proyecto de casas combinables Unrra, 1949.

El Manual del Arquitecto, 1946. Portada de 1953.

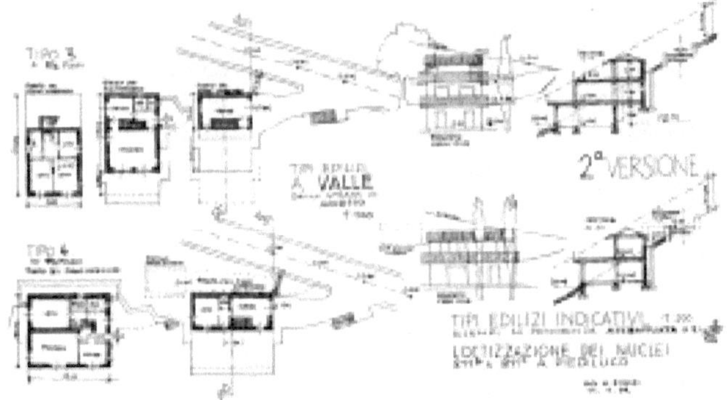

Proyectos de ampliación del lago de Piediluco, Terni, 1964-66.

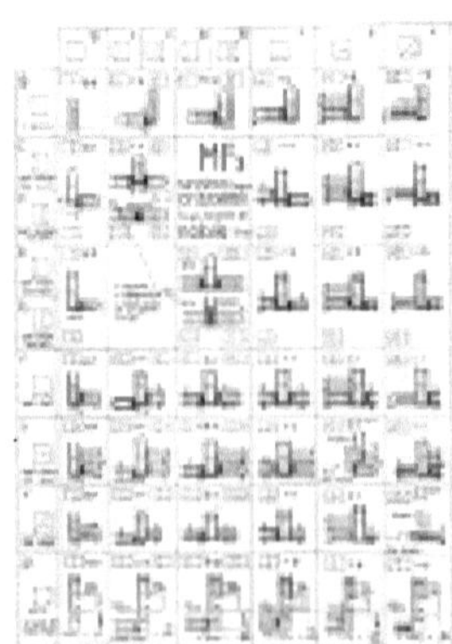

El Manual del Arquitecto, 1946. Página de carpinterías.

Es fácil advertir en el Manual la influencia de las experiencias contemporáneas y la atención de Ridolfi hacia aquel común interés sobre el tema de la casa, la ciudad y la industrialización: su interés por sistematizar las variaciones, las ampliaciones y las posibilidades de crecimiento de una tipología determinada.

Resuenan, por citar tan sólo algunos ejemplos: Le Corbusier y su proyecto para Pessac (1925), donde estaba sistematizada la construcción de un tipo y sus opciones de crecimiento, algunas propuestas de Gropius, Breuer, Scharoun, etc, o dentro de Italia el proyecto de Pagano para una ciudad horizontal (1940), con el estudio de los posibles crecimientos de la unidad de vivienda.

Un ejemplo interesante de esta labor combinatoria es el que Ridolfi lleva a cabo en su proyecto de **Casas combinables UNRRA** (1949) para el Centro de Estudios sobre la Habitación, en que elabora una amplia casuística de combinaciones tipológicas y sus mecanismos de agrupación, incluyendo agrupaciones en parcelas de geometría diferente. En esta ocasión, el tipo sobre el que Ridolfi ensaya esta codificación consiste en una tipología vernácula de hacienda agrícola.

Años más tarde podemos contemplar una actitud similar en la definición y descripción normativa de los mecanismos de implantación, definición volumétrica y elevación en diversos trabajos urbanísticos, como la reparcelación de **Piediluco** (1966) o los diversos trabajos de redacción del **Plan Regulador de Terni,** donde los esquemas edificatorios que explican las normas técnicas aportan un repertorio analítico y teórico de gran riqueza.

La idea de crecimiento como contingencia

Cabe entender este exhaustivo elenco de soluciones combinatorias y sus diversas opciones de ampliación de un tipo dado como una descripción aséptica y meramente instrumental de resolver un determinado programa y sus diversas variaciones. En este sentido, el Manual del Arquitecto asume con igual pragmatismo la codificación de las soluciones constructivas de carpinterías y el elenco de soluciones planimétricas.

Sin embargo, es conveniente advertir algunas contingencias.

- La primera es "la idea de crecimiento" como algo inherente al organismo arquitectónico, afirmación que ciertamente incluye la del objeto arquitectónico como organismo, dotándolo de una cierta "vitalidad", de la que la arquitectura de Ridolfi participa claramente y a ella se referirá el propio arquitecto al calificar su obra como "cosa viva".
- La segunda es la que se refiere al sentido en el que ese crecimiento se orienta, cuestión cuya respuesta no queda determinada a priori o al menos no se resuelve en el ámbito exclusivo de las relaciones entre las piezas o partes que son objeto de esas operaciones de ensamblaje y crecimiento, sino que generalmente vienen influenciadas por condiciones externas, relativas al lugar de implantación u otras o, por referirnos en términos orgánicos, acaban influenciadas por el medio en el que el organismo arquitectónico se desarrolla.
- Y, finalmente, fruto de esas operaciones de crecimiento cabe distinguir , según qué casos, cualidades más físicas, aquéllas en las que las partes ensambladas pueden ser más fácilmente individualizadas, y cualidades más químicas u orgánicas, en las que el organismo arquitectónico, al ser sometido a un proceso de crecimiento, sufre una metamorfosis en las que las condiciones de forma iniciales resultan más difícilmente identificables.

En el **Barrio Tiburtino de Roma** (1949-1954), que Ridolfi construye junto a L. Quaroni para el Ina-Casa, se explota esta diversidad combinatoria, tanto en la ordenación de la planta como en la diversidad volumétrica, para simular, en la construcción de las casi ochocientas viviendas que se realizaron, la diversidad formal y espacial que la ciudad tradicional produce de modo paulatino.

Barrio Tiburtino, Roma, 1949-54. Ordenación, vista aérea y vista de una torre.

La idea de crecimiento como proceso

La construcción ex nuovo de un barrio en la periferia urbana, en medio del campo en aquella mitad del siglo XX, planteaba el reto de crear ciudad prescindiendo del proceso temporal que se requiere para que un trozo de ciudad acumule en sucesivas transformaciones su propia historia. Ridolfi y Quaroni parecen atender a subrayar esta **"condición procesual"** de la arquitectura.

Más allá de los resultados formales que concluyeron en adscribir al Tiburtino el afamado apelativo de "barroco", lo que nos parece más importante es la intencionada utilización de mecanismos de ensamblaje diversos en la articulación de los diferentes bloques edificatorios y la opción por soluciones de indeterminación, que se inician en la ordenación planimétrica y se continúan en el levante de los edificios.

Las células que definen el tipo base aparecen encadenadas de modos diversos: con ligeros deslizamientos de unas respecto de otras, alineadas en ocasiones y otras en disposición serpenteante, sobre la línea de calles o describiendo trazados al margen de ellas y envolviendo espacios urbanos.

La complejidad formal en la articulación de la planta se intensifica en la disposición rotatoria y triangular de las torres, compuestas por tres unidades de vivienda por planta con escalera común. Cada una de las viviendas dispone la cocina y los dormitorios en torno al espacio central que ocupa el salón, el cual se asoma al exterior de una generosa terraza, definiendo así una organización espacial que será retomada por el propio Ridolfi en obras posteriores, como en las viviendas de Viale Etiopía. Tal tipo reaparecerá años más tarde en el Barrio Hansa en Berlín, de Alvar Aalto, alcanzando gran repercusión crítica.

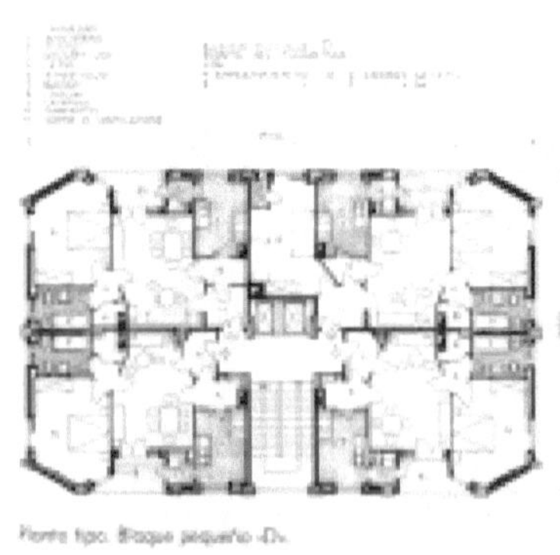

Viviendas en Viale Etiopia.
Roma, 1951-54. Planta tipo del bloque D.

Barrio Tiburtino, Roma, 1949-54.
Planta de torre.

Barrio Tiburtino, Roma, 1949-54. Pasarela elevada.

Esta tensión rotatoria que se enuncia con la composición triangular de la planta de las torres, en las que las tres unidades quedan unidas en uno de los ángulos de su inicial rectángulo, dando lugar a una forma de estrella irregular de seis puntas, busca sin duda, más allá de su concreto resultado formal, aportar a la configuración del barrio una vitalidad urbana y una expresividad en la que cabe reconocer como intención fundamental del proyecto **la creación del lugar.**

En esta voluntad de diversificar y enriquecer los mecanismos de generación de "lo urbano" resulta oportuna la aparición de la calle elevada que da acceso a viviendas ubicadas en planta primera, multiplicando y superponiendo el flujo de circulaciones, una interpretación ridolfiana de un tema presente en algunas obras señeras de la primera modernidad y que anticipa en cierto modo rasgos característicos del debate de la modernidad a finales de los años cincuenta.

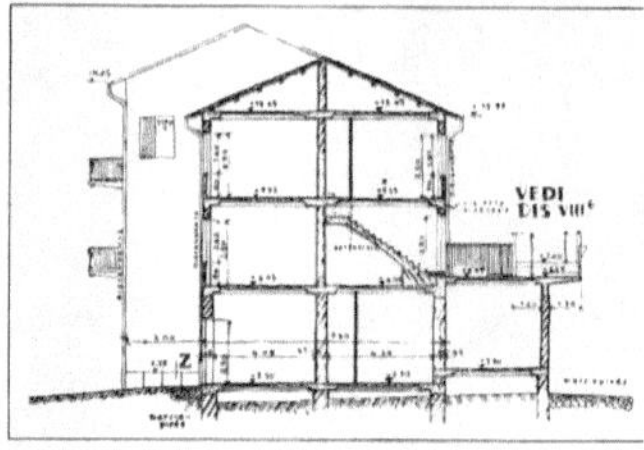

Barrio Tiburtino, Roma, 1949-54. Bloque de la pasarela elevada. Alzado y sección.

Barrio de viviendas en Cerignola, 1950-51. vista aérea.

Esta solución conlleva la implicación de la **sección** en los mecanismos de ensamblaje a los que nos hemos referido. Estos bloques disponen de tres plantas, organizando una vivienda en la planta baja, con acceso directo desde la calle, y otras en las dos plantas superiores, con acceso desde la pasarela.

Esta articulación de la sección reaparecerá en el proyecto apenas posterior de las viviendas en **Cerignola**, en un solución ya sin pasarela y más próxima, si cabe, a la de las casa XIX a XXII del Barrio Tiburtino, en donde el desarrollo formal de las escaleras que permiten el acceso al primer piso adopta mayor autonomía y protagonismo respecto del bloque edificatorio. En ambos casos, **la relación de la casa con la calle** incorporan mecanismos de articulación de las circulaciones más complejos, que se sustancian fundamentalmente desde la sección.

Esta determinación de la forma arquitectónica a partir de la atención a lo urbano y a la relación dialéctica con el lugar adquiere ya en aquellos finales años cuarenta mayor tensión y complejidad que en las obras precedentes. La plástica expresionista de obras como el edificio de Correos de Plaza Bolonia o la propuesta del 1er Concurso para el Palacio Littorio aspiran todavía a una idea de continuidad y aportan una percepción amable y esperanzadora de la ciudad en la que surgen tales arquitecturas.

Palazzina Zaccardi, Roma, 1950-51. Vista, planta baja y detalle de la cancela.

A principios de los 50, algunas obras de Ridolfi explicitan una **percepción más quebrada y poliédrica**, como en la **Palazzina Zaccardi** (1950-51), en la que el edificio se nos presenta como la cristalización de tensiones internas enfrentadas, claramente plasmadas en el contraste geométrico del trazado cóncavo de la de la fachada y el convexo de la terrazas. Al contemplar las plantas ya no resulta tan fácil reconocer e individualizar las partes que la componen, pues los mecanismos compositivos quedan desdibujados por los procesos de formación y deformación que trasladan el perfil replegado de la fachada a los trazados interiores.

Más que resaltar la condición objetual de la arquitectura lo que se evoca es el proceso metamórfico que la ha generado y que, en ocasiones, como en el proyecto para una **Palazzina en via Ximenes** (1946-49), queda documentada esa condición procesual en las sucesivas aproximaciones que se suceden en los diversos proyectos que se conocen. El entrelazado que acontece entre la barandilla de la escalera y el banco en la **Casa Chitarrini de Terni** (1950-51) o la urdimbre metálica de la cancela de la propia palazzina Zaccardi expresan bien esta condición metamórfica como mecanismo de generación formal. En ocasiones, como la solución planimétrica del ático de la **Palazzina Mancioli en Via Vulci** (1952-53) o, con más claridad, en la planta retranqueada intermedia de las torres de **Viale Etiopía**, los trazados de geometría más incierta y sensible se contrastan con tramas más ortodoxas.

Casa Chitarrini, Terni, 1950-51. Banco y barandilla.

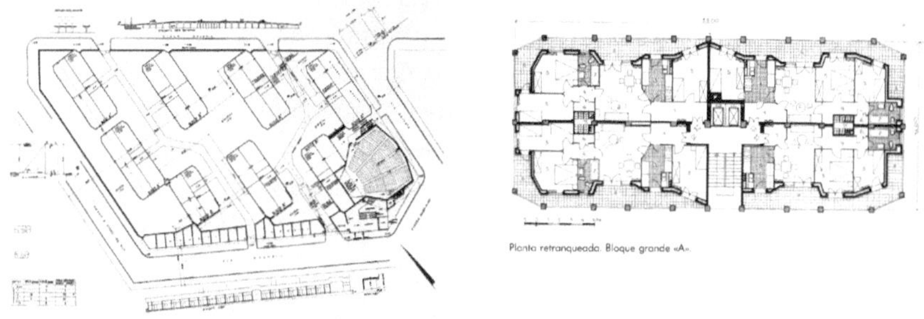

Viviendas en Viale Etiopia. Roma, 1951-54.
Vista desde Viale Etiopia, ordenación y planta retranqueada del bloque A.

La tensión espacial que caracteriza estas terrazas, contenidas entre el perfil sinuoso del perímetro de las viviendas y el pórtico de pilares externos, obedece a la misma provocación que supone el biselado practicado en las esquinas y en la solución formal del ático que corona unas torres definidas inicialmente con la consagrada abstracción de la malla tridimensional de vigas y pilares. Una provocación que se reafirma en la ordenación de las distintas torres y, particularmente, en la inquietante proximidad con la que algunas se disponen —las más próximas a la via dei Galla e Sidama—, y con los efectos de superposición visual que se producen como resultados de dos mecanismos inherentes en su ordenación: uno, su disposición al tresbolillo, y otro, su disposición escalonada y no ortogonal con relación a alguna de las calles que rodean el conjunto.

Crecimiento pluricelular y claridad laberíntica

A finales de los años cincuenta el proyecto y construcción de **sendas guarderías** sirven para explorar, en sus distintas escalas, otros mecanismos de crecimiento y ensamblaje que, en cierto modo, se están anticipando a ciertas propuestas y planteamientos de los protagonistas del debate arquitectónico de aquellos años y de los primeros sesenta.

En la guardería de **Poggibonsi** (1955-61) cabe individualizar tres partes en la composición de la planta, dotadas a su vez de una cierta autonomía formal y funcional. Dos de ellas contienen dos aulas y sus correspondientes aseos; la tercera, alberga la cocina y la casa del portero. Estas tres partes se disponen en torno a un espacio central y de mayor altura que hace las veces, alternativamente, de comedor y de zona de juegos, así como de gran hall. Este espacio se acota en su tercer lado por una pequeña ala donde se ubican los despachos del director y del médico.

Las dos zonas de aulas poseen un mismo programa y orientas sus aulas en la misma dirección. Sin embargo, disponen una articulación sutilmente diferente con la caja de aseos para resolver el diferente modo de acceder a ellas desde el pasillo que bordea el espacio central citado. Estas variaciones vienen a subrayar precisamente la autonomía formal y las posibilidades de crecimiento inherentes al sistema planteado y basado en la **"adición de células básicas"**.

Las posibilidades inherentes a la conjunción de estas condiciones de variación y repetición emergen de nuevo en dos aspectos formales y definitorios de la imagen del edificio: la sucesión de cubiertas, donde quedan individualizadas siete cubiertas piramidales o a cuatro aguas de distintos tamaños, y la sucesión de porches que aportan sombra a las fachadas más expuestas de las aulas. Estos últimos no surgen a la escala del edificio, sino que se vinculan directamente a cada aula, explotándose un "mecanismo de fragmentación" similar a lo que sucede con las cubiertas.

En definitiva, la inmediatez con la que parece resolverse la solución de cada célula básica de dos aulas y la aparente obviedad con la que se la adosa a cada aula el porche, transmite una "claridad" fácilmente reconocible y, en este caso, incrementada por el uso de las técnicas constructivas tradicionales. Las sutiles variaciones en la organización de cada célula, el deslizamiento de planos que acontece al desplazar cada célula sobre una directriz diagonal, la generación de un volumen formalmente inconcluso y sin embargo capaz de enunciar una ley de formación clara nos evoca la **"claridad laberíntica"** que defenderá por aquellos años Aldo van Eyck, con cuyo Orfanato de Ámsterdam (1955-60) tantas similitudes podríamos encontrar en cuanto a sus mecanismos de generación y al que en cierta medida Ridolfi parece estar anticipándose en Poggibonsi.

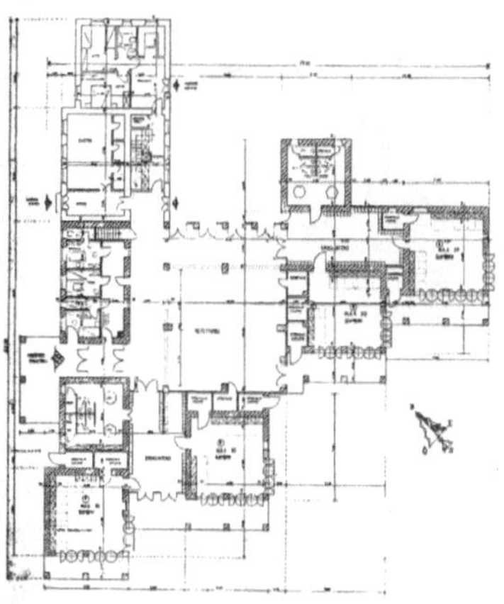

Guardería, Poggibonsi, 1955-61. Vista aérea y planta.

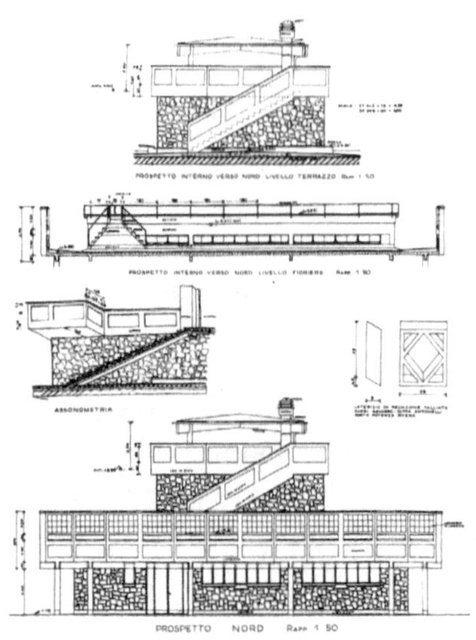

Jardín de infancia Olivetti, Cantón Vesco, Ivrea, 1955-64.
Bloque de servicios, alzados y vista.

En la guardería de **Canton Vesco en Ivrea** (1955-64), que se construye dentro del conjunto de proyectos impulsados por Adriano Olivetti y encargados a distintos arquitectos italianos para transformar el ambiente laboral de su empresa, aparecen de nuevo algunos de los temas vistos en Poggibonsi, con una ordenación mayor que deriva del hecho de abarcar un programa más amplio y con unas ordenaciónn en el entorno más comprometidas e intersticiales.

Si en Poggibonsi aparecen mecanismos de crecimiento aplicados a la ordenaciónn del edificio, en Ivrea se extienden además a la configuración del lugar, con la disposición de edificios independientes que, por un lado, ordenan el espacio exterior y, por otro, involucran a los edificios preexistentes en tal ordenación.

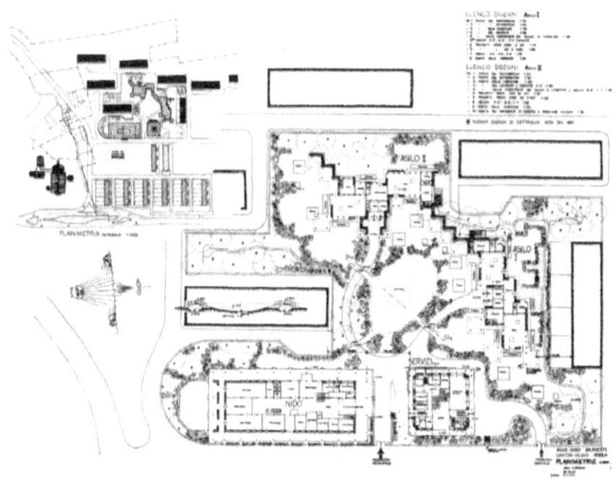

Jardín de infancia Olivetti, Cantón Vesco, Ivrea, 1955-64.
Planta general y vista de la sucesión de porches.

Ridolfi distribuye el programa de Ivrea en cuatro edificios: parvulario I, parvulario II, guardería y servicios. Estos dos últimos secundan con su disposición la ordenación preexistente de los bloques residenciales próximos, mientras que los otros dos edificios adoptan formas que desdibujan más su perímetro, disolviéndose entre los bloques residenciales, arropando conjuntamente con los otros dos un jardín central de juegos para los niños. Mediante una sucesión de porches, que se enlazan unos con otros sobre una directriz diagonal, se propicia entre ambos edificios una continuidad formal y espacial real y, al igual que advertíamos en Poggibonsi, se subraya la presencia de invariantes formales en edificios, en este caso, planimétricamente distintos.

Esta convivencia de invariantes y diferencias queda subrayada a través de las soluciones formales de los lucernarios y linternas y mediante las técnicas constructivas empleadas en todo el conjunto, de las que sobresale la cualidad artesanal y matérica de su construcción; sendos aspectos son, sin lugar a dudas, recursos poéticos con los que Ridolfi reviste su depurada y minuciosa técnica constructiva para dotar a su obra de un cierto carácter intemporal —intención que comparte con otros arquitectos italianos contemporáneos como Michelucci, Figini y Pollini, etc y con algunas obras que Le Corbusier realiza en los años cincuenta, como Ronchamp o las casas Jaoul—.

Maqueta de la propuesta de James Stirling para la Tate of North in Liverpool
a partir de sus primeros croquis (© EAG)

IV HABITAR EN EL TIEMPO Y LA MEMORIA

IV.1 James Stirling. El proyecto de la Tate Gallery en Albert Dock, Liverpool, 1982-88. 2018.

IV.2 Tiempo y Proyecto. 2020.

IV.3 Giuseppe Samonà. El Concurso de la Cámara de Diputados, Roma, 1967. La profundidad del tiempo. 2020

"... la acción sustituyó en el siglo XVII a la contemplación, acontecimiento radical que conlleva la conciencia del carácter procesual de cualquier experiencia, incluso la real experiencia humana... El concepto central de las dos ciencias nuevas de la Época Moderna, las naturales no menos que las históricas, es el de proceso, y la real experiencia humana subyacente es acción".

Hannah Arendt, La condición humana. Barcelona: Paidós, 1993 (1958,) 316.

JAMES STIRLING

EL PROYECTO DE LA TATE GALLERY
EN ALBERT DOCK, LIVERPOOL, 1982-88.
2018

Tate Gallery, Albert Dock, Liverpool (fotografías del autor)

Introducción

James Stirling dibujó en 1982 su propuesta de accesos para la Tate Gallery de Liverpool, situada en Albert Dock. Su planteamiento fue rechazado y el arquitecto proyectó la intervención en el viejo almacén, respetando al máximo la imagen exterior del edificio existente. No obstante, la articulación interior de las circulaciones en el proyecto definitivo recurrió de modo sutil a la condición infraestructural de una de las zonas más características de Liverpool. Analizaremos primero el proyecto que realizó en Albert Dock para la Tate (Figura 1) y, a continuación, el proyecto que no pudo construir (Figura 6) para entender cómo la ciudad y el entorno urbano nutrieron la creatividad de Stirling, incorporando claras alusiones al carácter industrial y naviero de la ciudad y los Docks.

Situación del proyecto en su trayectoria profesional

James Stirling acababa de recibir el Premio Pritzker en 1981. Estaba trabajando en el proyecto y construcción de la Clore Gallery de Londres (1980-86) para albergar la Colección Turner. Recibió el encargo de la Tate de Liverpool, conocida como la *"Tate in the North"*, cuando estaba finalizando las obras de la Neue Staatsgalerie de Stuttgart (1977-84), obra importante en su trayectoria, pues abordó el contraste entre paradigmas contradictorios[1] para dar respuestas a problemas urbanísticos.

La conservación de los Docks de Liverpool se aprobó en los años 70, reconociendo el valor cultural de este patrimonio industrial que reflejaba el potencial del tráfico naval durante más de dos siglos. Los Docks son un extenso complejo de dársenas y muelles, que permitían el acceso protegido de los barcos, cuyas mercancías se almacenaban en grandes edificaciones. Albert Dock, (Jesse Hartley, 1846), era una de esas herencias privilegiadas de las siete millas de dársenas que ocupan el frente del río Mersey en Liverpool, con una posición central en relación al desarrollo urbano de la ciudad. La Tate Gallery ocupó la esquina noroeste de todo el conjunto.

James Frazer Stirling (Glasgow, 1926) tenía tres años cuando se trasladó con su familia a Liverpool donde estudió arquitectura (1945-1950). Allí coincidió con Colin Rowe, profesor que acabaría siendo su mentor, con Robert Maxwell, compañero y autor de algún ensayo sobre su obra, y con la Escuela Polaca de Arquitectura (1942-47)[2], seguidora de Le Corbusier. Stirling conoció la época de actividad de los Docks anterior y posterior a la segunda guerra mundial, en la que participó como paracaidista, y conoció la crisis que paralizó su actividad y amenazó con su demolición.

[1] ROWE, Colin. James Stirling: glosa poco ordenada y muy personal, en STIRLING, J., *Obras y Proyectos. James Stirling, Michael Wilford y asociados*, Barcelona: GG, 1985, pp. 10-27; COLQUHOUN, A. Un monumento per la cittá, en DAL CO, F., MUIRHEAD, T., *I Musei de James Stirling, Michel Wilford and Associates*, Milán: Electa, 1990, p. 127.

[2] Agradezco al profesor Neil Jackson que me enseñó la placa colocada en el vestíbulo de la Escuela de Arquitectura de Liverpool (LSA) que conmemora la presencia de la Escuela Polaca. Entre octubre y diciembre la LSA me acogió como Visiting Schoolar en el CAVA, con el profesor Richard Koeck, en una estancia financiada por la Universidad de Valladolid. Este trabajo es uno de sus resultados.

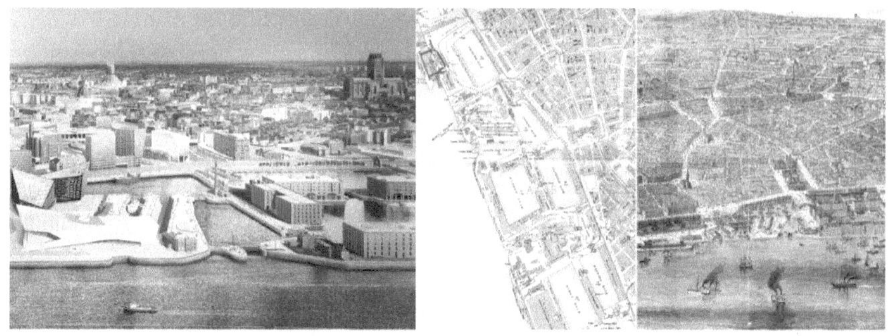

Albert Dock. Situación en tres tiempos: 2008: Ben Johnson, pintura, Museo de Liverpool (fotografía del autor); 1890 (mapa norteado): Old ordenance survey maps; 1865: Giant Panorama of Liverpool.

La herencia de Albert Dock y la intervención de Stirling. Cambiar todo sin tocar nada

El proyecto de Jesse Hartley 1843-1847

El edificio de Albert Dock (Figuras 2 y 3) donde Stirling intervino aportaba las características espaciales y constructivas de la mayoría de estos edificios que se construyeron a lo largo del río Mersey durante el siglo XIX. Disponían de varias plantas hipóstilas, destinadas al almacenamiento de mercancías procedente del tráfico naviero internacional y resolvían su construcción con muros de ladrillo en su exterior y columnas de fundición en su interior, cuyos forjados se resolvían con bóvedas de ladrillo que se apeaban sobre vigas metálicas en forma de Y y de V. Las fachadas se construyeron con muros de ladrillo, disponiendo un hueco o ventana en cada vano estructural y ubicando un pórtico o calle cubierta junto a la dársena para facilitar el trabajo de carga y descarga entre los barcos y el interior; este pórtico constituye también una imagen característica de este tipo de Docks, donde, junto a los vanos adintelados entre grandes columnas metálicas de fundición, que abarcan dos plantas del edificio, se intercalan algunos vanos mayores que, rematados en arco elíptico, abarcan tres plantas del edificio[3].

[3] Estos vanos elípticos, que constituyen una innovación de J. Hartley y una mejora que introdujo a partir del estudio que realizó del dock de Saint Katharine de Londres, eran los

El edificio se resolvió como un bloque en manzana que se abastecía desde la dársena de Albert Dock. En la fachada opuesta al pórtico, un camino permitía el acceso y evacuación de estas mercancías mediante carruajes. Un sistema más complejo de trenes conectaba todos los docks y permitía las conexiones urbanas e interurbanas.

El proyecto de Stirling (Figura 3)

Stirling conoció directamente durante su juventud los Docks de Liverpool. Se conservan fotografías tomadas por Stirling en esa época[4]. Su admiración por estas arquitecturas ha sido incluso utilizada para justificar la presencia en otros proyectos de formas e imágenes alusivas a su ciudad de acogida[5]. Junto a la idea de dar visibilidad a la nueva imagen

puntos principales de carga y descarga desde los barcos y en estos vanos se colocaban grúas y poleas para ayudar a los trabajos. .POLLARD, R.The Docks, en SHARPLES, Joseph, *Liverpool*, New Haven-London:Yale University Press, 2004, p. 107. Albert Dock es la joya de la corona de esta potente herencia de arquitectura industrial. Su restauración y recuperación se decidió en 1981, adecuándolo a diversos usos: hoteles, bares y restaurantes, tiendas, oficinas, apartamentos, Museo Marítimo del Mersey, Museo de los Beatles y laTate Gallery. El edificio está construido con muros de ladrillo en fachadas, con espesores que varían desde 0,9 metros en planta de calle a 0,48 en la última. Resolvió la estructura con una malla de columnas metálicas de fundición, con módulos de 5,5 x 3,5 metros y vigas metálicas de dos tipos, perfiles invertidosY yV , estos últimos sobre las columnas del pórtico de fachada. Sobre los perfilesY arrancan las bóvedas de ladrillo, de curvatura rebajada. Jesse Hartley recogió la experiencia de la construcción de los Docks de Londres, en particular St Katharine Dock, donde el ingeniero Philip Hardwick había diseñado almacenes en 1826-27. De él recoge también la idea de las columnas dóricas de 4,6 metros en fachada. A diferencia de St. Katharine, que tenía estructura de madera, Hartley buscó soluciones alternativas más seguras contra incendios. Entre 1841 y 1843 dibujó seis diseños alternativos, dando lugar al sistema de estructura metálica de vigas y columnas descritas. En cubierta aplicó también un sistema de cerchas ligeras.Todo el conjunto está rodeado por un muro perimetral de ladrillo de 3,5 metros de altura para evitar los robos. Ibídem, pp. 103-111.

[4] IULIANO, M, SERRAZANETTI, F., *James Stirling. Inspiration and Process in Architecture.* Liverpool: Moleskine SpA, 2015, pp. 38-41. Durante el curso 2017-2018, el profesor Marco Iuliano de la Escuela de Arquitectura de Liverpool, a quien agradezco sus orientaciones en este trabajo, ha desarrollado con sus alumnos propuestas de proyectos vinculadas a esta obra de Stirling.

[5] Sobre la genealogía, entre otras, de las cerchas de Stuttgart, ver video. HENEGHAN,Tom. "*James Stirling: Speculations*". Conference, University of Sydney, video, min. 57-58:15.

de museo que el viejo edificio debía tener[6], el propio arquitecto afirma su intención mantener el carácter industrial del viejo almacén y de realizar los mínimos cambios posibles, subrayando su heroica tectónica.

La respetuosa intervención que Stirling llevó a cabo en el interior del edificio produjo una obra "*atípica en su trayectoria por la contención del lenguaje y la economía de medios*"[7]. El propio arquitecto subrayó el respeto al edificio como criterio para acometer las alteraciones estrictamente necesarias para adecuarlo al nuevo uso museístico, alteraciones que son de dos tipos: "*Primero, las requeridas para establecer una secuencia de Galerías de Exposiciones y un vestíbulo de entrada apropiado como público lugar de encuentro. Segundo, conseguir la atmósfera necesaria para las exposiciones de arte del circuito internacional*"[8]. Para ello, basó su intervención en tres estrategias: adecuar el acceso al nuevo uso de museo en cuanto a la imagen de la fachada y a la espacialidad del vestíbulo de entrada, articular las diferentes zonas del programa y las comunicaciones entre ellas con la inserción de una nueva espina de comunicaciones y servicios de instalaciones y, finalmente, resolver las necesidades de las instalaciones de iluminación y climatización para el nuevo uso expositivo con una solución que puso en valor la crudeza y desnudez de las viejas fábricas del edificio[9].

[6] STIRLING, J. en DAL CO, F, op. cit n. 1, p. 167.

[7] BASSO PERESSUT, L. *James Stirling. Tate Gallery a Liverpool.* Domus, 702, 1989, 1-3.

[8] STIRLING, J., WILFORD, M. *Tate Gallery Liverpool.* A+U, 89, 09, 228, 108-130, p. 113.

[9] Después de las obras de 1984-88, quedó pendiente la adecuación de los pisos tercero a sexto del bloque de menor fondo y el último piso del bloque más ancho. En 1997-98, se adecuaron estos espacios para exposiciones, quedando en el olvido algunos usos programados inicialmente: sala de actos, restaurante y los estudios para artistas, todos ellos proyectados en la planta 4 (nivel 6).

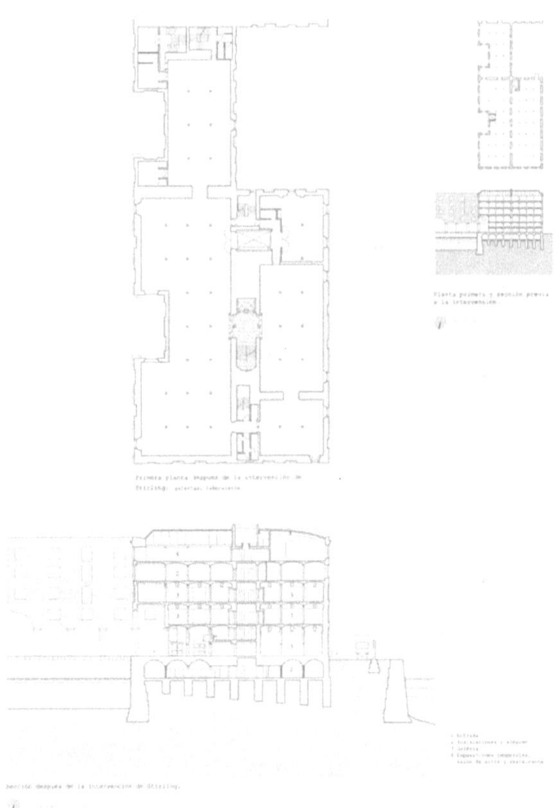

Jesse Hartley: Albert Dock, planta y sección;
James Stirling: Tate Gallery, planta y sección (autor).

Las tres estrategias de la intervención de Stirling (Figura 4)

El propio arquitecto enunció la necesidad de aportar visibilidad e identidad institucional. Al ser rechazada la primera propuesta de accesos, que se ubicaba en el patio exterior de llegada, Stirling organizó el acceso a la galería dentro del pórtico columnado. Vació ocho módulos estructurales de la entreplanta para crear un vestíbulo de doble altura sobre el que se asomaban un bar y una librería con sendos balcones curvos. Este espacio de doble altura incorporó la entrada que quedó centrada además con el vano mayor rematado en arco de la fachada, conservando las grúas que habían servido para la carga y descarga de mercancías. El cerramiento de la nueva fachada sobre el espacio porticado exterior se retrasó hacia el interior lo suficiente para liberar las columnas metálicas de la vieja estructura. Combina paños acristalados con otros ciegos, en función de los usos interiores, revistiéndola con paneles pintados en azul (*blue Funnel Line*) que, junto a algunas perforaciones circulares, evocan formas y colores del pasado naviero y sirven para *"dar visibilidad e identidad, incluso, desde el extremo opuesto de la dársena"*[10].

La transformación del uso de almacén a museo suponía pasar de un espacio diáfano a un espacio que debía compartimentarse con salas expositivas y espacios menores. La segunda estrategia fue disponer una espina central y paralela a sendas fachadas este y oeste que contenía todos los tránsitos y circulaciones de personas y de instalaciones y, a su vez, recogía la escalera preexistente en el edificio[11].

A través de este eficaz intercambiador de flujos, con mayor discreción que en los proyectos de su primera época, la articulación global del programa queda definida desde la sección[12]: las plantas baja, entreplanta, primera y segunda, se dedicaron a las exposiciones permanentes y espacios de apoyo; la última planta, denominada cuarta, a los estudios de artistas, sala de actos, restaurante y exposiciones temporales; la planta tercera, a las instalaciones y almacenes de obras; la planta de sótano, a instalaciones, casilleros, aseos y personal.

Esta espina central permite jerarquizar tránsitos diversos. Además de la escalera principal junto a los dos ascensores, que facilitan el acceso a las diferentes salas expositivas en todos los pisos, contiene los siguientes

[10] STIRLING, J., WILFORD, M. op. cit n. 9 p.113.

[11] Esta espina, que incorporó el muro interior preexistente de ladrillo, se desarrolla en toda la altura del edificio y contiene la escalera principal, dos ascensores, el montacargas, las escaleras de evacuación y de servicio interior, los conductos verticales de las instalaciones, algunos locales húmedos (los aseos se colocaron en el sótano junto a las taquillas). Vinculadas a esta espina central colocó las unidades de tratamiento de aire en la tercera planta de instalaciones (nivel 5), aprovechando la presencia de ventanas existentes. En la cubierta incluyó una torre de refrigeración, un cuarto de aljibe y el cuarto de máquinas del ascensor.

[12] MONEO, Rafael. *Inquietud teórica y estrategia proyectual en la obra de ocho arquitectos contemporáneos.* Barcelona: Actar, 2004, 9-10.

elementos de comunicación, con diferentes restricciones de uso y enumerados de sur a norte: la vieja escalera, con acceso directo desde la plaza de descarga, permite la conexión interna con el salón de actos de la última planta y algunos espacios de trabajo de las plantas intermedias; el montacargas tiene desembarco en todos los niveles; de modo diferenciado por plantas, se posibilita la conexión entre salas situadas a ambos lados de la espina central para dar mayor flexibilidad al recorrido expositivo, con pasos que rodean el núcleo principal de escaleras y ascensores; y finalmente una escalera de uso interno que conecta la administración y seminarios de la planta baja y entreplanta con el restaurante que estaba proyectado en la última planta. Sin embargo, todo este juego variado de circulaciones queda confinado con precisión en la espina central.

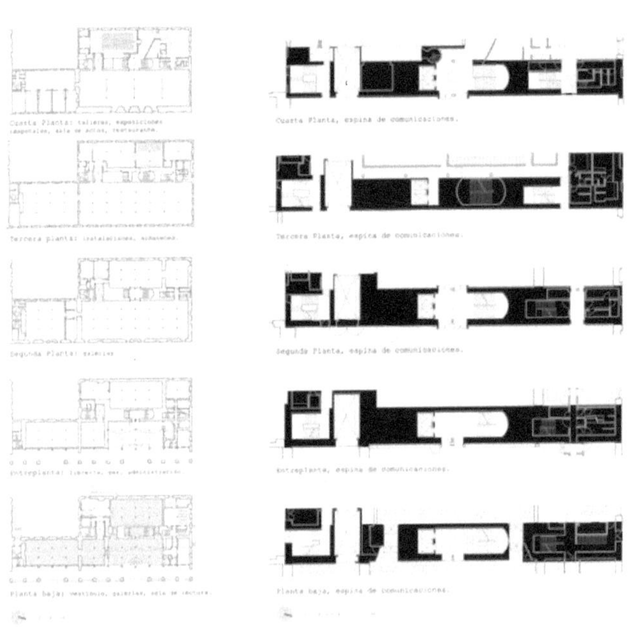

J. Stirling: Tate Gallery. Secuencia de platas: baja, entreplanta, segunda (igual primera), tercera, cuarta. Secuencia del detalle de la espina central, como intercambiador de tránsitos, y sus variaciones de conexiones en cada planta (autor).

La tercera estrategia aprovechó la experiencia que Stirling había alcanzado en la Clore Gallery (Figura 5), donde desarrolló numerosos dibujos para encontrar el acuerdo adecuado entre el problema de la iluminación y la instalación de climatización[13]. A diferencia del museo de Londres, en Liverpool resultaba imposible disponer de la iluminación natural cenital, pues las diferentes salas se superponían en altura. Evitó falsos techos de instalaciones que pudieran ocultar sus bóvedas de ladrillo, vigas y tirantes metálicos[14].

J. Stirling: Clore Gallery. Diseño de los lucernarios e instalación de aire. Tate Gallery unidades de luz y aire de las salas: interior y perspectiva.

La distribución horizontal de aire y electricidad se llevó por el trasdosado interior de los muros y de las nuevas superficies donde se colgarían las obras a exponer; en los despachos, aulas y salas de lectura se colocaron tras los muebles y panelados. El mayor reto fue introducir aire en las salas grandes. La experiencia de la Clore Gallery estimuló el di-

[13] JENKINS, David. *Clore Gallery Tate Gallery, Liverpool.* Londres: Phaidon, 1992.
[14] STIRLING, J., WILFORD, M. op. cit. n. 9 p. 113.

seño de una conducción lineal que contiene el aire y la iluminación y que queda suspendida del techo, sin tocarlo. Estas instalaciones discurren por el centro de cada bóveda de ladrillo y son alimentadas desde ambos extremos para reducir su tamaño. Están colgadas y separadas del techo para comprometer lo menos posible su percepción.

Estas tres estrategias de intervención en el interior del edificio reflejan actitudes que, aunque con una expresividad formal bien diferente, ya estaban presentes en la rechazada propuesta del croquis inicial: la primera incorporó la visibilidad institucional con el nuevo vestíbulo y su nueva fachada; la segunda orquestó un intercambiador de flujos en la espina central y, finalmente, la tercera abordó el problema de la introducción tecnológica en el viejo edificio. El propio Stirling, como veremos a continuación, justificó tal expresividad en relación con el contexto urbano y social y con el paisaje industrial de los muelles de Liverpool.

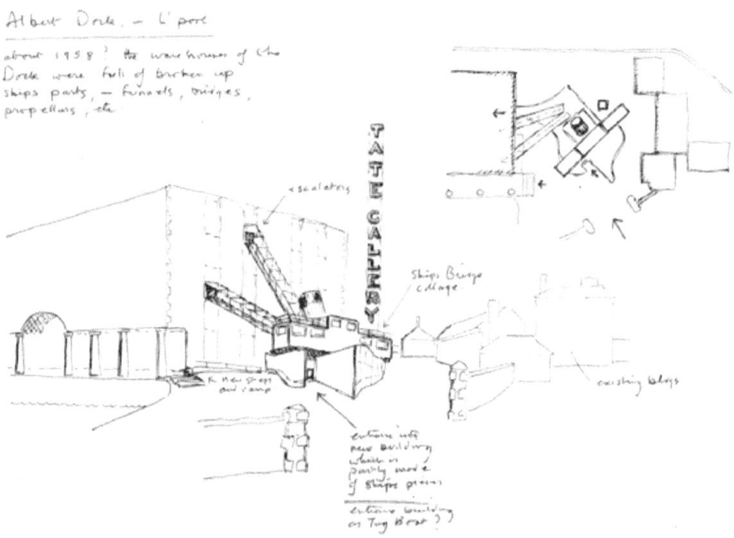

J. Stirling: Tate Gallery. Croquis inicial, 1982.

La irrealizada propuesta de los accesos exteriores. El croquis de 1982 (Figura 6)

La primera idea documentada que Stirling esbozó para su intervención en Albert Dock no se refiere al espacio interior, que hemos analizado anteriormente, sino a los accesos al edificio. Su propuesta formal contiene, entre otras intenciones, un claro reclamo identitario de la institución museística. La propuesta, que "*fue rechazada por los rígidos defensores de la conservación*"[15], contiene un collage alusivo a la ciudad de Liverpool y la historia de los Docks que el propio Stirling conocía de primera mano. Por eso, cuando algunos años después de que fuera aprobada la conservación de Albert Dock (17/11/1976) tuvo ocasión de proyectar su recuperación como museo para laTate Gallery, el reciente pasado de los Docks y de su implicación en la ciudad de Liverpool reapareció como estrategia formal.

Junto a los dibujos en planta y en perspectiva, aparecen textos y anotaciones que así lo reflejan[16]. En el ángulo superior izquierdo: *"Albert Dock – L´pool: About 1958? The warehouses of the Dock were full of broken up ships parts – funnels, bridges, propellers, etc."* (Albert Dock – Liverpool en torno a 1958? Los almacenes de los muelles estaban llenos de partes rotas de barcos – chimeneas, puentes, hélices, etc.); otros textos y anotaciones incluidos en el dibujo: "*Escalators, Ships bridge collage, new steps and ramp, existing blocs*" (Escaleras mecánicas, collage de puentes de barcos, nuevos escalones y rampa, bloques existentes); indicación de flechas para las diferentes entradas y conexiones con el viejo almacén en el esquema de planta del ángulo superior derecho; anotación "*75-82*", en el ángulo inferior derecho; texto en la parte inferior central con dos partes: una incorpora una flecha larga hacia la entrada principal y dice: "*entrance into / new building / where is / partly more of ships pieces*" (entrada en / nuevo edificio / donde hay / más partes de trozos de barcos); y la inferior incorpora una flecha larga que parece apuntar hacia la izquierda y referirse a la circulación por la galería porticada de la dársena: *"entrance conducting / as Tug Boat"* (entrada tirando / como un remolcador).

[15] STIRLING, J. Musei e Gallerie, op. cit, n. 1, p. 64.

[16] STIRLING, James, Croquis para la nuevaTate Gallery, 1982. Montreal, Canadian Centre for Architecture.Traducción del autor. El dibujo ha sido reproducido en: STIRLING, J., WILFORD, M. op. cit., p. 130; DAL CO, F., MUIRHEAD,T., op. cit., p. 167; JENKINS, David. op. cit, fig 39; IULIANO, M, SERRAZANETTI, F., op. cit, pp. 110-111.

J. Stirling: Tate Gallery. Maqueta realizada por el autor a partir del Croquis inicial de 1982. Interior del túnel de Queensway (autor). Cinta transportadora en los Docks.

El esquema de la planta que aparece en la esquina superior derecha refleja unas dimensiones proporcionadas entre el viejo almacén y los edificios auxiliares. Sin embargo, el patio ubicado entre ellos, donde se sitúa la nueva propuesta de accesos, resulta todavía excesivamente amplio. Stirling planteó tres conexiones entre el nuevo vestíbulo y la edificación del viejo almacén: una, en planta baja desde el volumen de trazados curvos, y otras dos mediante escaleras mecánicas que conectarían con: la cuarta o última planta, accediendo según el programa de usos del proyecto a la planta del restaurante y el salón de actos y exposiciones temporales; la otra escalera mecánica daría acceso a la segunda o última planta de las salas de exposiciones permanentes de la Galería, pudiendo descender para completar el recorrido; entre ambos desembarcos quedaría la planta tercera, destinada a instalaciones y galerías de almacén del museo.

Frente a la discreción formal y material con la que intervino en el interior, recurrió en este croquis a una simbología identitaria en varias direcciones, utilizando algunos de los mecanismos y temas queridos de Stirling: combinación de formas neutras y formas significativas, citaciones industriales e infraestructurales, el uso del collage como mecanismo compositivo, geometrías diagonales, referencias constructivistas, protagonismo plástico de las formas que representan las circulaciones, disposición casual de determinados elementos, justificación formal como expresión de usos y modos de vida[17].

La visibilidad de la institución habría quedado garantizada con la significación de su nombre, "*Tate Gallery*", construido con similar tecnología que sendos conductos que albergarían las escaleras mecánicas de ascensión al museo. La altura del letrero no habría sido menor que el de algunas chimeneas de ladrillo del área industrial de los Docks. Y el espectáculo diurno y nocturno de los visitantes ascendiendo y descendiendo por las escaleras mecánicas habría configurado una imagen memorable del museo, una visión optimista y evocadora de aquellas pasarelas que sirvieron durante siglos para subir o bajar de los barcos y de aquellas cintas transportadoras por las que transitaron tantas mercancías entre los barcos y los viejos almacenes (Figura 7).

Los Docks y la historia de Liverpool (Figura 8)

En un momento de transición entre el declive industrial de lo que siempre fue seña de identidad de toda una ciudad y el estímulo político y social por su conservación, Stirling interpreta el proyecto museístico como un *"remolcador tirando de los viejos docks"*, apostando por renacer entre tantos *"restos rotos de los viejos barcos"*. A ello alude la composición en clave constructivista del letrero- chimenea y sendas escaleras mecánicas que articulan, junto a la imagen de los restos navieros y el viejo almacén, la tafuriana *"arqueología del presente":*[18], no ya sólo por la habitual dialéctica que Stirling había establecido desde obras anteriores y en relación a las formas de la arquitectura moderna, sino que, en este particular caso, la coherencia interna que afloraba en el irrealizado croquis para la Tate de Liverpool indagaba en la arqueología vital de la propia ciudad, los Docks y el sistema de comunicaciones de Liverpool.

[17] STIRLING, J. Due conferenze, en IZZO, A., GUBITOSI, C. *James Stirling,* Roma : Officina Edizioni, 1976, 25-27.

[18] *"Stirling ha 'reescrito' las 'palabras' de la arquitectura moderna, construyendo una verdadera 'arqueología del presente'"*. TAFURI, M. *Da L'Architecture dans le boudoir,* Oppositions, 3, 1974.

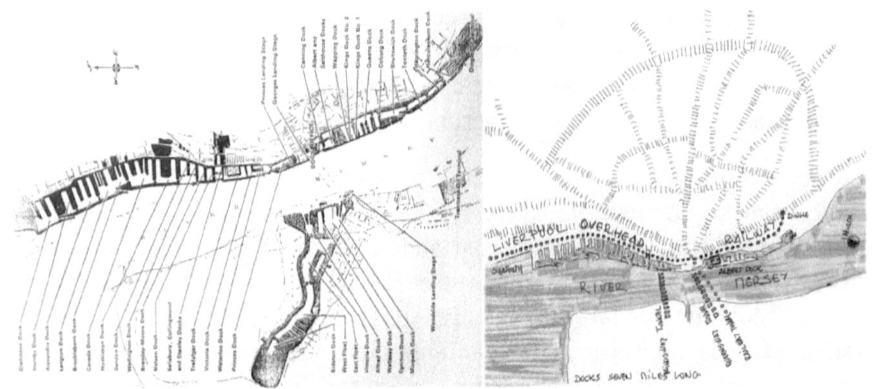

Los Docks a ambos lados del río. Ian Collard: Mersey Ports. Liverpool and Birkenheard.
El sistema de comunicaciones de Liverpool (esquema del autor).

La historia de los Docks de Liverpool marca la historia moderna de la ciudad y su desarrollo durante los dos últimos siglos[19]. A diferencia de otras ciudades, Liverpool no heredó nada de su pasado medieval y es esencialmente una creación a partir del siglo XIX[20]. Una ensenada natural del río Mersey sirvió para recoger pequeños barcos que comerciaban con Irlanda desde antes de 1660. Posteriormente necesitó acoger barcos de mayores dimensiones que comerciaban todo tipo de productos con América del Norte (tabaco), las colonias indias del Oeste (azúcar), incluido el comercio de esclavos procedentes de África Occidental, del que en 1807 Liverpool era el puerto dominante.

Durante el siglo XIX, Liverpool continuó la expansión de su comercio marítimo ampliando sus relaciones con Sudamérica, India, Oriente y Australia e incrementó el comercio con USA y Canadá, lo que repercutió en nuevas construcciones de docks y remodelación de los viejos. Su importancia continuó hasta la Segunda Guerra Mundial, siendo objetivo de importantes bombardeos, y entró en declive a finales de los 50.

[19] STAMMERS, M. *Liverpool Docks,* Gloucestershire :The History Press:, 2010, pp. 7-8.
[20] SHARPLES, J. op. cit., n 3, p. 3.

Significación simbólica de las formas de la circulación

La construcción de la imagen del proyecto a partir de la estrategia formal que organiza y diversifica las circulaciones es frecuente en la obra de Stirling. Su forma representaba la respuesta a la comprensión del problema en cada lugar más allá de los estrictos requerimientos funcionales. Le Corbusier ya extrajo esta lectura en el proyecto del Hospital de Venecia, en relación con el contexto veneciano que utilizó como metáfora y analogía[21].

El propio Stirling agrupó sus obras según distintos enfoques del problema de la circulación: *la repetición de una serie de elementos de circulación, como rampas, torres, galerías, escaleras, a veces colocados como objetos simbólicos para indicar entradas y salidas, movimientos internos y externos (Sheffield – Leicester – Facultad de Historia de Cambridge – Queen´s College – Runcorn); la circulación vista como armadura o esqueleto organizativo sobre la que se conectan los ambientes: circulación a "planta abierta" y estancias cerradas. Áreas de circulación para los contactos sociales, donde las gentes se encuentren ocasionalmente, en contraposición a los ambientes usados para determinada actividad (Sheffield - Leicester – Facultad de Hisotria de Cambridge – Andrew Melville Hall, St. Andrews - Centro de formación Olivetti, Milton Keynes); importancia primaria de las formas que representan la circulación, es decir torres verticales para las escaleras, atrios y galerías en los que pasear y resguardarse (Sheffield – Leicester – Facultad de Historia, Cambridge – Runcorn)*[22].

[21] ALONSO GARCÍA, E. El espacio público en Le Corbusier, en TORRES CUECO, J., *Le Corbusier 50 años después*, Valencia : UPV, 2015, p. 92.
[22] STIRLING, J. Due conferenze, op. cit. n. 17, pp. 25-26.

J. Stirling: Museo de Colonia, maqueta con las escaleras mecánicas; Neue Staatsgalerie, Stuttgart, sistema de rampas.

El inicio del proyecto de la Tate en Liverpool coincidió con el final de la construcción de la Neue Staatsgalerie de Stuttgart (1977-84), donde las circulaciones públicas y exteriores que posibilitan que la gente pase de una calle a otra a través del edificio sin necesidad de acceder a su interior encuentran su momento álgido en la rotonda o patio de esculturas (Figura 9). El descubrimiento de esta rotonda resulta un *acontecimiento* insospechado dentro del *recorrido laberíntico y pintoresco*[23]. Stirling renueva en su rotonda el discurso dialéctico que su propio maestro en la Escuela de Liverpool, Colin Rowe, desveló entre la rotonda centrada del Altes Museum de Schinkel y la rotonda descentrada de Chandigarh de Le Corbusier[24], aña-

[23] COLQHOUN, A., op. cit., p. 125.
[24] ROWE, C, *Manierismo y arquitectura moderna y otros ensayos*, Barcelona: GG, 1978, pp. 9-33.

diendo su diferente visión frente a un contexto urbano distinto; a diferencia de Chandigarh, Stirling canaliza y dirige las circulaciones y a diferencia de la preservación formal de la rotonda del Altes Museum, en Stuttgart la rotonda a cielo abierto es violentada por la rampa que introduce en ella las circulaciones para subrayar su condición de foco de atención[25].

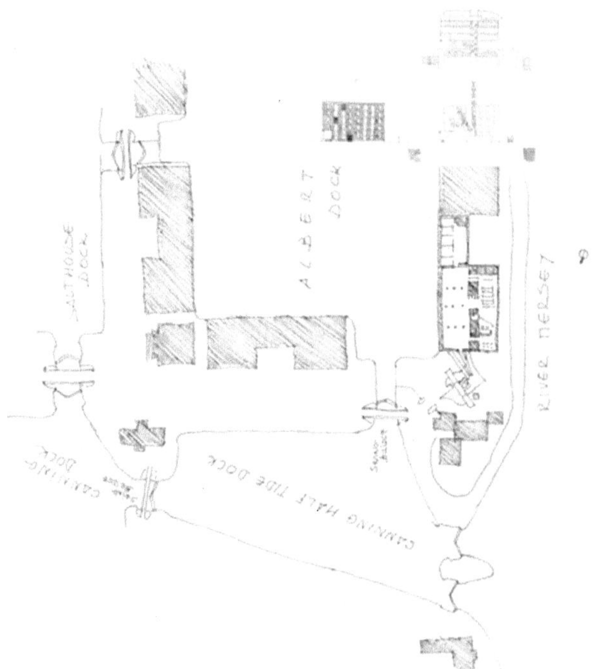

J. Stirling: Tate Gallery: Situación en la planta del entorno de Albert Dock, incluyendo pasarelas móviles y exclusas, con la propuesta de los nuevos accesos, planta, alzados, sección (Dibujo del autor). Correspondencia entre el alzado norte del edificio, con la ubicación de sus tres accesos –plantas baja, segunda (nivel 4) y cuarta (nivel 6)–, y la organización espacial del proyecto definitivo –planta y sección–. La espina interior es una analogía sintética de la multitud de esclusas y conexiones con puentes y pasarelas levadizos que estaban y están presentes en su entorno urbano más inmediato, el de las dársenas de Canning Half Tide Dock, Albert Dock, Salthouse Dock o Canning, por citar sólo las más próximas al museo y que regulan el paso de los barcos y el flujo de las mareas desde el Río Mersey.

[25] CORTÉS VÁZQUES DE PARGA, J.A., La caja de Pandora, en *Escritos sobre Arquitectura Contemporánea,* COAM: Madrid, 1991, p. 143.

Algo de todo esto está presente en las formas individualizadas de las escaleras mecánicas que conectan en diagonal el vestíbulo principal con las plantas segunda y cuarta: el descubrimiento de la ciudad desde esas escaleras; el acontecimiento que operaría en las dos direcciones: como visión inusitada de Liverpool y del Mersey y como espectáculo visto desde fuera del flujo de los visitantes del museo; la explotación de las diferencias entre los acontecimientos al acceder al museo o al restaurante y al salón de actos.

En el guion del concurso de Stuttgart estaba la necesidad de resolver ese particular tránsito. La explicación de Stirling es clarificadora del sentido urbanístico que asume el proyecto: *"Conducir al público a moverse diagonalmente a través de la zona, en significativo contacto con el nuevo edificio; no dividir la zona con la nueva calle peatonal solicitada y no obligar a la gente a pasar por detrás de un edificio"*[26]. Algunas de estas cuestiones que combinan "*promenade y movimiento en un proceso de hibridación*"[27], tan pertinentes en la irrealizada propuesta de Liverpool, aparecieron ya en los otros dos proyectos que completan los concursos en Alemania de los setenta, Dusseldorf y Colonia. En Colonia (Figura 9), dos escaleras mecánicas conectan el nivel cinco del vestíbulo con el diez de la sala de anfiteatro. Ésta corona un volumen cúbico, cuyas plantas inferiores son vaciadas para colocar el espacio público de una plaza cubierta. Este mecanismo de conexión mecánica fue la respuesta a la necesidad de componer con volúmenes aislados y autónomos para resolver la simetría formal entre esta caja y la que dispone al otro lado de la carretera y que juntas enmarcan la visión de la catedral. En la Tate operó de modo similar: las dos escaleras mecánicas salvaban la autonomía volumétrica del original almacén de Albert Dock a pesar de incorporar nuevos accesos con poderosa voluntad significante. Habría cambiado todo sin tocar nada.

[26] STIRLING, J. Neue Staatsgalerie e Kammertheater, Stuttgart, en DAL CO, op. cit., n. 1, p. 109.
[27] MONEO , R. op. cit. , p. 42.

Túneles y trenes elevados. El sistema de circulación de Liverpool (Figura 11-12)

"Las profundas aguas del río Mersey han sido la base del crecimiento a ambos lados, Liverpool y Wallasey"[28]. Con estas palabras, pronunciadas durante la inauguración del túnel Kingsway (24/06/1971), la reina Elizabeth subrayaba la importancia de la relación entre Liverpool y su río. Durante años, el único modo de cruzar el río entre Wirral y Liverpool fue viajar con el ferry, método que ya estaba congestionado a principios de 1900. Actualmente hay 4 modos de atravesar el río: por ferry, por el túnel del ferrocarril, abierto en 1886 como el primer tren bajo el agua y dos túneles bajo el río Mersey para el tráfico de coches, el Queensway en Birkenhead (1934) y el Kingsway en Wallasey (1971). Todos ellos han privilegiado el río Mersey para el tráfico de barcos.

Sección del Queens Tunnel (Jim Moore) y chimeneas de ventilación: modelo del Kings Tunnel y del Queens Tunnel, (fotografías del autor).

[28] JACKSON-LEE, P. *The Mersey Road Tunnels*, Amberley: Gloucestershire, 2017, p. 72.

En sendos casos de túneles, las comisiones pertinentes se plantearon la conveniencia de construir un puente o construir un túnel y en ambos casos la opción del túnel resultó más sostenible económicamente[29]. En una ciudad que tuvo dos ocasiones en el siglo XX para pensar en hacer un puente o un túnel para cruzar el río Mersey –ya lo había hecho anteriormente en el siglo XIX para el ferrocarril– se decidió en ambas por el túnel enterrado. Este es el modo en que se llega a Liverpool por tren, con accesos enterrados a sus dos principales estaciones, Lime Street Station y Central Station, y de ese modo discurre el tren por toda la ciudad.

Sin embargo, todo lo relacionado con el río, el tráfico de barcos sobre el Mersey o sobre el Canal de Leeds que parte del Stanley Dock, van obviamente a cielo abierto. Y también lo estaban los embarques de personas y mercancías a los barcos a través de cintas y pasarelas. Y el tren que conectaba todos los docks, que no sólo no estaba enterrado sino que, para no interrumpir la circulación de camiones, estaba elevado, cuyas imágenes permanecen en la memoria visual de la ciudad. Son estas últimas imágenes las que habrían estimulado el diseño de Stirling, con una curiosa ironía numerológica: diseña dos escaleras mecánicas independientes, porque individualiza de este modo los accesos a exposiciones fijas (conexión con el segundo piso) o exposiciones temporales y sala de actos (conexión con el cuarto piso), que coincide en número con los dos túneles de tráfico de coches[30] (Figura 8, 10, 12).

[29] El diseño de Queensway empezó en 1923, las obras arrancaron en 1925 y fue inaugurado en 1934 por el rey Georges V, incluidas las seis estaciones de ventilación. Su sección circular mide 13 metros de diámetro y cuenta con dos ramales de accesos a cada lado del río. El incremento del tráfico reabrió el debate de nuevo en 1959 sobre la necesidad de un nuevo túnel, que fue finalmente inaugurado el 24 de junio de 1971 por la reina Elizabeth. Su sección circular es de 9,63 metros de diámetro.

[30] En la Staatsgalerie, en el diseño de las marquesinas de entradas a las tres zonas, museo, teatro y biblioteca," *realiza un deliberado guiño numerológico ... en la biblioteca la marquesina tiene un solo tejadillo, en el teatro dos y en el museo tres".* ÁLVAREZ ÁLVAREZ, Darío. James Stirling y la contradicción como método. En Anales de Arquitectura, Valladolid, Dpto. de Teoría de la Arquitectura y Proyectos Arquitectónicos, nº 5, 1993-94, p. 237.

J. Stirling: Tate Gallery. Maqueta realizada por el autor a partir del Croquis inicial de 1982. Tren elevado que conectaba todos los Docks.

Conclusiones

El análisis realizado a partir del croquis de 1982 demuestra la dimensión temporal y territorial que alimentaron el proyecto; el texto y los dibujos en él contenidos así lo subrayan. Representa un estado avanzado en la maduración del proyecto cuyo desdoblamiento de los accesos a cada parte del programa funcional a través de las escaleras mecánicas exteriores habría encajado con la organización funcional finalmente proyectada, incluida la espina-intercambiador interior (Figura 10).

Stirling, manejando la escala urbana y evocando la memoria de la ciudad, propuso inicialmente un sistema de accesos exteriores, aéreos, individualizados, apoyados sobre pecios, con una imagen infraestructural elocuente y alusiva de la industria naviera de la ciudad. Después del rechazo conservador, todo el flujo de circulaciones se resolvió de forma más callada y abstracta en la espina interior (Figura 4). Sendas opciones, tan contrastantes y no necesariamente excluyentes, constituyen un epítome del debate que la ciudad de Liverpool se había planteado respecto de sus tránsitos urbanos: optó por enterrar en túneles las circulaciones de trenes y coches y visibilizó todo cuanto estaba relacionado con los barcos: cintas transportadoras, pasarelas, tren elevado para dejar libre el paso a camiones y carruajes de carga (Figuras 7, 8, 11); temas que configuraron una imagen memorable de la ciudad durante los últimos siglos (Figura 12). El croquis de 1982 recoge esta memoria de la ciudad que Stirling utilizó como arqueología vital esperanzadora en uno de los momentos de mayor crisis de Liverpool y del paisaje arquitectónico que sirvió de soporte al proyecto.

El citado dibujo documenta dos estrategias formales en aparente contraposición: por un lado, el respeto al entorno consolidado, reflejado en el dibujo preciso de las preexistencias heredadas y, por otro, la imagen transgresora de los nuevos accesos mecánicos que insertó entre ellas pero tocando mínimamente Albert Dock; tres huecos ya existentes eran los tres únicos puntos de contacto físico con el viejo almacén. A diferencia de la renovación urbana seguida décadas después con la eliminación y vaciado de algunas preexistencias (Figura 2), Stirling no derribaba nada y su inclusión transgresora y diferenciada intensificaba el paisaje urbano.

Planteó acceder de forma inusitada a través de ellos al nuevo museo en lugar de hacerlo por la calle porticada porque su destino funcional era otro. En realidad, transformar un almacén portuario en un museo es asumir la obsolescencia de una arquitectura cuya función principal ha sido desplazada por el paso del tiempo. El citado croquis recoge esta actitud resiliente y la apuesta de futuro que lanzó Stirling en este escenario en crisis; era su compromiso para alcanzar *"las altas prestaciones arquitectónicas"* en cada obra[31]. La evidente transgresión formal, que los defensores de la pura conservación no aceptaron, incorporaba las dos dimensiones de reflexión en su intervención, la temporal y la territorial. Stirling insertó en el escenario identificable de los viejos Docks de Liverpool una propuesta formal cuyo desafío habría de servir de soporte a nuevos acontecimientos; no nos referimos sólo al esperado espectáculo

[31] STIRLING, James. Discurso de aceptación. En ALCOLEA, Rubén A. et altri (ed.), *Premios Pritzker. Discursos de aceptación, 1979-2015*. Barcelona: Fundación Arquia, 2015, p. 50.

de las visitas museísticas, sino al hecho de contemplar simultáneamente la ciudad y el río Mersey desde las escaleras mecánicas, rompiendo la barrera visual que el pespunteado laberíntico de las siete millas de Docks –oportuna analogía fractal del intercambiador de flujos de la espina interior del museo (Figuras 4, 8)– había configurado a lo largo de los siglos. La intensidad formal y espacial permitía permear paradójicamente esa barrera entre el Mersey y la ciudad y, a su vez, daba visibilidad a la memoria del espacio-soporte de los Docks.

La estrategia proyectual del croquis subraya la diferencia temporal de las formas: máximo respeto y conservación del entorno consolidado, máxima transgresión en la arquitectura de los nuevos accesos y coexistencia y simultaneidad de formas contrastantes que son el reflejo de tiempos distintos y soporte de nuevos acontecimientos. La simultaneidad es una estrategia que actúa sobre el tiempo, activa el pasado heredado y lo introduce en un nuevo diálogo con el presente.

A la referencia territorial que subyace en la estrategia formal de los nuevos e irrealizados accesos, que implica la memoria urbana, los Docks y el sistema de circulaciones de Liverpool, hemos dedicado los últimos apartados.

Bibliografía

ALONSO GARCÍA, E. El espacio público en Le Corbusier, en TORRES CUECO, J., *Le Corbusier 50 años después*, Valencia: UPV, 2015, 74-98, ISBN 978 84 9048 373 2. DOI http://dx.doi.org/10.4995/LC2015.2015.1012

ÁLVAREZ ÁLVAREZ, Darío. James Stirling y la contradicción como método. En Anales de Arquitectura, Valladolid, Dpto de Teoría de la Arquitectura y Proyectos Arquitectónicos, nº 5, 1993-94, ISSN 0214 4727.

BASSO PERESSUT, L. *James Stirling. Tate Gallery a Liverpool.* Domus, 702, 1989, ISSN 0012 5377.

COLLARD, Ian. *Mersey Ports. Liverpool and Birkenheard,* The History Press, 2001, ISBN 978 0 7524 2111 0.

COLQUHOUN, A. Un monumento per la cittá, en DAL CO, F., MUIRHEAD, T., *I Musei de James Stirling, Michel Wilford and Associates*, Milán: Electa, 1990

CORTÉS VÁZQUES DE PARGA, J.A., La caja de Pandora, en *Escritos sobre Arquitectura Contemporánea,* COAM: Madrid, 1991, ISBN 8477400393

DAL CO, F., MUIRHEAD, T., *I Musei de James Stirling, Michel Wilford and Associates*, Milán: Electa, 1990

HENEGHAN, Tom. *"James Stirling: Speculations".* Conference, University of Sydney, video, [consulta 15.01.2018], https://www.youtube.com/watch?v=T29oKmasTLQ

IULIANO, M, SERRAZANETTI, F., *James Stirling. Inspiration and Process in Architecture.* Liverpool: Moleskine SpA, 2015, ISBN 978 88 6732 478 1.

JACKSON-LEE, P. *The Mersey Road Tunnels*, Amberley: Gloucestershire, 2017, ISBN 978 1 4456 6834 5.

JENKINS, David. *Clore Gallery Tate Gallery, Liverpool.* Londres: Phaidon, 1992.

MONEO, Rafael. *Inquietud teórica y estrategia proyectual en la obra de ocho arquitectos contemporáneos.* Barcelona: Actar, 2004, ISBN 84 95951 68 1.

MOORE, Jim. *Underground Liverpool.* Liverpool: The Bluecoat Press. 1998, ISBN 1 872568 43 2.

POLLARD, R. The Docks, en SHARPLES, Joseph, *Liverpool*, New Haven-London: Yale University Press, 2004, ISBN 978 0 300 10258 1.

ROWE, C, *Manierismo y arquitectura moderna y otros ensayos*, Barcelona: GG, 1978, ISBN 8425207231.

ROWE, Colin. James Stirling: glosa poco ordenada y muy personal, en STIRLING, J., *Obras y Proyectos. James Stirling, Michael Wilford y asociados,* Barcelona: GG, 1985

STAMMERS, M. *Liverpool Docks,* Gloucestershire: The History Press, 2010, ISBN 978 0 7524 1712 7.

STIRLING, J. Due conferenze, en IZZO, A., GUBITOSI, C. *James Stirling,* Roma : Officina Edizioni, 1976, 25-27.

STIRLING, J. Neue Staatsgalerie e Kammertheater, Stuttgart, en DAL CO, F., MUIRHEAD, T., *I Musei de James Stirling, Michel Wilford and Associates*, Milán: Electa, 1990

STIRLING, J., WILFORD, M. *Tate Gallery Liverpool.* A+U, 89, 09, 228, 108-130, ISSN 0258-591X.

STIRLING, James. Discurso de aceptación. En ALCOLEA, Rubén A. et altri (ed.), *Premios Pritzker. Discursos de aceptación, 1979-2015.* Barcelona: Fundación Arquia, 2015, ISBN 978 84 940343 9 8.

TAFURI, M. *Da L'Architecture dans le boudoir,* Oppositions, 3, 1974.

TIEMPO Y PROYECTO
2020

Hemos querido centrarnos en este segundo término de la tríada de Giedion, *Espacio, Tiempo y Arquitectura* (1941) –importante texto donde el autor construía el anclaje de la arquitectura moderna en la historia, buscaba un hilo conductor desde el pasado y articulaba una perspectiva histórica frente a la percepción de ruptura imperante– a propósito de las reflexiones surgidas en el curso 2014-15 sobre Almeida (Portugal) y la necesidad de dar respuesta al problema de proyectar con el tiempo en territorios consolidados, enunciado que, en sí mismo, es doblemente tautológico; el acto de proyectar contiene por definición una dimensión temporal, proyectar es pensar y diseñar el futuro pero, a su vez, implica conocer el punto de partida y su pasado. Y cuando hablamos de territorios consolidados estamos subrayando el especial valor cultural de un territorio concreto pero no existen territorios que no tengan un mínimo de referencias y, por lo tanto, una potencialidad para el proyecto como resultado de su tiempo y de su pasado.

Expusimos entonces en clase algunas reflexiones que brevemente traemos aquí, a partir de propuestas y casos de estudio en los que se reconoce su condición dialéctica con el contexto. Son propuestas que plantean el proyecto como parte de un proceso evolutivo que establece un diálogo creativo entre las condiciones del habitar contemporáneo y las estructuras locales en las que se inserta. Incidimos, por ello, en la condición procesual y contingente que alude a la idea del tiempo como acción transformadora. Cuestión ésta determinante y no siempre bien entendida en su potencial elasticidad: *"El tiempo no cuenta. Siempre me sorprende que mis contemporáneos, que creen haber conquistado y transformado el espacio, ignoren que la distancia de los siglos puede reducirse a nuestro antojo".* (Yourcenar, 1982 (*1951*), 248). Tiempo, cultura y técnica entran en armoniosa colisión en la imagen **[1]** como resultado de la inteligencia transformadora que ha resuelto una necesidad básica, perentoria y acuciante, reciclando los desechos de la tecnología con la destreza manual tan útil como inmediata.

El tiempo deja huellas que predisponen al recuerdo y entre los efectos del tiempo está la capacidad de concentrar en un fragmento, en un *"roto"*, la fuerza evocadora de la totalidad y su potencialidad de crear una obra nueva: *"Todo hombre está ahí ... su intención se afirma hasta el final en la ruina de las cosas"* (Yourcenar, 1989, 10). La modernidad, que ha desarrollado una predilección por el arte abstracto, ha explorado la intensidad expresiva y evocadora del fragmento –pensemos en algunos ejemplos paradigmáticos de Brancusi **[2]**– y en la transformación poética que los restos del pasado adquieren: *"La Victoria de Samotracia es ahora menos mujer y más viento de mar y cielo"* (Yourcenar, 1989, 10), aportando lecturas y mirandas renovadas.

Aldo van Eyck proyectó el Ayuntamiento de Deventer (Holanda, 1966) **[3]**. En sus dibujos preparatorios y en su propuesta final emerge la fricción entre el diseño de un espacio fluido y extenso en la planta baja, que recoge los accesos y los usos administrativos de cara al público y que resuelve como suma de unidades estructurales y espaciales menores, frente a la estrategia formal de los volúmenes superiores que aluden claramente en su forma y dimensión a la volumetría del tejido urbano que deriva de la parcelación medieval. La estrategia de proyectar con el tiempo identifica la necesidad de ordenar las acciones presentes en la perspectiva temporal del pasado y del futuro, asumiendo las contradicciones de todo tipo, formales, funcionales, etc, que este diálogo pueda contener: *"En la medida en que el pasado se reúne en el presente y en que el conjunto de experiencias allí reunido halla cabida en el espíritu, el presente adquiere su profundidad temporal perdiendo la acidez y el filo de navaja de su inmediatez. Es entonces cuando se podrá decir que el tiempo se interioriza o se vuelve transparente.*

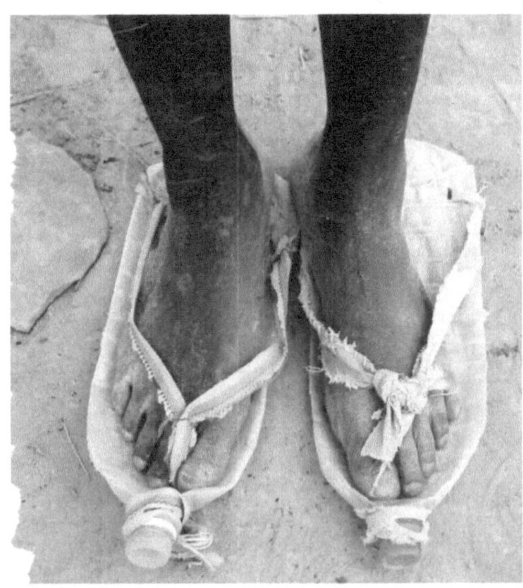

Olivier Jobard. 2006. Reciclando la tecnología. Utilidad y necesidad.

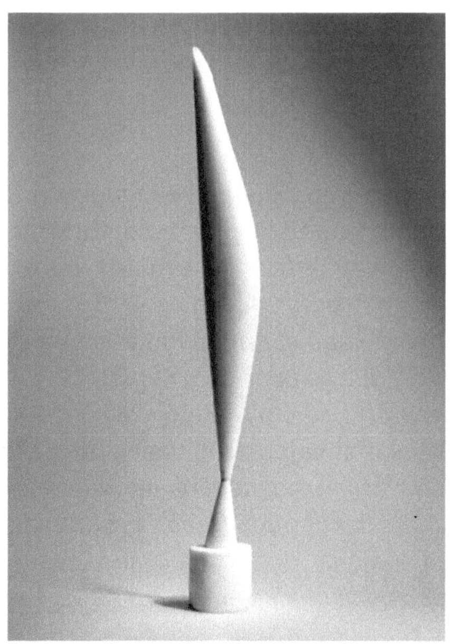

Constantin Brancusi. Pájaro en el espacio. 1923. Mármol

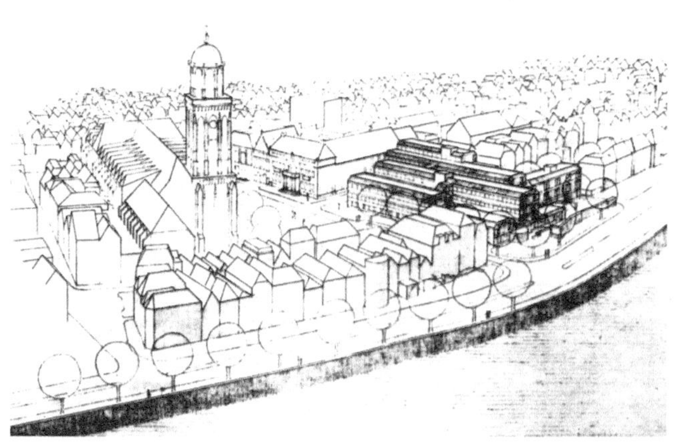

Aldo van Eyck. Ayuntamiento de Deventer. 1969

Me parece que el pasado, presente y futuro deben actuar en el espíritu y formar un continuum. Sin esta continuidad, los artefactos que producimos no podrán ensamblarse (hallar una perspectiva)". (Van Eyck, 1994 (*1969*), 349).

Profundidad, perspectiva y continuidad son algunos temas claves de la capacidad configuradora que tiene el tiempo. Kubbler, que tenía un sentido serial de la creación artística, advierte los dos extremos o excesos en los que el tiempo constructor puede caer: *"Las antípodas de la experiencia humana del tiempo son la repetición exacta, que es onerosa, y la variación desenfrenada, que es caótica"* (Kubler, 1975 (*1962*), 80). Zumthor vincula la idea de profundidad del tiempo y la dificultad que podemos tener para entender los mensajes de ls cosas del pasado a pesar de su indudable elocuencia: *"Mi museo debería permitir la experiencia la experiencia de la profundidad del tiempo. Debería estimular un sentimiento de historia de existencia humana. Hermosas y misteriosas cosas hechas pr el hombre que nosotros puede que no entendamos ya. Pero ellas nos hablan"* (Zumthor, 2017, 16:01).

Zubiri reconoce que la realidad posee una estructura dinámica y al describir el tiempo identifica tres propiedades o estructuras: la continuidad, la ordenación y la fluencia (Zubiri, 1989, 282 y ss.). Todo proyecto ordena en un determinado sentido, el sentido del proyecto, una serie de estrategias y acciones para dotar de continuidad temporal al proyecto en el que antes, ahora y después quedan perfectamente ensamblados y en continuidad. En la Iglesia de Marco de Canavezes, de Alvaro Siza **[4]**, la definición del basamento que recoge el edificio y la plaza, sus precisas relaciones geométricas y posicionales con relación a la ermita y el colegio, constituye una primera fase de la ordenación para establecer la continuidad con el lugar y sus elementos referentes y preexistentes; la segunda fase es la estrategia formal de la propia iglesia para establecer la continuidad evocadora de los temas programáticos del pasado: la puerta de acceso flanqueada por dos torres, el transparente, el clerestorio, la gran ventana horizontal, la cruz desmochada, etc (Alonso, 1997).

Alvaro Siza. Marco de Canavezes. 1990. Apuntes interiores

Este continuo ordenado se hace desde el proyecto: *"el tiempo es el tiempo del proyecto"* (Zubiri, 1989, 291). El hombre proyecta su vida y decide con ello sobre el espacio y sobre el tiempo. El proyecto del Kursal en San Sebastián, de Rafael Moneo **[5]**, se diferenciaba de las otras propuestas del concurso fundamentalmente en esta cuestión temporal. Cada una de las otras diferentes propuestas planteaban estrategias formales diferentes en su modo de organizar el espacio y articular su relación con el contexto urbano. El desmarque que operó Moneo fue mostrarnos que la construcción de la ciudad, en su acercamiento al mar, ya había concluido en la acera de enfrente al Solar K y lo había hecho hacía años. La posibilidad que abría el concurso era configurar el borde del mar y, así, la imagen de dos grandes rocas varadas expresa la lógica de su informalidad urbana y justificaba la expresión paisajista de su volumetría y materialidad. No percibimos los nuevos auditorios como otras figuras urbanas, como edificios al uso, sino como geometrías del mar y su costa. En *El Beso* de Gustav Klimt (1907-08) el título de la pintura hace honor a su nombre, pues es esta acción de besar la imagen que se define con nitidez mientras las dos figuras de sendos personajes terminan por desdibujarse en el paisaje que configuran los vestidos, las telas y el fondo **[6]**.

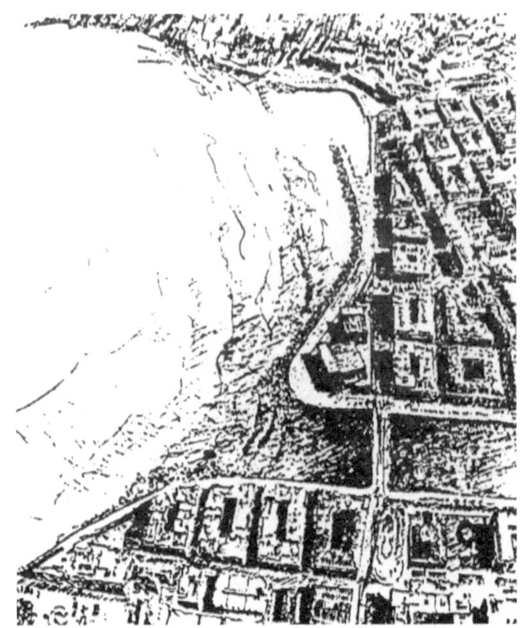

Rafael Moneo. Kursaal, San Sebastián, 1990-99

Gustav Klimt_El Beso, 1907-1908

Espacio y tiempo intercambian y entremezclan sus alusiones; a ello asistimos con toda naturalidad en las autopistas donde *"se multiplican las referencias a las curiosidades locales que deberían retenernos aun cuando estamos de paso, como si la alusión al tiempo y a los lugares antiguos no fuese hoy sino una manera de mentar el espacio presente"* (Augé, 2000 (*1992*), 79). Son, en muchos casos, discontinuidades en el espacio, trozos de la historia, que permiten reconstruir la continuidad temporal de una ciudad (Ibídem, 79). Las ruinas son un caso de especial intensidad de cuantos venimos comentando y *"cuya contemplación no es hacer un viaje en la historia, sino vivir la experiencia del tiempo, del tiempo puro"* (Augé, 2003, 45). Si en Villa Adriano asistimos a uno de esos casos excepcionales donde podemos contemplar los restos de un único momento de la historia **[7]**, en Roma asistimos a lo contrario, a la superposición de fases sucesivas, a una serie de destrucciones y reconstrucciones, a las que se suman las excavaciones arqueológicas. El modo en que se ordena el resultado de este diálogo define el tiempo del proyecto y su específica perspectiva.

Gunnar Asplund en el vestíbulo de la Piazza d'Oro de Villa Adriano, Tívoli, 1914

El proyecto del Museo Romano de Mérida (1980) de Rafael Moneo **[8]** apuesta por esta profundidad temporal y ordena el equilibrio de sus diversas referencias. El edificio se alza sobre el terreno y deja a la vista desde la calle las ruinas romanas del yacimiento arqueológico que queda situado en su sótano. El material de ladrillo y algunos espacios, como el aula central, transfieren la atmósfera romana; sin embargo, las dimensiones y geometría de las naves, así como su orientación, diferente de la geometría de los trazados de las ruinas romanas, recogen la parcelación medieval del tejido emeritense. Finalmente, el carácter del edificio se desdobla entre la conservación y guarda del pasado histórico que alberga y la condición cívica y social del turismo cultural contemporáneo. A esta circunstancia responde la impostura de la fachada de acceso que, como un retablo adosado y conmemorativo asume la acogida del *público*; apenas unos metros más allá, y en claro contraste, las naves, con sus muros emergentes, presentan su condición más fabril con total naturalidad. Son las estrategias arquitectónicas que utilizan el tiempo como herramienta de proyecto.

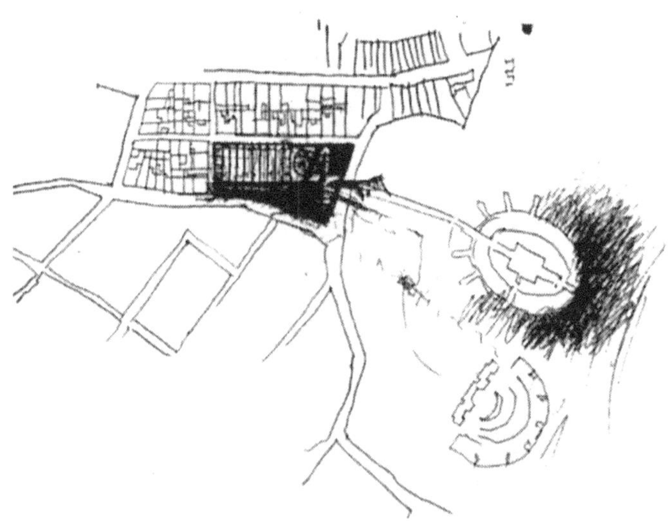

Rafael Moneo. Museo Romano de Mérida, 1980-86.
Estudios previos

Frankfurt, como tantas ciudades alemanas y europeas, quedó literalmente arrasada en buena parte de su territorio después de la Segunda Guerra Mundial. Es el caso del área que se extiende entre la plaza Römerberg y la catedral para la cual los arquitectos Candilis, Josics y Woods presentaron una propuesta de mat-building en 1963 que recoge la idea de una malla que puede extenderse, sistematizarse, crecer, diferenciarse topológicamente y contener programas diversos cuyo sistema de circulaciones emula de modo abstracto e idealizado la desaparecida urdimbre medieval [9]. La propuesta se enmarca en el desafío de un sistema de crecimiento desde dentro como alternativa a las intervenciones en un tejido con un pasado consolidado; algo del *'filo de navaja'*, del que hablaba Aldo van Eyck, acontece en su irresuelta relación con algunos edificios preexistentes. Aquella apuesta por *`interiorizar el tiempo'* puede estar más resuelta en propuesta más recientes, como el proyecto de Herzog y De Meuron para 'los 5 patios' en Munich (Fünf Höfe, 2003), donde podríamos decir que su intervención en las manzanas muniquesas alcanza la *'unidad de tiempo'* a la que se refiere Zambrano y el "*engarzado en la relatividad del pasado y el futuro*" (Zambrano, 1992, 85). Se refiere Zambrano a la necesidad y a la normalidad de "*vivir el presente como fragmento de una corriente temporal: percibiendo su movimiento*" (Ibídem). La modernidad de estas galerías comerciales, que se desarrollan entre 5 patios, habita en el interior de estas viejas manzanas urbanas con una silente elegancia que, desde fuera, bien podría pasar desapercibida al paseante que no se adentre en su recorrido. Apreciamos mejor estas cuestiones en el proyecto de Le Corbusier **[10]** para el Hospital de Venecia (1963-65). Algunas declaraciones del propio arquitecto sobre el método de proyecto utilizado en el diseño de este mat-building denotan el uso del tiempo como herramienta de proyecto, condición que traslada al propio proceso proyectual, ofertando diversas versiones pero engarzando todas ellas con el caserío inmediato: *"La ciudad de Venecia está allí y yo la he continuado. No he inventado nada. He proyectado un complejo hospitalario que puede nacer, vivir y expandirse como una mano abierta: es un edificio "abierto", sin una sola fachada definitiva, en el cual se entra desde abajo, es decir, desde dentro, como en otros lugares de esta ciudad"* (Petrilli, 1999, 49).

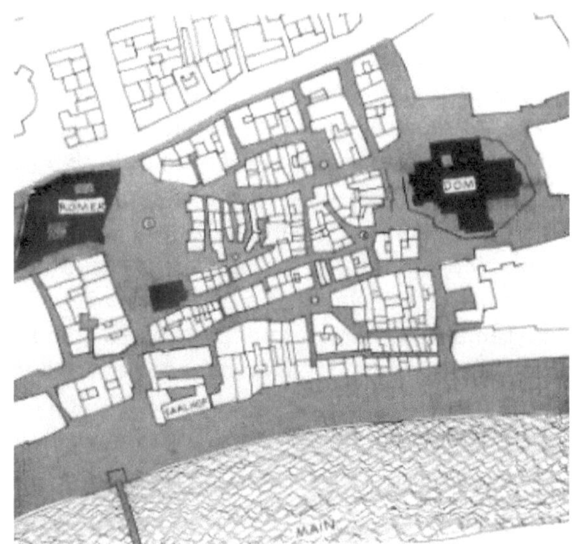

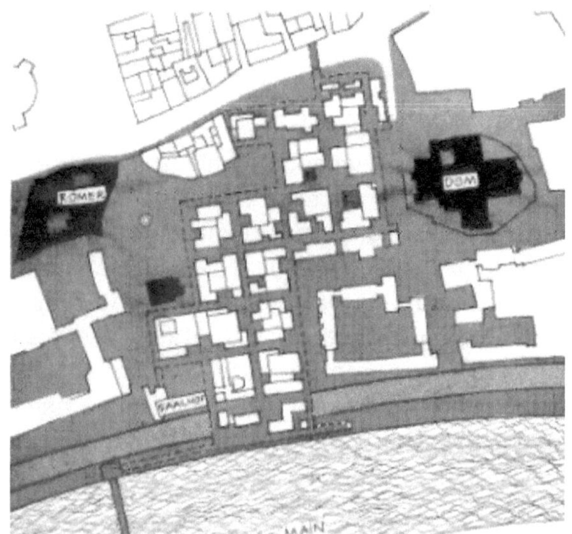

Candilis, Josics, Woods. Frankfurt Römerberg, 1963.
Plantas, antes y propuesta

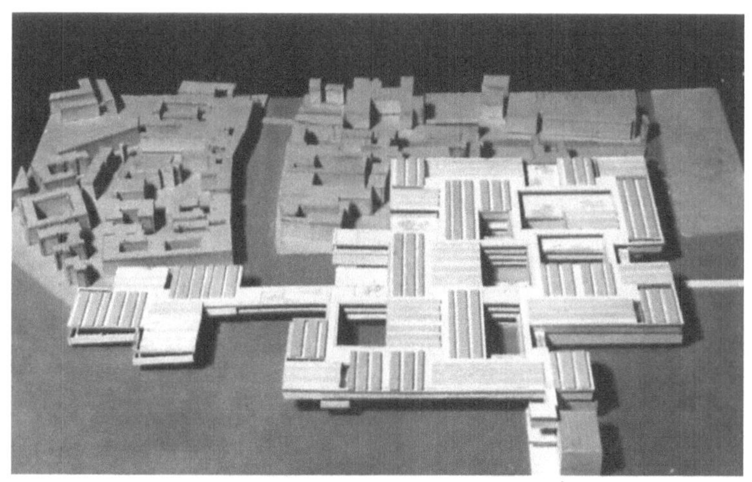

Le Corbusier. Hospital de Venecia, 1963-65

El Hospital de Venecia incorpora otra novedad formal que añade implicaciones importantes al coronar el volumen del edificio con los pisos de habitaciones y liberar en buena medida las plantas inferiores, posibilitando atravesar el área por debajo del edificio y subrayando la condición de *'acceder desde abajo'*, como sucede con los palacios de Venecia y sus accesos desde los canales (Alonso, 2014). En este proyecto, el espacio público y el espacio privado del hospital se superponen y los percibimos simultáneamente. *"La simultaneidad sería precisamente la posibilidad para dos o más acontecimientos de entrar en una percepción única e instantánea* (Bergson, 1992 (*1922*), 43). Ya hemos visto esta simultaneidad de percepción de la ruina y del edificio en el museo de Mérida, pero hay un ejemplo paradigmático de esta condición, la propuesta de Hannes Meyer para la Peterschule de Basilea (1927), donde proyecta el patio del colegio suspendido del edificio de aulas y elevado sobre el suelo para rescatar espacio público para la ciudad **[11]**. Al igual que el texto de Bergson, esta propuesta de concurso acontece apenas unos años después de la teoría de la relatividad de Einstein, que estimuló el texto del filósofo francés. La modernidad ha recurrido a estas superposiciones para resolver, entre otros, los problemas de coexistencia de infraestructuras **[12]**, temática que el arte, el cine y la arquitectura recogió desde principios del siglo XX (Alonso, 2016) y que podemos comprobar en nuestro dieciochesco Canal de Castilla.

Concluimos estas reflexiones recordando el curso de 2014-2015 cuando trabajamos a ambos lados de la Raya de España y Portugal, en Yecla de Yeltes y San Felices de los Gallegos, en el primer semestre, y en Almeida, en el segundo semestre. Lugares distintos y próximos que espolearon a pensar estas y otras cuestiones en torno a la idea del tiempo como herramienta de proyecto.

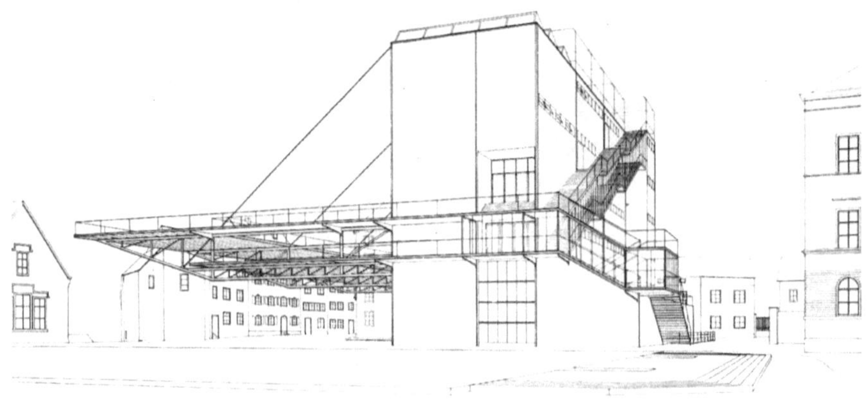

Hannes Meyer. Peterschule, Basilea. 1927

Eusebio Alonso. fotografía de un canal navegable que pasa sobre la autopista. Holanda

Bibliografía

ALONSO GARCÍA, Eusebio. 1997. *La magia del demiurgo. Reflexiones sobra la iglesia de Marco de Canavezes de Alvaro Siza",* en BAU, nº 16, 1997. Madrid.

ALONSO GARCÍA, Eusebio. 2014. *"Estrategias alucinatorias del último Le Corbusier".* Madrid: Critic All, pp. 55-73.

ALONSO GARCÍA, Eusebio, 2016. *"Plan Obús de Le Corbusier versus Metrópolis de Fritz Lang. Dos discursos contrapuestos sobre la imagen de la ciudad a finales de los años 20".* En AA. VV., *AVANCA CINEMA. International Conference 2016.* Avanca: Cineclube de Avanca, 300-311.

AUGÉ, Marc. 2000 (*1992*). *Los ´no lugares´. Espacios del anonimato. Una antropología de la sobremodernidad.* Barcelona: Gedisa.

AUGÉ, Marc. 2003. *El tiempo en ruinas.* Barcelona: Gedisa.

BERGSON, Henri. 1992 (*1922*). *Durée et simultanéité.* París: Quadrige.

EYCK, Aldo van. 1969. *"En el interior del tiempo"*, en AA. VV. *Meaning in Architecture. The contributors and design year book limited.* Gran Bretaña. Cfr. P. HEREU, J. Mª MONTANER, J. OLIVERAS. 1994. *Textos de Arquitectura de la Modernidad.* Madrid: Nerea, p.349.

GIEDION, Sigfried, 1982 (*1941*). *Espacio, Tiempo y Arquitectura. El futuro de una nueva tradición.* Madrid: Dossat.

KUBLER, George. 1975 (*1962*). *La configuración del tiempo.* Madrid: Alberto Corazón.

PETRILLI, Amedeo. 1999. *Il testamento de Le Corbusier. Il progetto per l´Ospedale di Venezia.* Venecia: Marsilio.

YOURCENAR, Marguerite. 1982 (*1951*). *Memorias de Adriano.* Barcelona: Edhasa.

YOURCENAR, Marguerite. 1989. *El tiempo, gran escultor.* Madrid: Alfaguara.

ZAMBRANO, María. 1992. *Los sueños y el tiempo.* Madrid: Siruela.

ZUBIRI, Xavier. 1989. *Estructura dinámica de la realidad.* Madrid: Alianza.

ZUMTHOR, Peter. 2017. *Mextrópoli 2017.* https://youtu.be/Hs5j9CGxvgA. Acceso 2017.06.15

GIUSEPPE SAMONÀ

EL CONCURSO DE LA CÁMARA DE DIPUTADOS, ROMA, 1967. LA PROFUNDIDAD DEL TIEMPO. 2020

Introducción. Los tiempos estaban cambiando

Son memorables algunas de sus imágenes por el carácter excepcional de su planteamiento. El proyecto de Samonà, seleccionado entre las diecisiete propuestas premiadas ex-aequo, entre las sesenta y cuatro presentadas al concurso, recogía cierto espíritu de la época y expresaba la sensibilidad ante los cambios de mentalidad que se estaban gestando a lo largo de la década[1]. Situado en un enclave privilegiado de Campo Marzio, la propuesta debía resolver con su ampliación un exhaustivo listado de usos para las nuevas oficinas de apoyo al parlamento romano y enfrentarse a la ordenación del complejo lugar ubicado entre la plaza de Montecitorio y la plaza del Parlamento.

La relación con el espacio urbano y las relaciones en el espacio público estaban cambiando y la ineficacia del orden tradicional estaba siendo denunciada desde diferentes posiciones artísticas e intelectuales. La aparente radicalidad del proyecto de Samoná parece estar en sintonía con esa deriva intelectual y artística de una época convulsa también en lo social y en lo político. Los tiempos estaban cambiando[2]. Siguen tres apartados, con sus distintos subapartados, y finalizamos con unas breves conclusiones. En *El arquitecto, el concurso, el lugar,* se aborda la figura

[1] Francesco Dal Co, "Le jeu de la mémoire: 1961-1975", en Carlo Aymonino et altri, *Giuseppe Samonà. Cinquante ans d'architecture* (Paris: Éditions du Moniteur, (1981)), 109.

[2] Algunas señales aparecieron en diferentes disciplinas y manifestaciones artísticas y sociales. Bob Dylan (*The times they are a-changing,* 1964) no ejercía de notario neutral de la realidad, sino que, en un tono apocalíptico, urgía a comprender los cambios que venían o quedaríamos fuera de juego. Guy Debord y los situacionistas (1958) reestructuraban el mapa psicogeográfico de París con las partes fragmentadas por la práctica de su deriva afectiva con la ciudad. Julio Cortázar (Rayuela, 1963) proponía varias maneras distintas de seguir la lectura de sus 155 capítulos, trasladando el debate vital y social de la cotidiana realidad entre orden y azar a la experiencia literaria. La coreógrafaTrisha Brown (*Walking on the Wall,* 1970), desafiaba la gravedad caminando por el inusitado nuevo escenario de una fachada real y aunaba la importancia del acto de caminar, el rechazo a las restricciones del escenario tradicional y la búsqueda de un contacto directo con el espacio público como espacio de la representación colectiva. Algo similar, la necesidad de salir a la calle, debieron sentirThe Beatles, el 30 de enero de 1969, en su concierto de despedida sobre la azotea del edificio de Apple Corps en la londinense Savile Row. Sin previo aviso, convirtieron calles y tejados aledaños en improvisadas plateas. Henri Lefebvre venía construyendo desde finales de los años cuarenta, y en torno a la idea de la apropiación del espacio, la vida cotidiana y el derecho a la ciudad, su conclusiva reflexión sociológica (La producción del espacio, 1974).

del arquitecto, a continuación el concurso, la institución convocante, su finalidad, el extraño resultado sin vencedor y la localización del mismo.

En el segundo apartado, *Tiempo y Proyecto. La percepción del tiempo como herramienta proyectual,* centramos el debate sobre la necesidad de un diálogo con el pasado, identificamos el problema de la relación entre *La ciudad y el centro histórico,* a lo que Samonà respondió con *El continuo urbano versus la crisis tipología-morfología* y *La cuarta dimensión,* dos estrategias personales que se retroalimentan de los debates internacionales. En el tercer apartado, *La construcción del espacio y la profundidad del tiempo,* analizamos algunas razones de la percepción temporal como estrategia dialéctica en relación a la historia del lugar, su genius loci, para pasar a estudiar dos mecanismos de proyectos determinantes, *Apilando tipologías* y *La realidad creativa* que explota las oportunidades de proyecto inherentes a la especificidad del programa y a la realidad profunda del lugar.

Concluiremos reconociendo que *La transparencia del umbráculo* que construye el nuevo espacio público lo es literal y fenomenológica pero también dialética y sin concesiones, incrementando con ello la densidad conceptual y la profundidad espacio temporal.

El arquitecto, el concurso, el lugar

En 1967, Giuseppe Samonà (1898 Palermo – 1983 Roma) tenía una acreditada trayectoria profesional, docente e intelectual. Recorrió Las universidades italianas d sur a norte (Messina, Nápoles, Padua) concluyendo, tras el examen de cátedra, en el IUAV de Venecia, donde empezó en 1936 y que dirigió de 1945 a 1971. Durante su gestión, convergen en Venecia para enseñar arquitectos de diferentes tendencias (F. albini, G. Astengo, L. Belgioso, G. C. de Carlo, I. Gardella, s. Muratori, L. Piccinato, C. Scarpa, E. R. Trincanato, B. Zevi, y también V. Gregotti, A. Rossi, C. Aymonino, G. Canella, L. Semerami, G. Polesello). Dirige las escuelas de verano de los CIAM desde el IUAV, en colaboración con Albini, Gardella y E. N. Rogers desde 1952 a 1956. Además de los textos fruto de sus investigaciones, entre los que sobresale *La urbanística y el futuro de la arquitectura,* que tanto influyó en el Instituto IUAV, escribió en las más prestigiosas revistas italianas: Urbanistica, L`architettura, Zodiac, Metron, Belfagor,

L`Astrolabio, Il Mulino, Casabella; de esta última fue miembro de su comité entre 1957 y 1964[3].

El Presidente de la Cámara de los Diputados convocó un concurso nacional de anteproyectos en 1966 con la idea de mejorar las funciones legislativas y de control del Parlamento y debía situarse en el área delimitada por la via della Missione, la plaza del Parlamento y la via de Campo Marzio. El programa de usos contemplaba una biblioteca, un archivo, dos apartamentos de representación, un restaurante y un aparcamiento subterráneo y debía resolver la conexión subterránea y con puente con el Palacio de Montecitorio y la reubicación de una antigua portada con fuente barroca[4]. Samonà presentó su proyecto, bajo el lema *Martedi*, una volumetría suspendida sobre el suelo en su mayor parte, con un juego vibrante de volúmenes apoyados sobre pilotis metálicos. La relación espacial del conjunto se enriquece con un sistema de plazas aterrazadas que acompañan el desplazamiento sucesivo de los volúmenes vinculados al terreno. Colocó el restaurante en las últimas plantas y coronó todo el conjunto con la mano abierta de Le Corbusier en claro homenaje al maestro. El diálogo con la historia y la atención a la Forma Urbis de este principal enclave romano de Campo Marzio se sustanció en diversas estrategias proyectuales: la articulación del nuevo ágora urbano y en diferentes niveles, la apropiación del espacio público de la plaza, eliminando los coches que, no obstante siguen todavía adueñándose del lugar con su función de aparcamiento, reubicándolos en el proyectado parking subterráneo de tres plantas, y subrayando la transparencia de la preexistencia de la ciudad histórica e incluyendo la antigua fuente en una localización significativa del de la composición del proyecto.

El concurso supuso la vuelta de Samonà a Roma, que ya conocía de los años treinta cuando construyó uno de los Edificios de Correos que salie-

[3] Marina Montuori, *Lezioni di progettazzione. 10 maestri dell`architettura italiana* (Roma: Electa: 1988) 241-246; Andrea Belluzzi e Claudia Conforti, *Architettura italiana 1944-84* (Bari: Laterza, 1985).
[4] Manfredo Tafuri, *Il Concorso per i nuovi uffici della Camera dei Deputati: un bilancio dell`architettura italiana* (Roma: Edizioni Universitarie Italiane, 1968). Tafurí, en una publicación nada habitual en su producción, analiza el concurso, la convocatoria, el lugar, la ambigüedad y falta de valentía del jurado por no escoger un vencedor, la importancia en el contexto de los concursos italianos, analiza cada una de las 17 propuestas seleccionadas ex-aequo para un premio económico y justifica su predilección por la de Samonà y la de Quaroni; otras propuestas son Aymonino, Portoghesi, Sacripanti, Manieri, Dardi, Insolera, Polesello.

ron a concurso en aquellos años, en el Quartiere Appio 1936[5] y participó en el concurso para un Palacio Littorio, ubicado en la via del Imperio y frente a la Basílica de Majencio, y próximo al Coliseo, cuya estrategia formal recoge de algún modo el eco de sus inmediatos vecinos. El área destinada para el concurso ocupaba el espacio residual al oeste del Palacio de Montecitorio, que entonces y hoy, sirve de aparcamiento. La colina de *Monte Citorio* es una de las colinas menores de Roma, situada en el Campo de Marte al oeste del primigenio territorio de las Siete Colinas de Roma, localizado entre éste y el río Tíber (Figura 4).

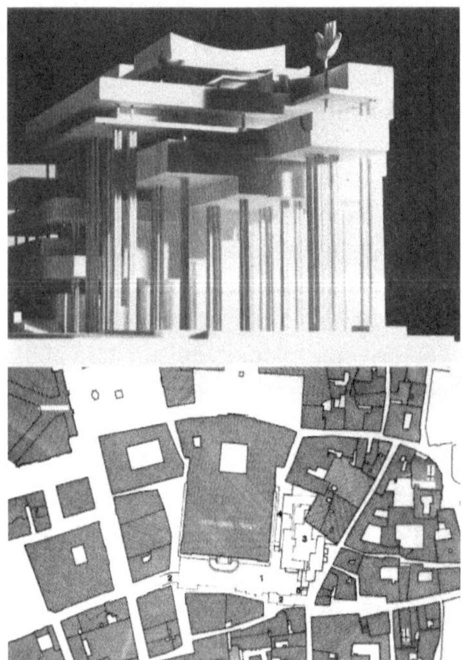

Maqueta y planta de situación, orientada al sur. 1. Plaza del Parlamento; 2. Entradas al parking; 3. Nuevo edificio. 4. Terraza que coge la cota de la plaza de Montecitorio

[5] Los otros dos los construyeron A. Libera junto a la Pirámide en el Aventino y M. Ridolfi en la plaza Bolonia. Sergio Poretti, *Progetti e costruzione dei Palazzi delle Poste a Roma 1933-35* (Roma: Edilstampa, 1990).

Un lugar, en definitiva, de la Forma Urbis cargado de historia[6]. La secuencia de las intervenciones de Carlo Fontana, primero, y de Ernesto Basile, después, no logró continuar la apuesta urbana por el espacio público que iniciara Bernini en Montecitorio, proyectando propuestas que incluían la continuidad con la Plaza Colonna a partir de la apertura de las alas del palacio. El resultado fue el incremento de masividad del edificio del Parlamento, cuya escala monumental contrastaba en exceso y con poca fortuna con el tejido medieval y barroco del entorno; se produjo, de este modo, la curiosa paradoja de percibir su mole, más que como lleno edificado, como un vaciado de la trama urbana[7]. Resulta clara, a la par que oportuna, la apuesta de Samonà por la apropiación de nuevos espacios públicos, por recomponer la conexión entre los existentes, plazas de Montecitorio y Parlamento, por conectar ambos con la nueva plaza institucional, por multiplicar los espacios de encuentro social recurriendo a sistemas aterrazados y por acumular en alturas tipos y formas de la tradición interpretados desde la cultura abstracta de la modernidad y cuya fragmentación alude a la escala del tejido urbano de sus límites próximos.

Tiempo y Proyecto. La percepción del tiempo como herramienta proyectual (Figura 1-3)

Giedion colocó el Tiempo entre el Espacio y la Arquitectura en su famosa tríada[8], *Espacio, Tiempo y Arquitectura* (1941), importante texto donde el autor construía el anclaje de la arquitectura moderna en la historia, buscaba un hilo conductor desde el pasado y articulaba una perspectiva histórica frente a la percepción de ruptura imperante. El reconocimiento de la necesidad que la arquitectura moderna tenía de eliminar su aparente condición rupturista con el pasado preparaba el camino para articular la respuesta al problema de *proyectar con el tiempo* en territorios consolidados, enunciado que, en sí mismo, es doblemente tautológico; el acto de proyectar contiene por definición una dimensión temporal, proyectar es pensar y diseñar el futuro pero, a su vez, establecer una dialéctica con

[6] Roberto Lanciani, *Forma Urbis* Romae (Roma: Qasar, 1988).
[7] Tafuri, op. cit., 15-23.
[8] Siegfried Giedion, *Espacio, Tiempo y Arquitectura* (1941)

el pasado. No existen territorios que no tengan un mínimo de referencias y, por lo tanto, una potencialidad para el proyecto como resultado de su tiempo y de su historia.

Ello supone plantear el proyecto como parte de un proceso que establece un diálogo creativo entre las condiciones del habitar contemporáneo y las estructuras locales en las que se inserta y entender la condición procesual y contingente que alude a la idea del tiempo como acción transformadora. Cuestión ésta determinante y no siempre bien entendida en su potencial elasticidad: *"El tiempo no cuenta. Siempre me sorprende que mis contemporáneos, que creen haber conquistado y transformado el espacio, ignoren que la distancia de los siglos puede reducirse a nuestro antojo"*[9]. El tiempo deja huellas que predisponen al recuerdo y entre los efectos del tiempo está la capacidad de concentrar en un fragmento la fuerza evocadora de la totalidad y su potencialidad de crear una obra nueva: *"Todo hombre está ahí... su intención se afirma hasta el final en la ruina de las cosas"*[10].

La propuesta de Samonà para las nuevas oficinas de la Cámara de Diputados en Roma nos permite acercarnos a la idea de la estrategia temporal como herramienta específica del proyecto que asume el desafío de insertar una arquitectura moderna en un entorno histórico, buscando el adecuado diálogo espacial y morfológico entre intervenciones presentes y pasadas. Algunas expresiones del propio Samonà, a las que pronto nos referiremos -*no romper con la tradición en sentido profundo*[11], *la unidad del centro histórico es fruto de un proceso en el tiempo*[12], *el sentido profundo de las estructuras permanentes*[13]-, evidencian la consciencia del arquitecto sobre el hecho fundamental de entender la arquitectura dentro de la perspectiva temporal que construye la ciudad en el tiempo. Representa el desplazamiento del problema del límite en el campo del espacio hacia el límite en el campo del tiempo.

[9] Marguerite Yourcenar, *Memorias de Adriano* (Barcelona: Edhasa, 1982 (*1951*)) 248.

[10] Marguerite Yourcenar, *El tiempo, gran escultor* (Madrid: Alfaguara, 1989), 10. La modernidad, que ha desarrollado una predilección por el arte abstracto, ha explorado la intensidad expresiva y evocadora del fragmento –pensemos en algunos ejemplos paradigmáticos de Brancusi– y en la transformación poética que los restos del pasado adquieren, aportando lecturas y miradas renovadas: *"La Victoria de Samotracia es ahora menos mujer y más viento de mar y cielo"*, Ibídem.

[11] Enrico Mantero, *Il Razionalismo italiano* (Bologna: Zanichelli, 1988).

[12] Tafuri, op. cit.

[13] Ibídem.

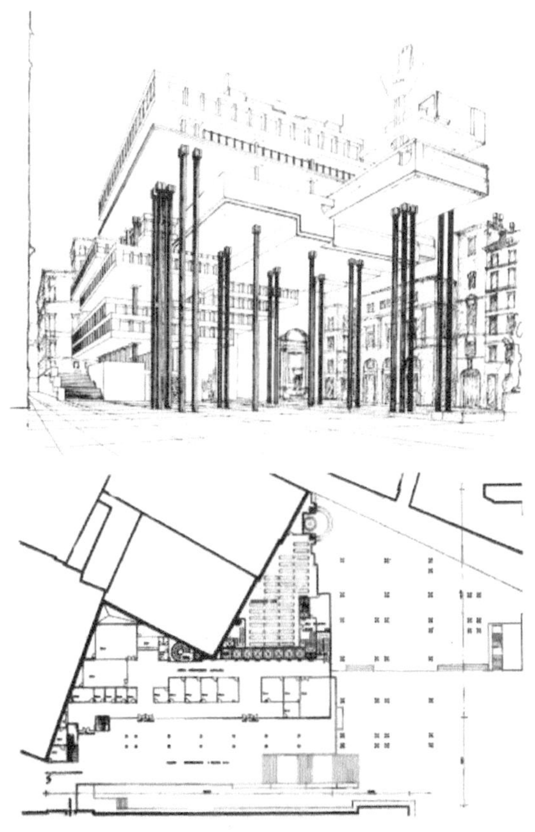

Vista desde el noreste y planta 1ª a cota +3,40.
Énfasis en la vista de la cuarta dimensión con los volúmenes suspendidos sobre pilotis metálicos. Transparencia de la ciudad histórica a través del umbráculo moderno

La ciudad y el centro histórico (Figura 3-4)

El concurso representó para Samonà un desafío y una oportunidad para poner en práctica las reflexiones sobre tres aspectos que él entendía íntimamente vinculados: el problema del centro histórico, el problema de la ciudad contemporánea, de la que el centro histórico y su arquitectura heredada era una parte, y el problema de la necesaria revisión de la arquitectura moderna frente a este desafío[14]. La memoria del proyecto enuncia algunas cuestiones que apuntan en la línea de la reflexión mencionada[15]. Samonà encuadró de este modo la dialéctica que el proyecto debía establecer entre conservación y creación y la necesidad de identificar el alcance de esta última para que el pasado resultara operativo y no quedara momificado. Samonà había estado desarrollando su interés por la unidad entre urbanística y arquitectura a través de sus investigaciones y de los muchos concursos que participó desde la postguerra[16].

[14] *"Tengo la profunda convicción de que estamos afrontando un momento importante de revisión en la búsqueda de un significado diferente del propuesto en la arquitectura por los Maestros del Movimiento Moderno [...] a través del cual ella debería expresar su propia especificidad [...] la revisión en acto asumirá las cautelas necesarias para no romper con la tradición en sentido profundo; pero creo que para hacerla operativa será necesario rechazar todo proceso evolutivo, todo radicalismo, toda concesión hacia formas historicistas del retorno al pasado".* Mantero, op. cit., 20.

[15] *"[...] la necesidad de descubrir todas las relaciones internas de su configuración física como único modo de intervenir en el centro histórico [...] separar la visión de la ciudad antigua de las vicisitudes actuales [...] reconocer que la formidable unidad del centro histórico resulta de la íntima agregación de partes, fruto de un proceso en el tiempo del que prevalecen consideraciones de su carácter figurativo sobre su carácter funcional; tales hechos figurativos no son sólo formales, sino que están permeados de valores permanentes, de instancias profundas y constantes relativas a la vida social del hombre".* Tafuri, op. cit., 98; E. Bonfanti et altri, *Arquitectura Racional*, (Madrid: Alianza Editorial, 1979 (1973)), 98.

[16] Algunos de los concursos en que partícipó: Estación deTermini, Roma 1947; Biblioteca Nacional de Roma1959-60 ; (Samonà: 2° premio ex-aequo); Quartiere CEP in Barene de San Giuliano, Mestre, 1959-60 (Samonà: proyecto seleccionado); Centro direccional de Turín, 1962 (Samonà: 2° premio; A. Rossi, G. Polesello, L. Meda: proyecto seleccionado); Piano particolareggiato de la nueva sacca delTroncheto, Venecia 1963-64 (Samonà: proyecto premiado tras cinco primeros premios); Cámara de los Diputados de Roma, 1966-67 (Samonà: proyecto premiado junto a otros 16); nueva universidad de Cagliari, 1971-72 (Samonà: 2° premio); nueva universidad de Calabria, 1973-74. Livia Piperno, "Grandi concorsi italiani tra il 1945 y 1984", *Rassegna* 61, 1995, I, 7 y ss. Sobre la convergencia y divergencia entre la historia de la arquitectura y la historia de los concursos: V. Gregotti, "Editoriale", *Rassegna*, 61, 1995, I, 4-6.

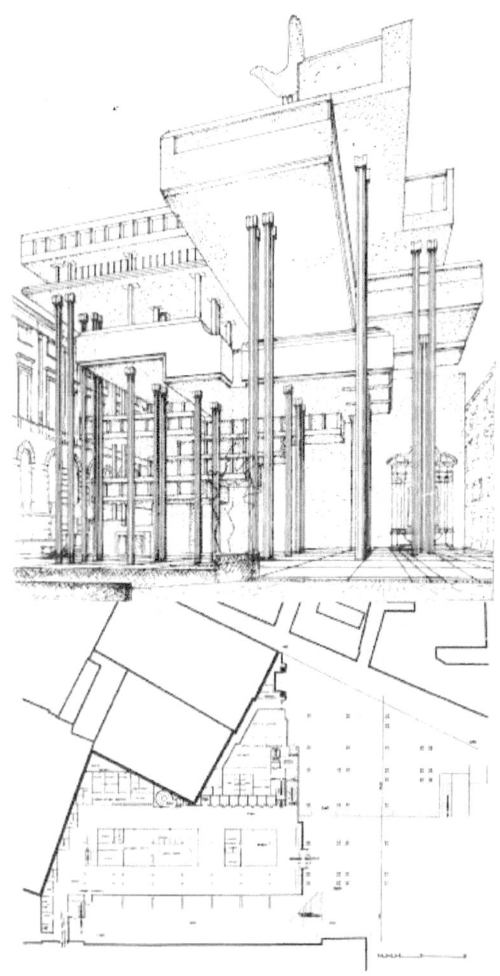

Vista desde el norte, con la entrada al parking en primer plano,
y Planta baja a cota ±0,00. Materiales: pilares metálicos, agrupados de 4 en 4 y solidarizados cada 5 metros; travertino en fachadas, colocado entre impostas de cobre

La importancia, no sólo de este concurso, sino del intenso esfuerzo de proyectación de los arquitectos italianos y de las investigaciones realizadas desde las escuelas está encontrando en los últimos años un renovado interés[17]. Después de la Segunda Guerra Mundial, el crecimiento de las críticas sobre la ciudad funcional de la Carta d Atenas, y la dramática destrucción de las ciudades europeas ayudaron a estimular nuevos enfoques en torno a la unidad en el diseño urbano y los problemas de los centros históricos y la ciudad contemporánea. Las conclusiones del CIAM VIII en Hoddesdon, 1951, recogidas por J. L. Sert, E. N. Rogers y Jacqueline Tyrwitt reclamaban que la función fundamental del "corazón de la ciudad" debía ser la de reforzar a los individuos contemporáneos como miembros de una sociedad que fuese capaz de encontrar en común la "expresión espontánea" de su significado como sociedad[18].

En Hoddesdon surgieron temas que se *"iban a desarrollar en mayor profundidad durante las décadas siguientes, como el contexto, la morfología de la ciudad, las preexistencias y otras preocupaciones influenciadas por Rogers".* Temas como la defensa de la ciudad histórica, la preservación de su tejido y no solamente sus monumentos, el tema de la memoria y la tradición como materia del proyecto quedaron allí introducidos. En la búsqueda de alternativas a estos problemas la resistencia contra toda referencia a los estilos históricos era el compromiso obligado con la modernidad[19]. Desde la distancia, Samonà, Rogers y Quaroni son vistos hoy como tres maestros de una época y como referentes de tres centros de investigación sobre los debates arquitectónicos de los cincuenta y sesenta, las escuelas de arquitectura de Milán, Venecia y

[17] En los últimos años se han dedicado exposiciones sobre la obra de Samoná, en particular, sobre el concurso de la Cámara de los Diputados y sobre los arquitectos coetáneos: Laura Pujia, coord. *Rileggere. Re-reading Samonà,* en Patrimonio culturale e territorio vol. 7, Roma TrE-Press: Roma, 2020; F. Visconti, "Rileggere oggi Rogers, Samonà, Quaroni", en R. Capozzi, L. Orfeo, F. Visconti, Maestri e scuole di architettura in Italia (Clean: Napoli, 2012); Ilhyun Kim, "Giuseppe Samoná at the Palazzo del Montecitorio, Rome 1967", *Journal of Asian Architecture and Building Engineering*, 2007, 6:2, 221-228; Livia Toccafondi, "Al tavolo di lavoro: Giuseppe Samonà e la nascita del progetto, nel racconto di tre opera non realizzate", *Rassegna di architettura e urbanística,* vol. 45 (2011), 134/135, pp. 37-44.

[18] Jacqueline Tyrwitt, José Luis Sert, Ernesto Nathan Rogers, *The Heart of the City: Towards the Humanisation of Urban Life* (New York, 1952); texto que ha tenido relecturas más recientes y ampliadas a todos los CIAMs: Eric Mumford, *The CIAM Discourse on Urbanism, 1928-1960* (Cambridge, Massachusetts: MIT Press, 2002); Konstanze Sylva Domhardt, *The Heart of the City. Die Stadt in den transatlantichen Debatten der CIAM 1933-1951* (Zurich: Verlag, 2012).

[19] Vittorio Gregotti, "Editorial. The last CIAMs. Habitat for a satellite town", *Rassegna*, 51, 1979, 5; .Algunos epígonos de la época sirvieron de guía en esta búsqueda: Marcello Pazzaglini, "Il miti degli anni `60: K. Tange, L. Kahn, Archigram"¸ en Conforto, C. et altri. *Il dibattito architettonico in Italia 1945-1975* (Roma: Bulzoni Editore, 1977) 59-67.

Roma[20]. Aldo Rossi, que enseñó primero con Rogers y después con Samonà, constituyó un punto de encuentro y estabilidad entre diferentes sensibilidades de la cultura arquitectónica italiana, recogiendo en uno de sus primeros y más famosos textos, *La arquitectura de la ciudad,* los debates más significativos que se habían venido produciendo hasta el año de su publicación, justo el año de la convocatoria del concurso de la Cámara de Diputados[21].

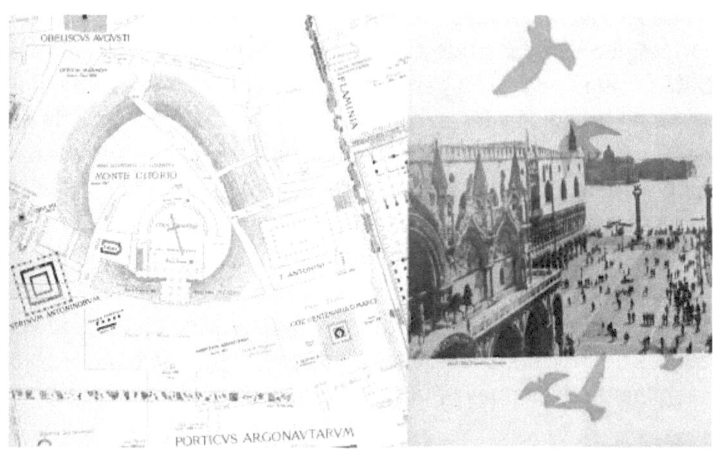

La ciudad y el centro histórico. Huella, estructura profunda, imagen, representación.
a) R. Lanciani. Forma Urbis Romae. Detalle del área de Montecitorio. b) Jacqueline Tyrwitt, José Luis Sert, Ernesto Nathan Rogers, *The Heart of the City: Towards the Humanisation of Urban Life*, 1952. Piazzeta di San Marco in Venedig, Collage

[20] "*Rogers no se explica sin la relación con los maestros del Movimiento Moderno ni la fenomenología de Husserl y Dewey... En Quaroni es determinante el Barroco Romanop...Samonà y su Escuela de Venecia, con su apertura a los jóvenes, (Aymonino, Rossi, entre otros) y su atención a algunas obras de Perret y Le Corbusier*". R. Capozzi, op. cit., 10-11.

[21] Aldo Rossi, *La arquitectura de la ciudad*, 1966, Padua: Marsilio, marcó un punto de inflexión en el estudio de la ciudad desde la estructura de los hechos urbanos y el entendimiento de sus procesos de transformación,, la teoría del monumento y su capacidad de permanencia y significación, y el análisis racional de las relaciones entre arquitectura y ciudad.

El continuo urbano versus la crisis tipología-morfología

Espacio y tiempo intercambian y entremezclan sus alusiones. El modo en que se ordena el resultado de este diálogo define el tiempo del proyecto y su específica perspectiva. La idea del continuo urbano[22] alimenta la estrategia formal del proyecto para la Cámara de Diputados cuyo carácter innovador permite, sin embargo, individualizar al máximo la lectura de la imagen de la ciudad heredada del centro histórico, superponer la presencia de los nuevos volúmenes, actualizados a los nuevos usos requeridos, y rescatar espacio público para la ciudad. El proyecto se construye a partir de un sistema morfológico que posibilita suspender en el aire y en diferentes niveles los distintos volúmenes que albergan los usos del programa, creando una sucesión de umbráculos y terrazas que cubren la plaza peatonal de acceso y representación. Esa continuidad se estructura según una determinada ordenación y fluencia[23]. Estos volúmenes se despegan del suelo, cierran las medianeras colindantes con diferentes soluciones, se expanden pluridireccionalmente y transparentan la imagen de la ciudad antigua que Samonà dibujó cuidadosamente y con precisión en sus alzados y perspectivas, incluida la fuente barroca que, conforme al guion del concurso, todos los concursantes debían ubicar en sus propios proyectos; Samoná la colocó en lugar preeminente de la nueva plaza, junto a la Via di Campo Marzio.

El sistema morfológico junto a la idea del continuo urbano fue la respuesta que Samonà ofertó ante la comprensión de que *"la relación tipológica entre arquitectura y urbanística estaba ya colapsada"*[24] para restablecer una visión

[22] *"se trata de concebir la ciudad como un ´continuo urbano´ que asume directamente la formación estructural de los espacios construidos, eliminando un cierto plano dialéctico de relaciones de correspondencia y dependencia entre volúmenes y espacios interpuestos".* Giuseppe Samonà, *L'Unità Architettura Urbanistica* (2ª ed.) (Milano: Franco Angeli Editore, 1978), 43.

[23] Para Xavier Zubiri la realidad posee una estructura dinámica y, al describir el tiempo, identifica tres propiedades o estructuras: la continuidad, la ordenación y la fluencia. Xavier Zubiri, *Estructura dinámica de la realidad* (Madrid: Alianza, 1989), 282 y ss. Todo proyecto ordena en un determinado sentido, el sentido del proyecto, una serie de estrategias y acciones para dotar de continuidad temporal al proyecto en el que antes, ahora y después quedan perfectamente ensambladas y en continuidad. Este continuo ordenado se hace desde el proyecto: *"el tiempo es el tiempo del proyecto".* Ibídem, 291. El hombre proyecta su vida y decide con ello sobre el espacio y sobre el tiempo.

[24] Ibídem, 38; C. Ajroldi, "Tipologia e morfologia nella ricerca di Giuseppe e Alberto Samonà", en M. Montuori, (coord.), *L'unità architettura urbanística. La poética dell'insieme. Tra didattica e professione dell'architettura* (Roma: Officina Edizioni, 2000), 94-97.

actualizada de la forma urbana, precisamente allí donde mayor compromiso se estaba reclamando a través del debate sobre los centros históricos[25] para definir formal y funcionalmente los adecuados espacios en los que el hombre moderno pudiera desarrollar su vida social –plazas, atrios, lugares de trabajo y de representación política, etc.– y para alumbrar vías de respuesta a la actualización del Movimiento Moderno desde el proyecto de la ciudad.

El carácter estructuralista de la propuesta, sin concesiones a las formas historicistas, ahonda en el sentido profundo de las estructuras de la tradición, tal como reclamaba Samonà, y su estrategia formal se suma a la cadena de hallazgos espaciales cuya operatividad ha quedado demostrada por la historia urbana y arquitectónica –plazas, atrios, plataformas, terrazas, umbráculos, bloques, claustros, observatorios–. Sin embargo, Samoná descompone todos estos elementos, los aísla y los recompone en un montaje innovador que dota de la mayor libertad posible a la organización de los nuevos usos y le permite apropiarse del espacio público y del tiempo histórico, ofertando una escena innovadora, comprensiva del pasado y renovadora. Aquí radica la memorable síntesis entre modernidad y tradición que representa la imagen de sus umbráculos construidos con volúmenes flotantes sobre la imagen barroca del Campo Marzio de Roma.

La cuarta dimensión (Figura 2, 3, 5)

Samonà nos enseñó el punto de vista desde el que mirar el proyecto y comprender su planteamiento a través de la representación perspectiva. Hay algunas perspectivas que enfocan el nuevo espacio público de la plaza peatonal, situado bajo las cajas habitadas de las plantas superiores del edificio, que habría ampliado la Plaza del Parlamento. En una situó el punto de vista en el cruce de la Via di Campo Marzio con la Via dei Prefetti y orientó la mirada hacia el sur; presenta en primer término el inicio de la rampa de bajada al sótano. En otra colocó el punto de vista en el extremo oeste de la Plaza del Parlamento y alineado con la fachada occidental del mismo y orientó la mirada en diagonal hacia el suroeste. La referencia al contexto es permanente en toda la documentación que Samonà presentó al concurso: plantas secciones y alzados, perspectivas. Son necesarias

[25] Bonfanti, op. cit., 211-256; Cina Conforto, "Il problema dei centri storici", en C. Conforto et altri, *Il dibattito architettonico in Italia 1945-1975* (Roma: Bulzoni Editore, 1977), 131-177.

estas referencias para subrayar el diálogo entre lo nuevo y lo viejo, entre la creación y la conservación, entre el lenguaje figurativo de la tradición y el lenguaje abstracto del nuevo sistema morfológico.

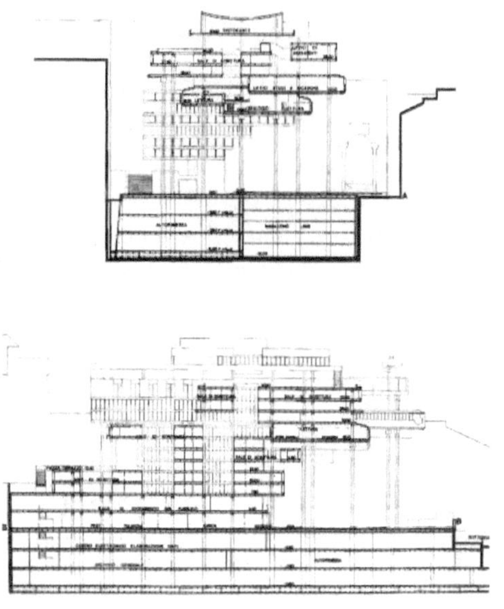

Sección este-oeste y sur-norte, mostrando el juego de llenos y vacíos que posibilita el apilamiento libre de tipologías diferentes. Creación de oportunidades para el esponjamiento y la apropiación del espacio urbano.

Son dibujos en perspectiva que nos introducen de golpe en el nuevo espacio público que el proyecto rescata para la ciudad y que fijan la mirada sobre la cuarta dimensión, *"[...] no la cubista, sino la física de la visión desde abajo, es decir, una inédita fachada [...]"*[26]. En realidad, es mucho más que una fachada, es la explicitación del continuo urbano en tres dimensiones, donde se superponen volúmenes habitados y espacios exteriores en diferentes alturas que, esponjando todo el edificio en altura, posibilitan visiones diagonales en sección y permean completamente la organización espacial con el sistema de umbráculos y plataformas.

[26] Carlo Aymonino, "Samonà, un eclettico racionalista", en G. Marras, y M. Pogacnik, (coord.), *Samonà e la scuola di architettura a Venezia* (Venezia: IUAV, Il Poligrafo, 2006), 268.

En sendas perspectivas, la fuente barroca, que cada concursante debía decidir dónde ubicar en su proyecto, explota el diálogo contrastante entre el simbolismo del lenguaje figurativo y la abstracción moderna. En la perspectiva orientada hacia el sur la colocó justo en el eje con la última línea de pilares junto a la Via di Campo Marzio, posición incorrecta pues debería haber quedado más a la derecha. En la otra perspectiva, la fuente ocupa el punto central y final de la mirada sobre la diagonal orientada hacia el suroeste, diagonal geométrica de la trama ortogonal de pilares dispuestos según sendos ejes norte-sur y este oeste, continuadores del trazado del Parlamento. El espacio público y el espacio privado se superponen y los percibimos simultáneamente[27]. Los viejos trazados conviven con las nuevas estrategias formales; el proyecto documenta el proceso de transformación de la tradición en un nuevo acontecimiento urbano que cargado de alusiones tipológicas pero exentas de literalidades estilísticas, demostrando la compatibilidad entre pasado y presente, entre la figuatividad de aquél y la abstracción de éste[28].

La construcción del espacio y la profundidad del tiempo (Figuras 4 y 5)

Samonà extrae de su reflexión sobre la intervención en los centros históricos consecuencias más amplias que afectan no sólo a las relaciones espaciales entre pasado y presente sino a la comprensión del tiempo como herramienta configuradora de la arquitectura de las ciuda-

[27] *"La simultaneidad sería precisamente la posibilidad para dos o más acontecimientos de entrar en una percepción única e instantánea".* Henri Bergson, *Durée et simultanéité* (París: Quadrige, 1992 (*1922*)) 43. El texto de Bergson salió unos años después de la teoría de la relatividad de Einstein (1915), que estimuló el texto del filósofo francés. La modernidad ha recurrido a estas superposiciones para resolver, entre otros, los problemas de coexistencia de infraestructuras, temática que el arte, el cine y la arquitectura recogieron desde principios del siglo XX. Cfr. Eusebio Alonso-García, "Plan Obús de Le Corbusier versus Metrópolis de Fritz Lang. Dos discursos contrapuestos sobre la imagen de la ciudad a finales de los años 20", en AA. VV., *AVANCA CINEMA. International Conference 2016* (Avanca: Cineclube de Avanca, 2016), 300-311.

[28] El Gruppo 7 milanés declaraba en los años veinte, en el primero de sus cuatro manifiestos publicado en Rassegna italiana, 1926, diciembre, titulado *Architettura* estas cuestiones que dotan al proyecto de densidad espacial y temporal: *"Entre nuestro pasado y nuestro presente no existe incompatibilidad. Nosotros no queremos romper con la tradición; es la tradición la que se transforma, adopta nuevos aspectos, bajo los cuales pocos la reconocen".* Mario Labò, "Giuseppe Terragni", en Antonio Pizza et altri, Giuseppe Terragni (Barcelona: Serbal, 1997) 9.

des, simultaneando el compromiso creador con la permanencia de las estructuras profundas en las que los hombres desarrollan su vida social y política. Algunas expresiones de Samonà, que parecen más atentas a moverse con los límites del tiempo y a comprender cómo sus procesos configuradores han sido capaces de dar sentido unitario al centro histórico, nos evocan reflexiones posteriores de María Zambrano y el necesario "*engarzado en la relatividad del pasado y el futuro*"[29].

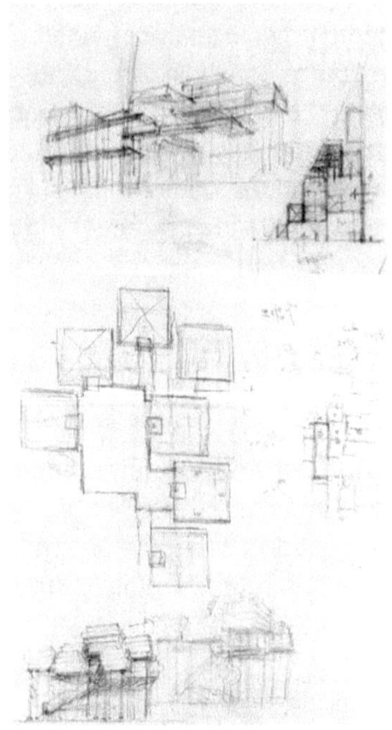

Bocetos previos de Samonà. El deslizamiento multidireccional explota el mecanismo wrightiano de proyectos como el Centro direccional de Torino, 1962. La superposición de entidades cuadradas y suspendidas sobre el suelo evoca el proyecto de Le Corbusier para el Hospital de Venecia (1963-65) y, en la composición en planta junto a la colocación en el borde de los posibles núcleos de comunicación, recuerda algunos mecanismos de agregación de unidades geométricas básicas de Louis Kahn en los laboratorios Richards, 1957-65. Rossi, en su propuesta para el Centro direccional de Turín eleva un gigante cortile sobre la infraestructura inferior de circulaciones y sevicios.

[29] María Zambrano, *Los sueños y el tiempo* (Madrid: Siruela, 1992), 85. Se refiere la filósofa española a la necesidad y a la normalidad de "*vivir el presente como fragmento de una corriente temporal: percibiendo su movimiento*". Ibídem.

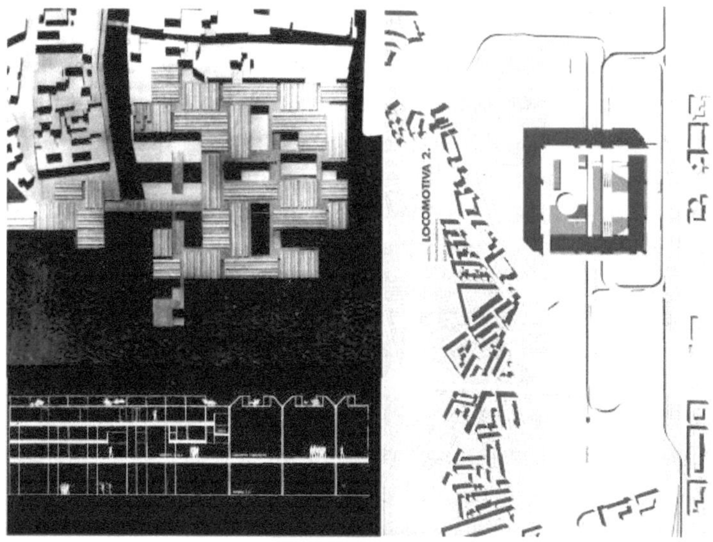

a) LC: Hospital de Venecia, 1964-65. Detalle de la sección, incluyendo laboratorios, *conduits* y rampas de conexión entre niveles superiores. b) LC: Hospital de Venecia; maqueta del 2° proyecto, 1965, vista cenital. c) G. Polesello, A. Rossi, L. Meda. Proyecto para el Centro direccional de Turín, 1962.

Para Aldo van Eyck, la estrategia de proyectar con el tiempo identifica la necesidad de ordenar las acciones presentes en la perspectiva temporal del pasado y del futuro, asumiendo las contradicciones de todo tipo, formales, funcionales, etc, que este diálogo pueda contener y alude a la necesidad de *interiorizar el tiempo y de que se vuelva transparente*[30]. Profundidad, perspectiva y continuidad son algunos temas claves de la capacidad configuradora que tiene el *tiempo constructor* de Kubler, cuyo sentido serial de la creación artística advierte los dos extremos o excesos en los que el tiempo constructor puede caer: *"Las antípodas de la*

[30] *"En la medida en que el pasado se reúne en el presente y en que el conjunto de experiencias allí reunido halla cabida en el espíritu, el presente adquiere su profundidad temporal perdiendo la acidez y el filo de navaja de su inmediatez. Es entonces cuando se podrá decir que el tiempo se interioriza o se vuelve transparente. Me parece que el pasado, presente y futuro deben actuar en el espíritu y formar un continuum. Sin esta continuidad, los artefactos que producimos no podrán ensamblarse (hallar una perspectiva)"*. Aldo van Eyck, "En el interior del tiempo", en AA. VV. *Meaning in Architecture. The contributors and design year book limited* (Gran Bretaña, 1969). Cfr. P. Hereu, J. Mª Montaner, J. Olivera, *Textos de Arquitectura de la Modernidad* (Madrid: Nerea, 1994), 349.

experiencia humana del tiempo son la repetición exacta, que es onerosa, y la variación desenfrenada, que es caótica"[31].

Hay un indudable sentido político –relativo a la *polis*– en la búsqueda de la idea de la construcción del espacio arquitectónico que indaga a su vez en la cultura de la ciudad. Por ello, priorizó, desde los primeros bocetos, el diseño de un espacio público, cubierto por volúmenes suspendidos sobre él. Samonà experimentó en el Concurso para el Centro Direccional de Torino en 1962, este sistema morfológico de superposición libre de volúmenes cuya expansión en diferentes direcciones recogía los mecanismos formales que Wright utilizó en la Casa de la Cascada, entre otras obras, de cuya arquitectura Samonà elogiaba su *"[...] poética representación naciente del espacio interior [...]"*[32]. No obstante, las implicaciones espaciales y estructurales que proyectó para la Cámara de los Diputados son sorprendentes. Sin duda, la mayor presencia en el proyecto romano de los temas que hemos señalado –el continuo urbano, la crisis tipología-morfología, la cuarta dimensión, las relaciones internas de la configuración física del contexto, la implantación de un sistema morfológico, el diseño de un espacio público vinculado al espacio interior– activó el carácter excepcional que el proyecto de la Cámara de los Diputados posee dentro de la obra de Giuseppe Samonà e, incluso, dentro de la arquitectura italiana del siglo XX[33].

Apilando tipologías (Figura 6-7)

Se aprecian en los croquis iniciales una clarificación metodológica en favor de una operación de apilar volúmenes. En el boceto planimétrico compuesto con unidades cuadradas e iguales[34], el deslizamiento de los

[31] George Kubler, *La configuración del tiempo* (Madrid: Alberto Corazón, 1975 (*1962*)), 80.
[32] Samonà, op. cit., 59.
[33] Samonà conoció de primera mano el proceso de proyecto del Hospital de Venecia de Le Corbusier (1963-65) y cabe reconocer también como genealogía del espacio público de su umbráculo romano la plaza interior del Palacio de la Asamblea de Chandigarh, terminado en 1965. El proyecto de Rossi, Polesello y Meda para el centro direccional de Turín superpone, al menos, dos estructuras urbanas, un cortile gigante de varias plantas apoyado sobre enormes columnas y una serie de infraestructuras inferiores y diferentes servicios con una composición autónoma.
[34] M. Pogacnik, "Giuseppe Samonà e il linguaggio del monumento", en G. Marras y M. Pogacnik (coord.), *Samonà e la scuola di architettura a Venezia.* (Venezia: IUAV, Il Poligrafo, 2006), 28 abajo.

volúmenes entre plantas es más tímido que en el proyecto definitivo. Las dos perspectivas muestran la atención al umbráculo y sendos puntos de vista son coincidentes con los ya comentados. Una escalera exterior, que recorría la fachada sobre la plaza de este a oeste, introducía una tensión diagonal ascendente claramente alusiva al mecanismo de organización espacial interna; esta escalera sigue apareciendo en un croquis del alzado norte en una fase más elaborada del proyecto[35]. La escalera desapareció y la tensión diagonal fue sustituida doblemente: una en planta, por el progresivo degradado formal del muro que va desplazando sus diferentes lienzos desde la escalinata que arranca junto a la torre sur-oeste de la fachada de Basile hasta el encuentro con la esquina de la pared medianera junto a la Via di Campo Marzio; la otra en sección, con el escalonamiento ascendente en sentido este-oeste de las plantas acristaladas de las 540 salas de escritura.

En el otro boceto[36] aparece un trozo de la planta baja en el contexto de la geometría residual triangular junto a las edificaciones preexistentes y una perspectiva con los volúmenes flotantes sobre la plaza que ya no resultan tan rígidos como en la anterior: la geometría cuadrada de su planta ya no aparece tan repetida, al contrario, parece que la intención fue subrayar sus variaciones geométricas, anticipando con ello el proyecto definitivo[37].

[35] Dal Co, op. cit., 121.

[36] Pogacnik, op. cit., 28 arriba.

[37] Es apreciable la influencia del proyecto de Le Corbusier para el Hospital de Venecia (1963-65), más clara en sus croquis iniciales. Algunas declaraciones del propio Le Corbusier sobre el método de proyecto utilizado en el diseño de este mat-building denotan la atención a la profundidad del tiempo en la estrategia formal, condición que traslada al propio proceso proyectual, ofertando diversas versiones pero engarzando todas ellas con el caserío inmediato: *"La ciudad de Venecia está allí y yo la he continuado. No he inventado nada. He proyectado un complejo hospitalario que puede nacer, vivir y expandirse como una mano abierta: es un edificio "abierto", sin una sola fachada definitiva, en el cual se entra desde abajo, es decir, desde dentro, como en otros lugares de esta ciudad"*, cfr. Amedeo Petrilli, *Il testamento de Le Corbusier. Il progetto per l'Ospedale di Venezia* (Venecia: Marsilio, 1999), 49.; Hashim SARKIS, *Le Corbusier's Venice Hospital and the mat building revival*, Harvard Design School, Munich, London, NY, 2001

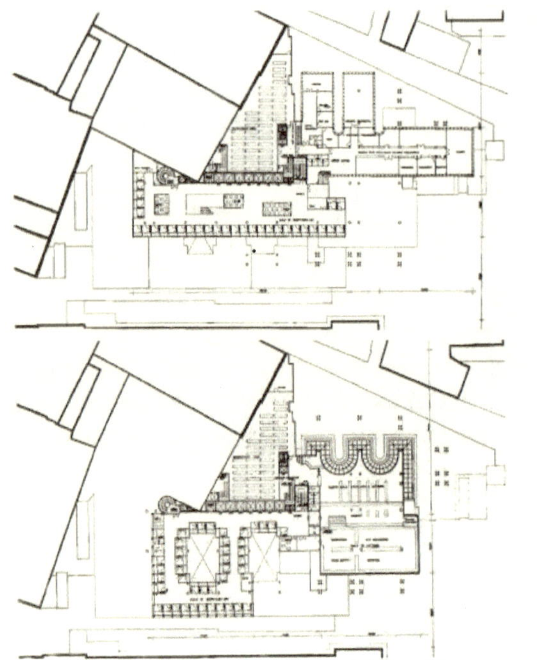

Plantas a cota + 19,10 y +23,00: salas de escritura, biblioteca,

Sucesión de diferentes plantas con diferente adscripción tipológica: basilical, agrupación de patios con y sin suelo, patios abiertos y cerrados, bloque lineal, bloques en peine, cajas compactas, etc. La espina central, según dirección norte-sur, que agrupa una batería de ascensores y diferentes escaleras, ancla los deslizamientos de todas las plantas y filtra la selección de comunicaciones. (Dibujos del autor).

La realidad creativa (Figura 8-11)

El compromiso con la realidad profunda del lugar no fue menor que el compromiso con los requerimientos del programa; la conjunción de ambos implicó una comprensión del problema real tan complejo como creativo. Samonà diseñó la solución tipológica más adecuada para cada parte del programa, montó unas sobre otras, atendiendo las necesidades de comunicaciones entre ellas, proyectó los espacios exteriores que cada una necesitaba y estableció conexiones entre ellas con escaleras exteriores. Todos los volúmenes quedaban conectados verticalmente mediante una espina central donde colocó las diferentes escaleras y una batería de ascensores con acceso regulado en las diferentes plantas.

El sistema morfológico, que explotaba el juego autónomo de volúmenes, acabó correspondiéndose con un inusitado apilamiento de tipologías diferentes donde cada una desarrolla la cuantificación del programa de usos requeridos con flexibilidad y con las variaciones oportunas. Asistimos al despliegue de un rico repertorio tipológico en la sucesión de las diferentes plantas[38].

En realidad, el sistema morfológico así entendido, abierto a la libertad de ocupación en cada planta según convenga y con la opción tipológica más adecuada, puede ser también entendido como un sistema topográfico en el que el juego de llenos y vacíos, de volúmenes y plataformas, libera la organización espacial, tanto interior como exterior, de la inoperante rigidez de la relación tradicional entre tipología y morfología. Esta condición topográfica orientó la solución de dos problemas de detalle que definen la atención de Samonà en su anclaje físico al lugar. El primero se refiere al desnivel existente entre la Plaza de Montecitorio y la Plaza del Parlamento; Samoná sustituyó la escalera situada en la Via della Missione, que todavía sigue allí, por la escalinata que arranca junto a la torre del Parlamento y da acceso a la plataforma porticada de la planta primera; el segundo es el juego de plataformas, conectadas exteriormente con escaleras, que surgen con el deslizamiento de las plantas 1ª, 3ª y siguientes para distanciarse de las ventanas de la fachada próxima existente al sur de la parcela.

[38] Una organización basilical en la planta baja –una banda central destinada a los servicios de banca y telefonía y situada entre sendos atrios longitudinales–; una agrupación de patios donde se distribuye en diferentes plantas las 540 salas de escritura, todas con luz exterior –estas salas ocupan varias plantas que varían su forma y el número de patios, ofertando diferentes versiones: cerrados, abiertos, semiabiertos–; hay soluciones en bloque lineal, en peine y organizaciones más compactas para la biblioteca, archivos; y, finalmente, el restaurante, coronando todo el conjunto, como un observatorio privilegiado sobre la ciudad.

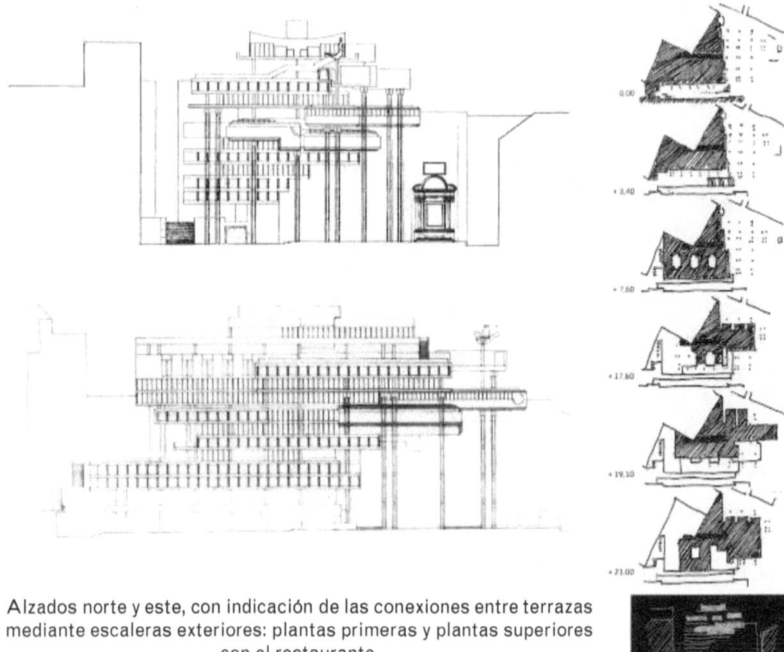

Alzados norte y este, con indicación de las conexiones entre terrazas mediante escaleras exteriores: plantas primeras y plantas superiores con el restaurante.

Esquemas de plantas y secciones. Diferencias entre la declinación del contorno o perímetro en cada planta y su correspondiente ocupación, debido al proceso de apilamiento tipológico inducido. (Dibujos del autor).

Conclusión. La transparencia del umbráculo

Bajo sus volúmenes Samonà liberó el nuevo espacio público de representación ciudadana y transparentó la imagen de la ciudad histórica. Este ejercicio de abstracción e innovación formal, que representaba una nueva formulación de las relaciones entre tipología y morfolicosogía, precisamente allí donde el debate era más candente, en el centro histórico de Roma, estaba soportado en un pensamiento técnico no menos crítico. Samonà era consciente de la importancia de esta cuestión y de las excesivas restricciones a las que, en temas como la relación entre esqueleto y envolvente, la rutina de ciertas prácticas de la modernidad había conducido. Por ello, los pilares que sujetan esos volúmenes en el aire no son pilotis modernos convencionales[39]. La construcción del nuevo umbráculo romano, en ese enclave histórico en el que tantas épocas se superponen, activa un vacío existencial y representativo en el que la memoria de la ciudad se habría sumado a una respuesta consciente y comprometida con su propio tiempo, encontrando así una oportunidad de ordenar la perspectiva temporal del lugar, de revelar su *genius loci.*

La secuencia de las intervenciones de Bernini, Fontana y Basile, a las que ya no hemos referido, la resultante masiva de los sucesivos crecimientos del Palacio, la producción desarticulada de espacios públicos, la desproporcionada escala monumental de éste en relación al tejido medieval y barroco, encuentra, como respuesta en el proyecto de Samonà, mecanismos de vaciado, aterrazsado, suspensión, transparencia, analogías tipológicas que son recompuestas y estructuradas de modo innovador. Son transparencias que nos informas de la historia del lugar, de los procesos de transformación de los hechos urbanos, de la permanencia de su carácter monumental, de su evolución topográfica, de la condición didáctica que la acción crítica y racional de la práctica profesional contiene. El estudio del proyecto para la Cámara de los Diputado nos ha revelado también el compromiso de su autor con las preocupaciones de una época, con sus debates, sus avances ideológicos y la formación de una cultura arquitectónica sobre la que hoy vuelve de nuevo el interés por su estudio, prolongando con ello la profundidad de su propio tiempo.

La belleza del proyecto de Samonà refleja el dramatismo por transcender, en las cuatro dimensiones de los límites espacio-temporales del lugar, el orden perdido y reconciliar memorias de su historia. La transparencia que hubieran activado estos nuevos umbráculos de la ampliación del Parlamento de Roma está orientada según esta particular simulta-

[39] Pogacnik, op. cit., 35.

neidad[40] del espacio público y el espacio privado, donde el apilamiento de tipos edificatorios produce, a su vez, la multiplicación de espacios exteriores en diferentes niveles topográficos, y profundiza en la perspectiva temporal que el arquitecto reivindica para la ciudad y la arquitectura.

Bibliografía

Ajroldi, C. 2000. Tipologia e morfología nella ricerca di Giuseppe e Alberto Samonà. En Montuori, M. (coords.), *L'unità architettura urbanística. La poética dell'insieme. Tra didattica e professione dell'architettura.* Roma: Officina Edizioni, 91-99.

Alonso-García, Eusebio, 2016. Plan Obús de Le Corbusier versus Metrópolis de Fritz Lang. Dos discursos contrapuestos sobre la imagen de la ciudad a finales de los años 20. En AA. VV., *AVANCA CINEMA. International Conference 2016.* Avanca: Cineclube de Avanca, pp. 300-311.

Aymonino, C. 2006. Samonà, un eclettico racionalista. In Marras, G. e Pogacnik, M. (coords.), *Samonà e la scuola di architettura a Venezia.* Venezia: IUAV, Il Poligrafo, 265-270.

Belluzzi, A.; Conforti, C. 1985. *Architettura italiana 1944-84*, Bari: Laterza.

Bergson, Henri. 1992 (*1922*). *Durée et simultanéité.* París: Quadrige.

Bonfanti, E. et altri. 1979. *Arquitectura Racional.* Madrid: Alianza Editorial.

Capozzi, R; Orfeo, L; Visconti, F., 2012. *Maestri e scuole di architettura in Italia.* Clean: Napoli.

Conforto, C. (1977). Il problema dei centri storici. En Conforto, C. et altri. *Il dibattito architettonico in Italia 1945-1975.* Roma: Bulzoni Editore, 131-173.

Dal Co, F. 1981. Le jeu de la mémoire: 1961-1975. En Aymonino, C. et altri, *Giuseppe Samonà. Cinquante ans d'architecture*, Paris: Éditions du Moniteur, 105-111.

Eyck, Aldo van. 1969. En el interior del tiempo. En AA. VV. *Meaning in Architecture. The contributors and design year book limited.* Gran Bretaña.

[40] *"En tanto que forma, lo urbano lleva un nombre; es simultaneidad"* Henri Lefebvre, *El derecho a la ciudad* (Barcelona: Península, 1978 (*1968*)), 68; *"Simultaneidad de percepciones, de acontecimientos, espacio por tanto de hipersocialización, puesto que es la forma concreta que adopta el encuentro y la reunión de todos los elementos que constituyen la vida social"*, Ibídem, 99.

Gregotti, V., 1979. Editorial. The last CIAMs. Habitat for a satellite town, *Rassegna*, 51.

Gregotti, V. 1995. Editoriale, *Rassegna*, 61, 1995, I.

Hereu, P.; Montaner, J. Mª; Oliveras, J. 1994. *Textos de Arquitectura de la Modernidad.* Madrid: Nerea.

Kim, I. 2007. Giuseppe Samoná at the Palazzo del Montecitorio, Rome 1967, *Journal of Asian Architecture and Building Engineering*, 6:2.

Kubler, George. 1975 (*1962*). *La configuración del tiempo.* Madrid: Alberto Corazón.

Labò, M, 1997. Giuseppe Terragni, en Antonio Pizza et altri, *Giuseppe Terragni*, Barcelona: Serbal, ,

Lanciani, R. 1988. *Forma Urbis Romae*, Roma: Qasar.

Lefebvre, Henri. 1978 (*1968*). *El derecho a la ciudad*, Barcelona: Península.

Mantero, E. 1988. *Il Razionalismo italiano* (5d ed.). Bologna: Zanichelli.

Montuori, M. 1988. *Lezioni di progettazzione. 10 maestri dell`architettura italiana*, Roma: Electa.

Mumford, E. 2002. *The CIAM Discourse on Urbanism, 1928-1960,* Cambridge, Massachusetts: MIT Press.

Domhardt, K. S., 2012. *The Heart of the City. Die Stadt in den transatlantichen Debatten der CIAM 1933-1951.* Zurich: Verlag.

Pazzaglini, M., 1977. Il miti degli anni `60: K. Tange, L. Kahn, Archigram¸ en Conforto, C. et altri. *Il dibattito architettonico in Italia 1945-1975,* Roma: Bulzoni Editore.

Petrilli, Amedeo. 1999. *Il testamento de Le Corbusier. Il progetto per l'Ospedale di Venezia.* Venecia: Marsilio.

Piperno, L. 1995. Grandi concorsi italiani tra il 1945 y 1984, *Rassegna* 61, I.

Pogacnik, M. 2006. Giuseppe Samonà e il linguaggio del monumento. En Marras, G. e Pogacnik, M. (coords.), *Samonà e la scuola di architettura a Venezia.* Venezia: IUAV, Il Poligrafo, 265-270.

Poretti, S. 1990. *Progetti e costruzione dei Palazzi delle Poste a Roma 1933-35*, Roma: Edilstampa.

Pujia, L, coord. 2020. *Rileggere. Re-reading Samonà,* en Patrimonio culturale e territorio vol. 7, Roma TrE-Press: Roma.

Samonà, G. 1978. *L`Unità Architettura Urbanistica* (2nd ed.). Milano: Franco Angeli Editore.

SARKIS, H., 2001. *Le Corbusier's Venice Hospital and the mat building revival*, Munich, London, NY: Harvard Design School.

Tafuri, M. 1968. *Il Concorso per i nuovi uffici della Camera dei Deputati: un bilancio dell'architettura italiana.* Roma: Edizioni Universitarie Italiane.

Toccafondi, L. 2011. Al tavolo di lavoro: Giuseppe Samonà e la nascita del progetto, nel racconto di tre opera non realizzate, *Rassegna di architettura e urbanística,* vol. 45, 134/135.

Tyrwitt, J.; Sert, J.L.; Rogers, E.N. 1952. *The Heart of the City: Towards the Humanisation of Urban Life,* New York.

Visconti, F. 2012. Rileggere oggi Rogers, Samonà, Quaroni, en Capozzi, R; Orfeo, L; Visconti, F. *Maestri e scuole di architettura in Italia.* Clean: Napoli.

Yourcenar, Marguerite. 1982 (*1951*). *Memorias de Adriano.* Barcelona: Edhasa.

Yourcenar, Marguerite. 1989. *El tiempo, gran escultor*. Madrid: Alfaguara.

Zambrano, María. 1992. *Los sueños y el tiempo.* Madrid: Siruela.

Zubiri, Xavier. 1989. *Estructura dinámica de la realidad.* Madrid: Alianza.

1. Exterior del Palacio y estanque del jardín
2. Flujos de movimientos en el evento
3. Muro multimedia sobre el estanque
4. movimientos y encuadres visuales
5. Encuadre global y parcial. Reflejo en el estanque

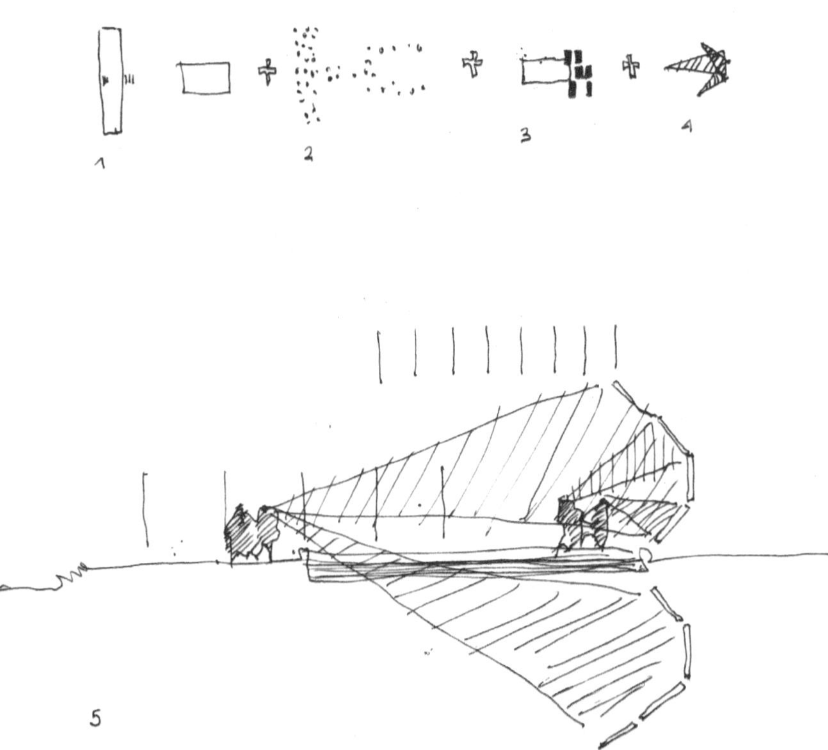

Proyecto de instalación multimedia con un muro de siete pantallas al borde del agua (© EAG)

V HABITAR DESPUÉS DEL CINE

V.1 Plan Obús de Le Corbusier, 1932, versus Metrópolis de Fritz Lang, 1927. Dos discursos contrapuestos sobre la imagen de la ciudad a finales de los años veinte. 2016.

V.2 Ventanas en el cine, el arte y la arquitectura. Miradas, relaciones e informaciones. 2017.

V.3 Umbráculo mediático. Arquitectura, cine y sistemas multimedia. 2024.

"El cine es la forma estilística que corresponde al creciente peligro de muerte al que tienen que enfrentarse los hombres de hoy. La necesidad de exponerse a efectos de choque es una acomodación del hombre a los peligros que le amenazan. El cine corresponde a modificaciones de hondo alcance en el aparato perceptivo, modificaciones que hoy vive a escala de existencia privada todo transeúnte en el tráfico de una gran urbe, así como a escala histórica cualquier ciudadano de un Estado contemporáneo".

Walter Benjamin, Discursos interrumpidos I. Madrid: Taurus, 1989 (1972), 52, n. 28.

PLAN OBÚS DE LE CORBUSIER, 1932, VERSUS METRÓPOLIS DE FRITZ LANG, 1927

DOS DISCURSOS CONTRAPUESTOS SOBRE LA IMAGEN DE LA CIUDAD A FINALES DE LOS AÑOS VEINTE.

2016

Introducción

Fritz Lang (1890-1960) y Le Corbusier (1887-1965) en el debate urbano en los años veinte

A mediados de los años veinte las propuestas urbanísticas de gran escala que Le Corbusier había proyectado hasta entonces (*Ville Contemporaine*, 1922; *Plan Voisin*, 1925) gozaban de amplia repercusión, no sólo entre los arquitectos y urbanistas, sino también entre aquellos que desde otras disciplinas artísticas, como la pintura o el cine, estaban interesados en el debate abierto sobre la ciudad moderna. La exhibición de estos proyectos en la Exposición de Artes Decorativas de París en 1925, en el Pabellón de L`Esprit Nouveau, consolidó esta influencia. Estos proyectos contienen los principales arquetipos de la urbe moderna como los rascacielos o la organización del tráfico en diferentes niveles superpuestos, incorporando todo tipo de medios de transporte (coche, tren, metro, aeroplano, globo aerostático) y ambos conviven con extensas edificaciones horizontales o *bloques en redent* y una presencia constante del paisaje vegetal que recoge la herencia del utopismo pintoresco que apostó por una vida sana en contacto con la naturaleza.

Fritz Lang rodó *Metrópolis* entre el 22 de mayo de 1925 y el 30 de noviembre de 1926. En junio de 1924, él y su esposa, Thea von Harbou, habían terminado de escribir el guion. Pero no fue hasta octubre de ese mismo año, con ocasión de la visión nocturna que tuvo de Nueva York. Lang concibió la imagen que tendría la ciudad de *Metrópolis* a partir de la fuerte impresión que le produjo la atmósfera nocturna de la ciudad (Gorostiza 2007, 205). Construyó una imagen memorable de la ciudad moderna, una calle rodeada de rascacielos con viaductos elevados de tráfico, que ha influenciado hasta nuestros días el cine de ciencia ficción en el que la imagen de la ciudad futura posee una cierta relevancia. *"La calle, un colectivo gigante, crea un nuevo tipo de ser humano... Desde la antigüedad no ha habido tales imágenes de dioses y diosas –Adolf Behne–. La arquitectura ha empezado a actuar en las películas; los rascacielos se habían elevado al status de estrellas de cine"* (Neumann 1996, 37).

La década de los años veinte fue una época convulsa en lo económico, político y social y efervescente y creativa en lo cultural. La guerra agudizó muchos de los problemas anteriores a ella; entre 1922 y 1936 se implantaron muchas dictaduras en Europa (Suárez y Vidal 1987, 238); la gran crisis económica en América y en Europa, la revolución bolchevique, las crisis sociales, marcaron el ambiente de incertidumbre de aquellos años en los que el debate cultural y artístico demostró a su vez gran creatividad. En este clima, Arquitectura y Cine se repartieron las funciones propositivas y críticas. *Metrópolis* se alineó con las propuestas más críticas y apocalípticas, aportando la visión de un futuro fantástico y diabólico (Cairns 2007, 71-72). Las colaboraciones entre arquitectos y cineastas fueron frecuentes en esta década (Koeck 2013, 7-9).

El interés de Le Corbusier por el cine se desarrolla en varias direcciones (Mazza 2002, 45), como soporte promocional, como estrategia de desarrollo y discurso del proyecto y como referente en el sistema de organización espacial (Villalobos y Pérez 2014, 123-130). Colaboró con el director de cine Pierre Chenal en la película *L`Architecture d`aujourd`hui* (1929) para publicitar sus ideas arquitectónicas y urbanísticas; utilizó el sistema de montaje fílmico para explicar sus proyectos a sus clientes, secuenciando perspectivas en largas tiras de papel a modo de story-boards, como en el caso de la *Villa Meyer* (Fernández-Galiano 1987, 32; Gorostiza 2007, 287-290); preparó la realización de películas sobre algunos de sus edificios.

0. Fritz Lang y Le Corbusier en el debate urbano de los años 20
Metrópolis
Plan Obús

1. La ciudad como tema en el cine y en la arquitectura
Ciudad del Futuro
Ciudad vertical
Rascacielos y viaductos
Utopías de finales del XIX
Ville Contemporaine
Ville Radieuse
Plan Voisin
Ville Verte
Naturaleza y espacio público
Circulaciones superpuestas

2. Nostalgia del Futuro y crítica del presente
Nueva Objetividad. Neue Sachlichkeit
La llamada al orden
Arquitectura o revolución
Autómatas y robots
Ventanas en la ciudad. Ventanas en el paisaje
La ventana como observatorio
Algol
Things to come
The Fountainhead
Play Time
Blade Runner
Capturar el paisaje

3. Tecnología, paisaje y espacio social
Mecanización
Verticalidad versus horizontalidad
La Gran Ciudad. La calle. La noche
La utopía de la naturaleza
La ciudad subterránea
La crítica social
Aelita
La noche de la gran ciudad
Maquinismo y metrópoli
Berlin. Sinfonía de una ciudad
La Inhumana
La calle. Die strasse
La noche de Broadway
La noche de Buenos Aires

4. Argel. Infraestructura habitada
Ciencia y naturaleza
Viaducto habitado
Reacción poética
Acústica visual
Geometría y paisaje
Superposición de estructuras
Balcones del mundo
Superposición y simultaneidad
Rascacielos invertido
Espacio social
Máquina central
Reunión y simultaneidad
Simultaneidad de épocas
Arquitecturas supervivientes
Condensador social
Estrategias alucinatorias

5. Manhattan y la visión moderna de la relación ciudad y paisaje
Puente habitado
Manhattan
Manhatta
Paisaje y espacio público
Distopía y utopía

Temas y conceptos

F. Lang. Metrópolis. Torre de Babel, rascacielos y viaductos.

Rascacielos y multiplicación de tráficos son ingredientes ineludibles en la imagen de la ciudad moderna del cine y de la arquitectura de aquellos años. Sin embargo, Le Corbusier realizó una serie de propuestas urbanísticas a finales de los años veinte que se apartaron de esta tipología del rascacielos. En 1929 Le Corbusier, durante su viaje a Sudamérica, realizó vuelos en aeroplano que le permitieron contemplar el territorio desde el aire; dibujó diferentes propuestas urbanísticas (Sao Paulo, Río de Janeiro, Montevideo) en las que perdieron protagonismo los rascacielos y esbozó la posibilidad de que los viaductos dibujaran un nuevo horizonte en el paisaje y albergaran bajo ellos las nuevas tipologías residenciales (Comas 2015 (*2013*), 78-83). Entre 1931 y 1934 desarrolló esta propuesta en su proyecto *Obús* para Argel.

La ciudad como tema en el cine y en la arquitectura

El cine y la arquitectura del siglo XX, cuyas producciones retroalimentan mutuamente sus propias reflexiones, abordan la ciudad como tema central (Bertozzi 2001; Rivera 2005; Gorostiza et al. 2007). En *Metrópolis* contemplamos iconografías urbanas modernas y otras que no lo son tanto (la catedral, la casa de Rotwang, las catacumbas), utilizando un recurso que es ya un invariante en el cine de ciencia ficción cual es la combinación de imágenes futuristas e imágenes arcaicas o más antiguas de la arquitectura de la ciudad. Estas imágenes de la ciudad y el conflicto social que albergan en la película recogen el debate arquitectónico y urbanístico de la época y el protagonismo del rascacielos como tipología significante, más allá de la concreción formal que adopta, irreal y distorsionada (Neumann 1996, 36). A pesar de no innovar nada desde el punto de vista urbanístico, *Metrópolis* es, como afirmó Luis Buñuel, una catedral del cine. Tiene la capacidad de sintetizar una época, el arquetipo visual de sus ciudades y los conflictos sociales y políticos que sucedieron.

LC. Argel. Plan Obús. 1932-34. Viaducto de la costa y redents con caligrafía árabe en Fort L`Empereur. Maqueta.

En ella se reúne la tríada "*modernidad, ciudad y cine*" que alentó numerosas películas de la República de Weimar (McArthur 1997, 36). Y la estrategia formal, visual y narrativa que Lang utilizó hace que su influencia perdure en el cine contemporáneo y siga siendo un referente vivo en el cine actual. *Metrópolis* recoge, del debate urbanístico de la época, *"formas y representaciones urbanas que no construye de forma realista sino que distorsiona, modela y acentúa en favor de los diferentes discursos simbólicos que pone en juego, la lucha de clases, la rebelión de los obreros que surge de las catacumbas, las coreografías avanzando en formación hipnótica hacia el ascensor"* (Cairns 2007, 76-78). El tratamiento de los avances científicos y tecnológicos coadyuva en esta percepción catastrofista y apocalíptica, como el robot femenino que fabrica el oscuro científico o la inflación caótica del tráfico en los viaductos superpuestos y suspendidos en el aire, alusión clara a las infraestructuras de la ciudad moderna que se estaban desarrollando en América y Europa.

La imagen futurista de Metrópolis recoge diferentes visiones arquitectónicas que fueron surgiendo desde los inicios del siglo como los dibujos de la *Ciudad del Futuro (1913)* de Harvey Wiley Corbet, donde explora soluciones innovadoras para los problemas del tráfico en las grandes urbes, especializando las circulaciones en diferentes niveles superpuestos, subterráneos, unos, y a modo de viaductos aéreos, los otros (Neumann 1996, 21); o, más específicamente arquitectónica, la ciudad futurista de Antonio Sant`Elia, cuyo proyecto para una *Città Nuova (1914)* propone una renovada idea de ciudad, basada en los conceptos de industrialización y dinamismo, con construcciones modernas de hormigón, acero y vidrio, cuya apariencia fabril explota las imágenes de las formas que produce la técnica moderna (fábricas, chimeneas, puentes, torres), donde grandes espacios urbanos y amplias avenidas garantizan el adecuado flujo del tráfico intenso y el funcionamiento continuo de la gran ciudad. Las ideas de Sant`Elia estaban influenciadas por el proyecto futurista de Marinetti, personaje que resume en sí mismo las contradicciones de la época; abandonó sus anteriores posiciones simbolistas, radicalizó sus teorías, alabando, junto a la tecnología y la velocidad, la guerra" (Granés 2011, 24; Frampton 1990, 89-95).

Fritz Lang reinterpreta en *Metrópolis* la imagen de ciudad vertical a base de rascacielos y diversificación de tráficos que alude a las experiencias que las ciudades modernas estaban desarrollando desde principios de siglo (Chicago, Manhattan, Berlín) y que los arquitectos estaban alimentando con sus investigaciones –el rascacielos de acero y vidrio de Mies van der Rohe para Berlín (1921), la ciudad vertical de Hilberseimer para Berlín (1924), los proyectos del propio Le Corbusier (Jacobsen y Sudendorf 2000, 19-21)–. La ciudad de *Metrópolis* presenta una estructura vertical, *"los obreros se matan literalmente a trabajar en la fábrica subterránea y los dirigentes del sistema respiran aire limpio desde los rascacielos que dominan la ciudad"* (Cairns 2007, 74). Es una metáfora del cielo y del infierno y es una crítica política al sistema capitalista del momento que involucra a la técnica y a sus modos de producción.

La obra de Le Corbusier en aquellos años se desarrolla entre los planteamientos urbanos utopistas de finales del siglo XIX y principios del XX –Fourier, Sant`Elia, Tony Garnier– y los estudios de antropólogos, geógrafos y sociólogos cuyos textos a partir de los años de las décadas de los cincuenta y sesenta revitalizan algunas de estas cuestiones (Alonso 2015, 74). Entre sus propuestas urbanísticas de la primera mitad de los años veinte y las 1929 para Sudamérica y el Plan Obús para Argel, Le Corbusier se alimentó de su capacidad para apropiarse de avances ajenos y rebautizarlos como nuevas invenciones –un buen ejemplo es la formulación teórica de *la casa como máquina* de habitar que ya fue avanzada por Adolphe Lance en un escrito de 1853 (Tafuri 1997, 204; Moos 1977 (*1968*), 93)–. La literatura más reciente va confirmando para el caso Le Corbusier aquello que Frampton afirmaba para la arquitectura del siglo XX, en general, en términos de *"continuidad e inflexión más que en términos de originalidad como fin en sí mismo"* (Frampton 1987, 92). Conocedor de los planteamientos utopistas del siglo XIX sobre las teorías y propuestas urbanas para una nueva sociedad (Bergdoll 2015 (*2013*), 44), Le Corbusier filtró su aprendizaje y lo reinterpretó en sus propuestas urbanísticas de los años 20.

Al abordar escalas mayores como el diseño de la *Ville Contemporaine, una Ciudad para tres millones de habitantes,* el paisaje natural, el parque, es el gran espacio público, la *"alfombra de verdor"* (Curtis 1986, 61), en cuyos dominios se insertan los edificios, a partir del cual se despliegan en sus diferentes escalas los diversos espacios públicos, colectivos, comunitarios, de encuentro y relación junto a la diversidad de tipologías edificatorias. Casa y ciudad insertadas en la naturaleza. Este protagonismo del paisaje natural en su relación con la arquitectura es la aportación significativa de Le Corbusier al proyecto de la ciudad contemporánea que recoge de la tradición pintoresca del siglo XIX, que le es transmitida en primera instancia por L`Eplattenier, su profesor en La Chaux-de-Fonds (Ábalos 2008, 120).

La *Ville Contemporaine* (1922) y su actualización posterior, la *Ville Radieuse* (1930-33), son sus aportaciones teóricas a partir de la crítica moderna de la ciudad congestionada, obsoleta, insalubre, heredada del siglo XIX. Junto a un predominio compositivo de la planta que recoge mecanismos geométricos de jardines de los diseñadores franceses de los siglos XVIII y XIX (González 2004, 72-73), se recogen las ambiciones utopistas de la vida en la naturaleza y, a través del protagonismo *de la naturaleza en la construcción del espacio público de la ciudad* (Ábalos 2008, 123), la gran máquina de la ciudad moderna de Le Corbusier adopta el espacio exterior y verde como característica determinante de sus estrategias formales, en las que la geografía acaba siendo determinante para anclar los modelos teóricos a un sitio concreto (Monteys 1996, 79).

Con diferencias en su composición y en sus trazados geométricos, ambas se asemejan en su entendimiento de articular el gran jardín como un plan urbano. La *Ville Contemporaine* presenta un esquema centralizado y una organización concéntrica en la secuencia tipológica que, desde el centro a la periferia, distribuye rascacielos cruciformes, *bloques en redents* e *inmuebles-villas*. Estos tres elementos básicos, que son objeto de diversas experimentaciones en proyectos específicos durante aquellos años, constituyen también la base tipológica de la *Ville Radieuse* que organiza con una serie de bandas paralelas, diferenciadas por usos y tipologías, y cosidas por una espina central que concluye en la agrupación de los rascacielos de oficinas, configurando una composición antropomórfica.

LC. Comparación a la misma escala entre la Ville Contemporaine y Manhattan.

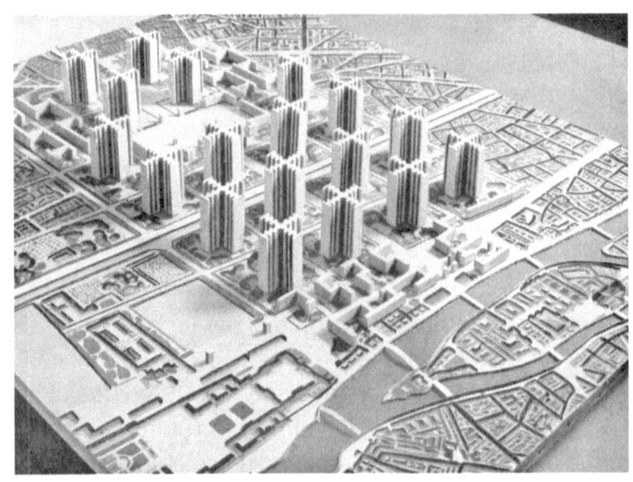

LC. Plan Voisin, Paris. 1925.

El *Plan Voisin* (1925), que arrasaba buena parte del centro de París situado al norte del Sena, representa una concreción mayor con el lugar y una menor idealización que las anteriores, adecuándose al menos a la continuidad de las calles del entorno y manteniendo dentro de su perímetro algunos edificios preexistentes. Esta mediación, que en este caso establece la corona más exterior de los inmuebles-villas en su encuentro con las edificaciones del viejo París, sería más difícil con la propuesta *Ville Radieuse*. No obstante, la defensa que el propio Le Corbusier hace en Buenos Aires del *Plan Voisin* como *"máquina de finanzas: la época maquinista ha creado una mina de diamantes en el centro de París"* (Le Corbusier 1978 (*1930*), 202), deja expuestas las razones para concitar una crítica sobre el carácter de herramienta de producción de la ciudad liberal que este tipo de planes urbanísticos contiene (Tafuri 1997, 214).

Le Corbusier proyecta para el centro de la *Ville Contemporaine* siete niveles de circulación superpuestos (Moos 1977 (*1968*), 202) que albergarían, enunciados desde abajo hasta el nivel superior: estaciones de grandes líneas, recorridos de cercanías, el metro, circulación de peatones, cruces de tránsito ligero y, finalmente, el aeropuerto. Además, la superposición de niveles, con calles elevadas para el tráfico rápido de coches, permitía la continuidad ininterrumpida de tránsitos peatonales y los recorridos sinuosos a pie entre la vegetación que explicita el dibujo de la *Ville Verte* (Le Corbusier 1978 (*1930*), 179). Si en la *Ville Contemporaine* estas calles elevadas sobre pilotis para el tráfico se limitaban a los ejes principales, en la *Ville Radieuse* aparecen en mayor número y complejidad.

LC. Ville Verte, 1929.

Nostalgia del futuro y crítica del presente

El período entre las dos guerras mundiales se caracterizó por sus constantes crisis sociales y políticas a las que, no obstante, la cultura y el arte respondieron en dos direcciones, una creatividad en todas las artes, crítica con el pasado y diversamente propositiva, y un deseo de orden y estabilidad que parecía difícil de alcanzar. De esa efervescente creatividad da cuenta la compleja y rica sucesión y convivencia de ismos y tendencias que, aunque París y Berlín aparecen como ciudades preeminentes, se desarrollaron en muchas ciudades europeas (Marchán 1995, 315-435). Movimientos que se presentaban como antivanguardistas y recuperaban las tradiciones –el *Novecento* italiano, la *Pintura Metafísica*, la *Nueva Objetividad* alemana, el *Noucentismo* catalán– supusieron la vuelta a un cierto clasicismo, a un orden y a una recuperación del pasado nacional.

"El título de un opúsculo de Jean Cocteau, aparecido en 1926 –la rappel à l'ordre– se convirtió en el lema de estos años. Así, movimientos, grupos y tendencias, como el Purismo de Ozenfant y Charles Edouard Jeanneret, en Francia, la aparición de la revista L'Esprit Nouveau o el grupo de La Bauhaus, en Alemania, se desarrollaron dentro de esta tendencia neoclásica, pero diferían de los anteriores en que la llamada al orden que planteaban se basaba en los valores de uso y de funcionalidad, en la instauración de un nuevo lenguaje, fruto de una nueva metodología" (Suárez y Vidal 1987, 238). La existencia de la Bauhaus, una escuela de diseño, arte e industria, es un ejemplo de la fuerte vinculación de aquella época entre los avatares socio-políticos y los desarrollos artísticos, pues nació con la República de Weimar en 1919 y desapareció en 1933 con la victoria del nacionalsocialismo.

F. L. Metrópolis. María y los obreros en las catacumbas.

F. L. Metrópolis. Los obreros en la ciudad subterránea en formación autómata hacia el trabajo.

F. L. Metrópolis. El robot creado por Rotwang.

Le Corbusier confiaba todavía en 1923 en la posibilidad de este orden deseado. En su texto *Arquitectura o revolución,* que cerraba el libro *Vers une architecture,* concluía que sí era posible la arquitectura y que se podría evitar la revolución (Le Corbusier 1923).

La atmósfera apocalíptica de *Metrópolis* hunde sus raíces entre el expresionismo y el post expresionismo y la nueva objetividad alemanes de entreguerras. Las escenas de las catacumbas, la catedral o la casa de Rotwang, el científico, explotan la visión expresionista de estas arquitecturas más arcaicas, mientras que las edificaciones de los obreros, cajas cúbicas con su obsesiva repetición de ventanas cuadradas, recuerdan muchos cuadros de los pintores de la *Nueva Objetividad.*

Georges Grosz pintó en 1916 un cuadro del mismo nombre, *Metrópolis*, que recoge esta idea de la transformación asfixiante de las ciudades, con perspectivas forzadas de los edificios, acumulación de figuras superpuestas y un uso del color rojo que potencia la sensación de agobio de la ciudad moderna. La crítica social que despliega Fritz Lang en la película no es menor: división radical de la sociedad, los obreros habitan el subsuelo, catacumbas incluidas, y acceden a los grandes montacargas en rigurosa formación, los ricos viven en la parte alta de la ciudad y disfrutan de espacios al aire libre y deportivos; entre ambas zonas se ubican los diferentes viaductos que están siempre congestionados por el tráfico.

Hay dos escenas en la película, en diferentes momentos, que subrayan la deshumanización del hombre; las dos recurren a similar coreografía, en la que los obreros van en rígida formación triangular como si fueran autómatas –figura ésta que aparece en numerosos cuadros de los pintores de la *Nueva Objetividad* y que en la película representa un personaje importante, la copia de María, el robot creado por Rotwang–, una al inicio de la película, cuando van a coger el montacargas para bajar al trabajo, y la otra, próxima al final de la película, cuando se dirigen en protesta hacia la catedral. Sendas coreografías nos recuerdan la composición de Franz Wilhelm Seivert *Los hombres del trabajo* (1925), figuras despersonalizadas y dispuestas sobre un paisaje de fábricas y chimeneas.

F. L. Metrópolis. Construcción de la maqueta de la ciudad superior.

Lang construyó unas maquetas para filmar las memorables imágenes de los rascacielos de *Metrópolis*. De su ejecución se encargaron los decoradores Otto Hunte, Erich Kettelhut y Karl Vollbrecht; a su grandiosidad contribuyó el fotógrafo Eugen Shufftan con el uso de tomas trucadas a través de espejos, un sistema que él mismo patentó y que contribuyó a magnificar las diferencias entre la grandiosidad de la arquitectura de la metrópoli y la pequeñez de los hombres y los coches (Sánchez-Biosca 2007, 40). Las imágenes resultantes de estas maquetas aparecen durante pocos minutos en el conjunto de la película pero su eficacia lo es fílmica y arquitectónica; ha influenciado el cine de ciencia ficción posterior –"*Yo usaba fotogramas de Metrópolis cuando estaba haciendo los planos para construir las maquetas de Blade Runner*", afirmó David Dryer (Gorostiza 2007, 213) – y su presencia es habitual en los debates de arquitectura y urbanismo sobre la ciudad.

Ventanas en la ciudad. Ventanas en el paisaje

La ciudad de los rascacielos y de los viaductos aparece en el film en las vistas exteriores de la ciudad pero también se nos muestra desde el interior del despacho de Joh Fredersen. Esta visión de la ciudad, de forma indirecta y a través de la ventana de su despacho es una metáfora de su poder sobre la ciudad; utiliza un mecanismo simbólico bastante habitual en este tipo de cine cuyo uso podemos contrastar con algún ejemplo presente en la pintura de la época y en los dibujos del propio de Le Corbusier.

Desde la distorsionada habitación donde Heinrich Maria Dravinghausen ubica a *El especulador* (1920-21), y a través de las ventanas cuadradas de la pared e, incluso, el techo, el personaje, y nosotros con él, contempla la fría y abstracta arquitectura de la ciudad a base de rascacielos de ventanas cuadradas –iconos prototípicos de la pintura metafísica italiana y de la nueva objetividad alemana– que son la mercancía con que hace su negocio.

La ventana como observatorio privilegiado sobre la ciudad de quien ostenta el poder sobre ella reapareció muchos años después en *Blade Runner*, en el apartamento de Tyrell desde el que se divisa toda la ciudad distópica de Los Ángeles en 2019. En todo caso, bien con la significación de resaltar la jerarquía de quien manda en la ciudad, bien con la intención de una relación más empática y hedonista con el paisaje, la presencia de la ventana y de los personajes con ella es un recurso de la profundidad de campo que coadyuva a subrayar la profundidad del relato, de sus personajes y de estos con las cosas en juego. En *Algol* (Hans Werckmeinster, 1920) la ventana asoma a una simulación pintada de la ciudad; en *Things to come* (William Cameron Menzes, 1936), una utopía situada en 2036, excavada bajo tierra después de un gran cataclismo bélico, la ventana es sustituida aquí por una pequeña pantalla donde el anciano da la lección de historia a la niña y le muestra los rascacielos que en un tiempo anterior existieron; en *El Manantial* (King Vidor, 1949) aparecen la ciudad y sus rascacielos tras la ventana mientras están revisando las propuestas para el nuevo edificio; en *Play Time* (Jacques Tati, 1967), invirtiendo en ocasiones la dirección de la profundidad de campo, las transparencias se dirigen desde fuera hacia el interior; estas transparencias en *Play Time* se multiplican y ofrecen la posibilidad de contemplar simultáneamente, bien a Monsieur Hulot, bien al espectador, varias vistas o ventanas a la vez (Koeck 2013, 100).

F. L. Metrópolis. Ventana del despacho de Joh Fredersen con vistas de la ciudad.

Le Corbusier utiliza este recurso con un sentido diferente para capturar el paisaje; construye una casa para sus padres frente al lago Léman en 1924-25 que es en sí misma un "*aparato óptico para capturar una vista panorámica del lago*" (Moos 2015 (*2013*), 24). El propio Le Corbusier se fotografió en esta actitud expectante frente al paisaje exterior de Marsella desde un dormitorio de la *Unidad de Habitación* (1952); esta actitud y disposición contemplativa del paisaje desde el interior doméstico queda recogida en los dibujos que realiza de la bahía de Río de Janeiro con ocasión de su viaje por Sudamérica en 1929, buen ejemplo de la idea de algunos proyectos como "*máquinas para observar el paisaje*" (Cohen 2015 (*2013*), 4). Las propuestas de Le Corbusier del año 1929 y su proyecto del *Plan Obús para Argel* de 1931-34 anulan la dura jerarquía social que está presente en *Metrópolis*; en estos casos, el viaducto representa un papel diferente al que observamos en la película de Lang, artificiosamente fabriles y retóricamente maquinistas.

Los viaductos de estos proyectos de Le Corbusier son miradores para disfrutar del paisaje, con apenas tráfico sobre ellos, como en las optimistas perspectivas de Argel. Son un observatorio del paisaje natural por excelencia, las montañas y el mar.

LC. Río de Janeiro. Captura / travelling del paisaje.

Tecnología, paisaje y espacio social

Le Corbusier, como tantos otros en los inicios del siglo XX, confió en la ciencia y en la técnica como remedio y salvación de tantos males que aquejaban a la sociedad en general y, en particular, a las ciudades y al problema de la vivienda (Torres 2004); habrían de pasar algunas décadas para comprender la carga ideológica que ambas representan. En 1941 el propio Le Corbusier recogió el sentimiento de decepción: *"La sociedad contemporánea sufre una devastadora enfermedad. La Mecanización, que debería haber sido un remedio para todos sus males, ha sido desplazada ... A pesar de milagros aislados, la era de la máquina no ha conseguido todavía sus avances ... lo que debería haber sido un laborioso recurso de la humanidad para la libertad ha llegado a ser considerado por muchos poco menos que una calamidad"* (Frampton 1987, 219).

F. L. Metrópolis. Portada de la Novela deThea von Harbou.

La Exposición de Artes Decorativas de 1925 consolidó la imagen vanguardista de Le Corbusier. No obstante, el propio Le Corbusier abordaba en aquellos años reflexiones bastante más críticas –las conferencias de Sudamérica, 1929, las propuestas de Argel, 1931-34, por citar algunas– con aquellos postulados que le posicionaron como uno de los máximos representantes de la modernidad mecanicista. En estos proyectos, la dualidad entre la verticalidad de sus rascacielos cruciformes y la horizontalidad de los *redents* parece decantarse en favor de esta última (Abalos y Herreros 1987, 53).

La Gran Ciudad. La calle. La noche

Le Corbusier apuesta por una afirmación utopista de la naturaleza, que en *Metrópolis*, a excepción de los más privilegiados que habitan en el nivel superior de la ciudad, está ausente; de hecho, la ciudad subterránea de los obreros es más bien la representación de un lugar de esclavitud y opresión en la era industrial. La crítica social que contiene contra la desigualdad ya había aparecido en otras películas. En *Aelita* (Yakov Protazanov, 1924), los obreros también trabajaban esclavizados y acabaron rebelándose. La portada del libro deThea von Harbou, *Metrópolis*, diseñada por Walter Reimann interpreta los viaductos entre los rascacielos como grandes arcos, figura que resulta de la deformación perspectiva del dibujo pero que, no obstante, recuerdan algunos elementos de la imagen constructivista de los decorados de la *Ciudad Marciana* de *Aelita*; la película se proyectó en la Exposición de Artes Decorativas en París en 1925, coincidiendo con los dioramas de los proyectos de Le Corbusier.

F. L. Calle de Broadway iluminada por la noche.

Entre los diversos discursos que desarrolla *Metrópolis* es relevante el referido al conflicto social que surge como consecuencia de la explotación obrera y éste está vinculado al desarrollo tecnológico que la gran ciudad requiere para su pleno funcionamiento. Uno de los logros de la moderna tecnología es la posibilidad de que la ciudad funcione veinticuatro horas al día, *"la noche de la gran ciudad"*; el cine y las artes de la época recogieron la aparición de este gran cambio en la vida urbana. El pintor Otto Dix representó en su tríptico *Gran Ciudad* (1928), pintado entre Berlín y Dresde, escenas de la vida nocturna de los años veinte; flanquean las escenas más dionisíacas del panel central, que recoge el ambiente lúdico de una sala de baile de jazz, sendos paneles laterales con escenas más ácidas y críticas en las se pinta a sí mismo como un mutilado de guerra entre travestís y prostitutas. *"Desde mediados de los años veinte la Nueva Objetividad triunfa como el nuevo estilo más acorde con la interiorización del tipo metropolitano y la precisión rigurosa de sus modos de existencia... sus imágenes anticipan las de la arquitectura de la gran ciudad o desvelan el estatuto del signo y mercancía en los que se convierten el hombre y las cosas en la deshumanización del binomio maquinismo-metrópoli"* (Marchán 1995, 434).

LC. Buenos Aires 1929. Dibujo d su propuesta de torres sobre el Río de la Plata con iluminación nocturna.

Berlín. Sinfonía de una ciudad (Walter Ruttmann, 1927), rodada en clave documental, *"reúne los trazos del imaginario moderno de la ciudad: profu-*

so movimiento de tráfico, muchedumbre incesante ritmo frenético de las máquinas, confusión de clases sociales en el marasmo callejero, diversiones nocturnas" (Sánchez-Biosca 2007, 39). *La Inhumana* (Marcel L`Herbier, 1924), película cuya proyección en la Exposición de 1925 finalmente no se realizó, ofrecía visiones nocturnas de sus edificios, con las ventanas iluminadas de los decorados de Robert Mallet-Stevens. *La Calle* (*Die Strasse*, Karl Grune, 1923) es la historia de una noche en la gran ciudad, vivida a través del protagonista, un funcionario menor del estado, quien es seducido por las luces y tentaciones de la calle (Neumann 1966, 72). Ludwig Meidner, pintor que realizó los decorados de *La Calle,* animaba en 1914 así a sus correligionarios con sus *Instrucciones para pintar la ciudad*: *"Pintemos lo que está cerca de nosotros, nuestro mundo urbano, las calles tumultuosas, la elegancia de los puentes colgantes de hierro, los gasómetros, que cuelgan entre blancas montañas de nubes, el colorido excitante de los autobuses y de las locomotoras de los trenes rápidos, los hilos ondeantes de los teléfonos, las arlequinadas columnas publicitarias y, por último, la noche de la gran ciudad"* (Marchán 1989, 312).

La noche de la gran ciudad era una conquista de la tecnología moderna que permitía prolongar ininterrumpidamente la vida social de la metrópoli. Fritz Lang captó esto en Nueva York en 1924 al contemplar una calle nocturna y allí concibió el aspecto que debía tener la ciudad de *Metrópolis, "una calle iluminada como si fuese de día ... La impresión que me hizo me dio una primera intuición de la ciudad futura"* (Gorostiza 2007, 203).

No obstante, la imagen de la vista nocturna de Broadway que fotografió Lang en ese viaje muestra un ambiente más ligero y vaporoso que los de su film. Le Corbusier conoció la noche de la gran ciudad aunque no viajó a Nueva York hasta 1935 y es curioso el dibujo que hace de su propuesta de Buenos Aires, en su viaje de 1929, con una ordenación de torres para la zona de negocios, con sus rascacielos cruciformes colocados sobre una plataforma adentrada en el mar; Le *Corbusier* representa una vista nocturna de Buenos Aires, *"el simple encuentro entre la pampa y el océano, en una línea, iluminada por la noche desde un extremo a otro"* (Le Corbusier 1978 (*1930*), 225; Liernur 2015 (*2013*), 72).

Argel: infraestructura habitada

Las vías elevadas para el tráfico de automóviles de los modelos teóricos representan, por un lado, la reconciliación de la ciencia –el tráfico rápido sin interrupción– y la naturaleza –posibilidad de recorrer a pie, también sin interrupción, los senderos peatonales entre los árboles–; supone la convivencia de la civilización maquinista con la naturaleza (Picon 2015 (*2013*), 64-69); por otra parte, estas vías rápidas elevadas vinculan el mito de la velocidad y una especial percepción del paisaje; no por casualidad, las perspectivas que muestran la contemplación del paisaje desde esta posición privilegiada mientras se conduce subrayan su predisposición al deleite en la casi total ausencia de tráfico. Es una plasmación más de las estrategias de le Corbusier en torno a la idea de una *"visión en movimiento"* (Cohen 2015 (*2013*), 10).

En el proyecto *Obús* para Argel (1932-34) el mito de la velocidad sigue presente pero entra en juego la acusada topografía y emergen dos aspectos que anclan la propuesta al lugar con tanta radicalidad visual como significación cultural y ello se produce desde una mayor concreción y relación dialéctica con el sitio; la arquitectura de la ciudad se resuelve desde la infraestructura del viaducto que se inserta y superpone en el paisaje del territorio.

LC. Argel. Plan Obús. 1932-34. Vista del paisaje desde el Viaducto.

LC. Río de Janeiro. 1929. Sección del viaducto sobre las edificaciones.

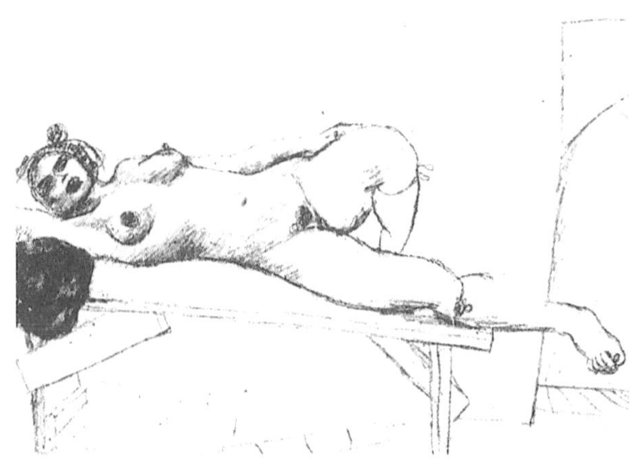

LC. Argel. Desnudo femenino sobre una mesa. 1931.

LC. Argel. Arcada de los Ingleses.

En Argel propone construir un *viaducto habitado*, elevado 100 metros, y bajo el cual se construirán las viviendas. Un edificio puente que recorre en paralelo la bahía, siguiendo la geometría curva de la costa. Este particular modo de responder a la topografía ya había aparecido en algunas propuestas para Sudamérica –Sao Paulo, Río de Janeiro, Montevideo– con ocasión del viaje de 1929, a la vuelta del cual escribirá durante el viaje de regreso sus *Precisiones respecto a un estado actual de la arquitectura y del urbanismo.* A diferencia de los modelos teóricos que hemos visto, donde los edificios residenciales construían un nuevo horizonte, ahora son esos viaductos los nuevos horizontes que referencian el lugar. La topografía provoca una *reacción poética* (Frampton 1980, 3) y, en el caso de Argel, *"las curvas de la carretera evocaban el vaivén de las caderas de las mujeres y el contorno de sus cuerpos tendidos"* (Mcleod 1980, 55-85; Moos 1980, 89-107; Picon 2015 (*2013*), 66)*;* el trazado sinuoso del viaducto y de los bloques en *redents,* situados estos sobre el promontorio de Fort L`Empereur y destinados a la vivienda de la población europea, recuerda los trazados de los desnudos de mujeres de sus dibujos y pinturas y la geometría de la caligrafía árabe. En Argel aparece también el concepto de *acústica visual* que Le Corbusier recuerda haber sentido por primera vez frente al Partenón en 1910 y que va a ser un argumento importante en su justificación del proyecto de *Ronchamp*: *"El Proyecto Obús para Argel, inmediatamente posterior a sus vuelos americanos, será su primera gran composición de acústica visual"* (Quetglas 2015 (*2013*), 56).

En Argel, la geometría de la forma ya no se impone sobre el sitio y ajena a él, sino que es más dialéctica con el paisaje; la reacción poética, que el diálogo con el lugar provoca, la hace más creativa al reinterpretar la esencia de sus condiciones culturales, topográficas y sociales (Macleod 1980, 65). La superposición que había experimentado con los trazados de los viaductos de sus propuestas sudamericanas abrió la posibilidad de compatibilizar las viejas estructuras urbanas del lugar con nuevas propuestas urbanísticas y nuevas infraestructuras, de simultanear programas y estructuras diversas en diferentes niveles y de dar carta de naturalidad a la convivencia de arquitecturas de épocas distintas oportunamente superpuestas. Estas estrategias formales, sorprendentes y provocadoras en su época, se demostrarán eficaces y fructíferas en diferentes obras y proyectos de los últimos años de

Le Corbusier en los que surge a partir de la postguerra una renovada reflexión sobre el espacio público (Alonso 2015, 74-98). En el viaducto habitado de Argel emergen experiencias que el propio arquitecto había recogido en sus textos y dibujos, *"balcones del mundo"* –la *Arcada de los Ingleses* en Argel, la pista de pruebas de automóviles ubicada en la cubierta de la *Fábrica Lingotto* en Turín (1917-22), los acueductos romanos, su propuesta del concurso para el *puente Butin* en Ginebra de 1915– (Picon, 2015 (*2013*), 64).

Superposición y simultaneidad

Manhattan, con sus rascacielos y sus calles iluminadas de noche, aporta a Fritz Lang la visión de lo que debe ser la ciudad del futuro; además, él incorpora en *Metrópolis* otra imagen, la ciudad subterránea de los obreros, un *"rascacielos invertido, colmena humana"* (Sánchez-Biosca 2007, 40), cuya arquitectura es menos ecléctica que en la ciudad de arriba y cuya modernidad es más *metafísica* y evocadora de algunas representaciones pictóricas de la *nueva objetividad alemana.*

F. L. Metrópolis. Construcción de decorados de la ciudad inferior, el rascacielos invertido, la ciudad subterránea.

Superpone sendas ciudades cuya relación de vida social entre ambas es inexistente, más allá de la dominación de la ciudad superior sobre la ciudad subterránea que cumple la función de sostener y alimentar tecnológicamente a la ciudad superior. El espacio social entre ambas sólo entra en contacto para resolver finalmente la rebelión de los obreros. Esta superposición de sendas ciudades tan ajenas entre sí, tan diferentes en sus ritmos vitales, tan opuestas en sus atmósferas sociales, subraya el modo en que sus vidas cotidianas y sus espacios urbanos se desarrollan de forma simultánea en el tiempo pero no en el espacio, pues cada una tiene los suyos y con unas características sociales y arquitectónicas marcadamente diferentes. Sendas ciudades permanecen ajenas entre sí –cada una conlleva su propia maqueta para el rodaje–; únicamente los personajes de María y Freder pasan de una a otra, ellos son los que van a conducir argumentalmente la colisión, primero, y el encuentro final entre ambos mundos. La explosión de la Máquina Central de esta infraestructura tecnológica que representa la ciudad de los obreros y que convierte a estos en autómatas a su servicio, esclavizados con el único fin de sostener el funcionamiento de la ciudad de arriba, la inunda, empuja a todos sus habitantes hacia arriba para salvar la vida y provoca la simultaneidad de sendos mundos, esta vez en el mismo espacio físico; el conflicto social y político se resolverá finalmente delante de la catedral.

Superposición y simultaneidad son dos estrategias formales que Fritz Lang maneja en relación con el tiempo y el espacio para subrayar su discurso crítico sobre la ciudad moderna, la crisis social y el papel que la tecnología juega en el conflicto. Distorsiona, fragmenta y recompone las referencias formales de Manhattan que tanto le habían impresionado en aquel viaje –aunque no aparecen juntos en ninguna fotografía, también lo realizó en el mismo barco el arquitecto Erich Mendelsohn (Jacobsen y Sudendorf 2000, 9)– para subrayar en su discurso las carencias y conflictos entre los espacios de socialización de la ciudad. Lefebvre definirá décadas más tarde la importancia del concepto de simultaneidad en la definición de lo urbano y de las relaciones de la vida social: *"En tanto que forma, lo urbano lleva un nombre; es simultaneidad...Lo que la forma reúne y torna simultáneo puede ser muy diverso. Tan pronto son cosas, como personas, como signos; lo esencial reside en la reunión y en la simultaneidad"* (Lefebvre 1968, 68; Lefebvre 1976 (*1972*), 68-69).

Metrópolis parece afirmar en su final que la simultaneidad de los fenómenos sociales dota a ésta de su condición urbana. La década de los años veinte es consciente, tanto en Europa como en América, de este descubrimiento de *la producción del espacio*, de un espacio nuevo, de las posibilidades de nuevas relaciones sociales y una concepción del espacio público (Lefebvre 1976 (*1972*), 120). Así se refleja en distintas corrientes artísticas a las que nos hemos referido y las películas de la época, en donde se manifiesta la calle, como lugar concreto y el espacio urbano como extensión, como lugar de convergencia y simultaneidad de los fenómenos urbanos y sociales: *"En Berlín. Sinfonía de una gran ciudad (1927), el director Walter Ruttmann –al estilo del rodaje y montaje de Vertov– intentó capturar fenómenos simultáneos que, debido a ciertas analogías y contrastes entre ellos, forman patrones comprensibles"* (Vidler 1996 (*1993*), 19).

La manipulación del tiempo es una especificidad del cine (tiempo real, tiempo fílmico, ...). En el cine de ciencia-ficción, la búsqueda de la verosimilitud de la proyección del tiempo futuro ha llevado a incorporar en su producción todo tipo de especialistas y científicos que contribuyan en la formación de formas e imágenes; también fue siendo cada vez más importante la relación de éstas con el pasado y con la historia. La idea de que las ciudades son el resultado de la acumulación de tiempos históricos diversos –con la única excepción de ciudades creadas ex-nuovo y puntualmente, colonias interplanetarias, por ejemplo– justifica la simultaneidad de arquitecturas de épocas distintas, entre las que aparecen las futuristas como una incorporación más en la lógica del crecimiento histórico de la ciudad. No hay película de ciencia-ficción que eluda estas *"arquitecturas supervivientes"* de épocas pasadas junto a las visiones futuristas de su propio relato fílmico. *"En Metrópolis estos supervivientes eran la catedral, la casa del inventor y las antiguas catacumbas. En la decadente Los Ángeles del futuro (Blade Runner) encontramos el Yukon Hotel, la Union Station (1931-39), el Edificio Bradbury (1893) y la Ennis Brown House de Frank Lloyd Wright (1923)"* (Neumann 1996, 150-152).

LC. Argel. Plan Obús. 1932-34. Vista de las viviendas construidas bajo el viaducto.

F. L. Metrópolis. 1926. La iluminación de la noche.

Fritz Lang, al superponer físicamente las dos ciudades introduce una estrategia formal que difiere del habitual desarrollo en extensión horizontal en la organización de los diferentes usos (negocios, industria, viviendas) o partes de la ciudad (barrios periféricos, centro de la ciudad). Lang las superpone verticalmente. Los rascacielos de Nueva York estaban desarrollando esta estrategia formal al superponer en un mismo edificio diferentes programas, incluido grandes salas de reunión y espectáculo: *"En el Downtown Athletic Club (1931), el rascacielos se usa como un condensador social constructivista: una máquina para generar e intensificar algunas modalidades deseables de relaciones sociales"* (Koolhaas 2004 (*1978),* 152); Ludwig Hilberseimer coincidió en aquellos años con su propuesta de *Ciudad Vertical* para Berlín (Jacobsen y Sudendorf 2000, 19-21); LC desarrolló a partir de 1934, con su propuesta de *Unités* para Némours, sus *Unidades de Habitación*, que son pequeñas ciudades verticales que superponen los usos de vivienda, negocios y equipamientos.

Le Corbusier experimentó esta estrategia formal en sus últimos quince años en los que aplicó en una serie de proyectos el uso de *estrategias alucinatorias* que potencian la eficacia comunicadora de sus maquínicas apropiaciones: *"predispone a la identificación de formas reconocidas, su desmontaje, deslocalización y recomposición intencionada; se provoca la anamorfosis, se altera la sintaxis original como estrategia para elidir los lenguajes tradicionales; se apilan los programas, se provoca que el espacio público atraviese literalmente el edificio"* (Alonso 2014, 57). La acción de alucinar comporta intención, sentido o interpretación (Castilla 1984, 52) y *"alucinar es acción, es intención y es sobre todo deseo de conceptualizar para entender la realidad"* (Cañas 1986 (*1964*), 54-55).

Conclusión: Manhattan y la visión moderna de la relación ciudad y paisaje

La ciudad de los rascacielos es el paradigma de la idea de ciudad del futuro que aparece en todas las aproximaciones que se han hecho desde el género de la ciencia ficción. *Blade Runner* constituyó un punto de inflexión y referencia por iniciar un método de trabajo más riguroso y científico en las especulaciones que indagan en el pasado sobre lo que serán las ciudades del futuro, permitiendo aportar así a la arquitectura los ensayos realizados en el cine. Las predicciones que el cine viene haciendo apuntan en contra de las utopías del Movimiento Moderno y han apostado por la congestión y los rascacielos (David Rivera 2007, 95).

Es bastante común en todos ellos revestir de tecnología actualizada modos de construcción de la ciudad convencionales. Como los coches vuelan (*Blade Runner, Minority Report, La Guerra de las Galaxias*), ya no son necesarios los viaductos de Metrópolis pero la presencia de los rascacielos y su organización sigue obedeciendo a estructuras urbanas ya conocidas e incluso se recurre a la presencia de formas arcaicas reconocibles.

Las propuestas que hizo Le Corbusier en el año 1929 en su viaje sudamericano y su proyecto del *Plan Obús* para Argel (1932-34) se apartan de este lugar común de la ciudad vertical de los rascacielos, y subraya la nueva horizontalidad de los viaductos habitados bajo la autopista. Argel es un viaducto habitado y un edificio puente que recorre en paralelo la bahía, siguiendo la geometría de la costa. Frente a su visión más maquinista, Nueva York es fuente también de una percepción más paisajista que han explotado el cine y la arquitectura. El dibujo de la *Ville Verte* bien podría haber estado hecho desde el interior de Central Park, obra de uno de los paisajistas más representativos del pintoresquismo del siglo XIX, Frederick Law Olmsted. La radicalidad urbana del viaducto habitado constituye una apuesta por el disfrute hedonista del paisaje frente al agobio de los viaductos de metrópolis. Hugh Ferriss dibujó un puente habitado en 1929 que recuerda en su perfil al Puente de Brooklyn, aunque colonizado por innumerables apartamentos que lo llevan a otra escala. Esta percepción paisajista de Nueva York está presente en diferentes épocas; Woody Allen rodó Manhattan en 1978, donde el puente de Brooklyn está presente hasta en el cartel, con una técnica de documental que recuerda el *Manhatta* de 1921 de Paul Strand y Charles Sheeler y sus visiones panorámicas (Sánchez-Biosca 2007, 42), una percepción más abstracta de la ciudad y más próxima a la imagen poética que de Nueva York advirtieron desde Whitman a Lorca (Villanueva 2015, 38), donde el río es también elemento determinante del paisaje .

Fritz Lang recoge de Nueva York la imagen que le ayuda en su crítica social de las grandes urbes. En esos finales de los años veinte y primeros treinta, Le Corbusier está decididamente inclinado por la relación con el paisaje y la atención por el espacio público, lo que va a tener implicaciones en su obra posterior. Sendas posiciones resumen el debate abierto en los años veinte y complementan sus respectivas miradas, distópica y utópica, sobre la ciudad moderna.

Bibliografía

ÁBALOS, Iñaki. 2008. *Atlas pintoresco. Vol. 2: los viajes*. Barcelona: GG.

ÁBALOS, Iñaki, y HERREROS, Juan. 1987. *Rascacielos*. Madrid: Ayuntamiento de Madrid.

ALONSO GARCÍA, Eusebio. 2014. *Estrategias alucinatorias en el último Le Corbusier.* En I International Conference on Architecture, Design and Criticism, Critic/All. Madrid: Critic/All Press, 55-73.

ALONSO GARCÍA, Eusebio. 2015. *El espacio público en Le Corbusier. Evolución de su pensamiento y de sus estrategias formales.* En Le Corbusier. 50Years Later. Valencia: Universidad Politécnica, 74-98.

BANHAM, Reyner. 1987. "Fórmulas de vivienda colectiva. La maison des hommes y la misère des villes", en *Le Corbusier (II),* AV,10, Madrid.

BERGDOLL, Berry. 2015 (*2013*). *"París: más allá de la ciudad del siglo XX".* En *AV Monografías*. Le Corbusier. An Altas of Landscapes. Madrid: Arquitectura Viva, 176, 44-49.

BERTOZZI, Marco. 2001. *Il Cinema, l'Architettura, la Città.* Roma: Editrice Libreria Dedalo.

CAIRNS, Graham. 2007. *El arquitecto detrás de la cámara. La visión espacial del cine.* Madrid: Abada.

CAÑAS, Dionisio. 1986 (*1964*). *"La conciencia alucinante de José Hierro".* En HIERRO, José. *Libro de las alucinaciones*. Madrid: Cátedra.

CASTILLA DEL PINO, Carlos. 1984. *Teoría de la alucinación.* Madrid: Alianza Universidad.

COHEN, Jean-Louis. 2015 (*2013*). *"En defensa del paisaje".* En *AV Monografías*. Le Corbusier. An Altas of Landscapes. Madrid: Arquitectura Viva, 176, 4-17.

COHEN, Jean-Louis. 2013. *Le Corbusier: an atlas of modern landscapes*, New York: MOMA.

COMAS, Carlos E. 2015 (*2013*). *"Brasil: tres ciudades, tres paisajes".* En *AV Monografías*. Le Corbusier. An Altas of Landscapes. Madrid: Arquitectura Viva, 176, 78-83.

CURTIS, Williams, *Le Corbusier. Ideas y formas*. Madrid: Blume. 1986.

FERNÁNDEZ-GALIANO, Luis. 1987. *"La Mirada de Le Corbusier. Hacia una Arquitectura narrativa".* En AV Monografías. Le Corbusier (I) 9: 28-35.

FRAMPTON, Kenneth. 1990 (*1985*). *Storia dell'architettura moderna.* Bolonia: Zanichelli.

FRAMPTON, Kenneth. 1987. *Labour, work and architecture. Collected Essays on Architecture and Design.* NewYork: Phaidon.

FRAMPTON, Kenneth. 1980. "The Rise and Fall of the Radiant City: Le Corbusier 1928-1960". En Oppositions. *Le Corbusier 1923-1960.* 1980, 19-20. Cambridge: MIT Press.

FRAMPTON, Kenneth. 2000. *Le Corbusier,* Akal: Madrid.

GONZÁLEZ CUBERO, Josefina. 2004. "Sesión continua: nómadas en el jardín. Ville Contemporaine y Ville Radieuse". En Monteys, Xavier. *Massilia: anuario de estudios lecorbuserianos. Le Corbusier y el paisaje.* Sant Cugat del Vallés.

GOROSTIZA, Jorge. 2007. *La profundidad de la pantalla. Arquitectura + Cine.* Santa Cruz de Tenerife: colegio Oficial de Arquitectos de Canarias.

GOROSTIZA, Jorge, et al. 2007. *Paradigmas. El desarrollo de la modernidad arquitectónica visto a través de la historia del cine.* Madrid: La Fábrica.

GRANÉS, Carlos. 2011. *El puño invisible. Arte, revolución y un siglo de cambios culturales.* Madrid: Taurus.

JACOBSEN, W. y SUDENDORF, W. 2000. *Metropolis. A Cinematic Laboratory for Modern Architecture.* London, Stuttgart: Axel Menges.

KOECK, Richard. 2013. *Cine-Scapes. Cinematic Spaces in Architecture and Cities.* NewYork and London: Routledge. Taylor and Francis.

KOOLHAAS, Rem. 2004 (*1978*). *Delirio de Nueva York.* Barcelona: GG.

LE CORBUSIER. 1965. *Oeuvre Complète,* Zurich: Artemis.

LE CORBUSIER. 1978 (*1930*). *Precisiones.* Barcelona: Poseidón.

LE CORBUSIER. 1923. *Vers une architecture*, París: Crés.

LEFEBVRE, Henri. 1978 (*1968). El derecho a la ciudad*, Barcelona: Península,

LEFEBVRE, Henri. 1976 (*1972). Espacio y Política. El derecho a la ciudad II.* Barcelona: Península,

LIERNUR, Jorge F. 2015 (*2013*). *"Argentina: la mirada geográfica".* En *AV Monografías,* 176. Le Corbusier. An Altas of Landscapes, Madrid: Arquitectura Viva, 72-77.

MACLEOD, Mary. 1980. "Le Corbusier and Algiers". En Oppositions. *Le Corbusier 1923-1960.* 1980, 19-20. Cambridge: MIT Pres, 55-85.

MARCHÁN FIZ, Simón. 1989. *Berlín, punto de encuentro.* Madrid: Centro de Arte Reina Sofía.

MARCHÁN FIZ, Simón. 1995. *Las vanguardias históricas y sus sombras (1917-1930).* Madrid: Espasa-Calpe, vol. XXXIX.

MAZZA, Barbara. 2002. *Le Corbusier e la fotografía. La vérité blanche.* Firenze: University Press.

MCARTHUR, Colin. 1997. *"Chinese boxes and russian dolls. Tracking the elusive cinematic city".* En CLARKE, David B. *The Cinematic City,* 19-45. London and New York: Routledge

MONTEYS, Xavier. 1996. *La gran máquina. La ciudad en Le Corbusier.* Barcelona: COAC.

MOOS, Stanislaus von. 1977 (*1968*). *Le Corbusier.* Barcelona: Lumen.

MOOS, Stanislaus von. 1980. "Le Corbusier As Painter". En Oppositions. *Le Corbusier 1923-1960.* 1980, 19-20. Cambridge: MIT Press, 89-107.

MOOS, Stanislaus von. 2015 (*2013*). *"El lago Lemán y los Alpes: marcos panorámicos".* En *AV Monografías,* 176. Le Corbusier. An Altas of Landscapes, Madrid: Arquitectura Viva, 20-25.

NEUMANN, Dietrich. 1996. *Film Architecture. Set Designs from Metropolis to Blade Runner.* Munich, New York: Prestel.

PICON, Antoine. 2015 (*2013*).*"Argel: ciudad, infraestructura y paisaje".* En *AV Monografías,* 176. Le Corbusier. An Altas of Landscapes, Madrid: Arquitectura Viva, 64-69.

QUETGLAS, Josep. 2015 (*2013*).*"Ronchamp: un paisaje de acústica visual".* En *AV Monografías.* 176. Le Corbusier. An Altas of Landscapes, Madrid: Arquitectura Viva, 53-61.

QUETGLAS, Josep. 2012. "Mise en scène de Ronchamp". En RICHARD, Michel, *La boîte à miracles. Le Corbusier et le théâtre. Massilia 2012.* París: FLC, Editions Imbernon, pp. 98-111.

RIVERA, David. 2005. *Tabula Rasa. El Movimiento Moderno y la ciudad maquinista en el cine (1960-2000).* Madrid: Fundación Diego Sagredo.

RIVERA, David. 2007. *"Prólogo".* En GOROSTIZA, Jorge, et al. 2007. *Paradigmas. El desarrollo de la modernidad arquitectónica visto a través de la historia del cine,* 9-10. Madrid: La Fábrica.

RIVERA, David. 2007. *"La arquitectura del futuro próximo. El paradigma urbano anti-utópico en el cine posterior a Blade Runner".* En GOROSTIZA, Jorge, et al. 2007. *Paradigmas. El desarrollo de la modernidad arquitectónica visto a través de la historia del cine,* 91-128. Madrid: La Fábrica

SANCHEZ-BIOSCA, Vicente. 2007. *"Ambigüedades urbanas en el cine de los años veinte".* En En GOROSTIZA, Jorge, et al. 2007. *Paradigmas. El desarrollo de la modernidad arquitectónica visto a través de la historia del cine,* 39-50. Madrid: La Fábrica

SUAREZ, A, y VIDAL, M. 1987. *Historia Universal del Arte. El Siglo XX.* Barcelona: Planeta.

TAFURI, Manfredo. 1997. "Machine et mémoire. The City in the Work of Le Corbusier". En Brooks, H. Allen. *Le Corbusier.* Princeton: Princeton University Press.

TORRES, Jorge. 2004. *Le Corbusier: visiones de la técnica en cinco tiempos.* Barcelona: Fundación Caja de Arquitectos.

TORRES, Jorge. 2012. "La arquitectura es la circulación". En TORRES, Jorge. *Le Corbusier: mise au point.* Valencia: Universidad.

VIDLER, Anthony. 1996. *"The Explosion of Space: Architecture and the Filmic Imaginary* En NEUMANN, Dietrich. 1996. *Film Architecture. Set Designs from Metropolis to Blade Runner*, 13-25. Munich, New York: Prestel.

VILLALOBOS, Daniel, y PÉREZ, Sarcámara de a. 2014. *"Condiciones cinematográficas en la percepción del espacio arquitectónico: De El Hombre de la cámara de Dziga Vertov (1929) al espacio cinematográfico de Le Corbusier (1930)".* En AA. VV. 2014. *Avanca Cinema. International Conference 2014.* Avanca: Ed. Cine-Clube de Avanca, 123-130.

VILLANUEVA, Darío. 2015. *Imágenes de la ciudad. Poesía y cine de Whitman a Lorca*. Madrid: Cátedra.

Filmografía

Aelita. 1924. Dirigida por Yakov Protazanov. España: Divisa Home Video. DVD.

Algol. 1920. Dirigida por Hans Werckmeinster.

Berlín. Sinfonía de una gran ciudad. 1927. Dirigida por Walther Ruttmann. España: Divisa Home Video. DVD.

Blade Runner. 1982. Dirigida por Ridley Scott. España: Warner Home Video. DVD.

El Manantial. 1949. Dirigida por King Vidor. España: Impulso Records. DVD.

La Calle (Die Strasse). 1923. Dirigida por Karl Grune

La Inhumana. 1924. Dirigida por Marcel L`Herbier.

Manhatta. 1921. Dirigida por Paul Strand and Charles Sheeler. USA: Kino International. DVD

Manhattan. 1979. Dirigida por Woody Allen. España: MGM Home Entertainement. DVD

Metropolis. 1926. Dirigida por Fritz Lang. España: Divisa Home Video. DVD.

Play Time. 1967. Dirigida por Jacques Tati.

Things to come. 1936. Dirigida por William Cameron Menzes.

VENTANAS EN EL CINE, EL ARTE Y LA ARQUITECTURA

MIRADAS, RELACIONES E INFORMACIONES.

2017

Introducción

Los prisioneros de la *alegoría de la caverna* (Platón, La República Libro VII) estaban atados de tal manera que sólo podían mirar hacia la pared del fondo de la caverna que tenía de frente y, además, no podían volver la cabeza hacia atrás, de tal modo que oían lo que pasaba detrás de ellos pero no lo veían. Detrás de ellos había un muro, al otro lado del muro circulaban los hombres con todo tipo de objetos que, merced a la luz, una hoguera, se reflejaban sus sombras en la pared que veían los prisioneros quienes creían que estas sombras eran la verdadera realidad, pues no conocían más. Platón planteó entonces el dilema que surgiría si uno de esos prisioneros fuese liberado, saliese al exterior de la caverna y descubriese que las sombras son tan sólo el reflejo, las sombras de la realidad, una ilusión y el conflicto que tendría con sus compañeros al volver y les contase que lo que siempre habían percibido como verdad no era sino su sombra.

La mirada no es neutral en el acto de la percepción. Ella implica una intención intelectual, social y política sobre lo que mostramos, lo que enseñamos y lo que escondemos. Su presencia y su condición acompañan la estrategia formal que cada una de las tres disciplinas utiliza para articular su discurso crítico. Más allá de su condición elemental como mecanismo para mirar hacia el otro lado, para inundar un ambiente de luz y color, para capturar el paisaje, para enfocar la escena, la ventana se ha utilizado como una interfaz capaz de establecer relaciones espaciales y temporales, para subrayar o para desmontar las jerarquías sociales y espaciales y la transferencia de la información más más allá de nuestros propios cuerpos.

Ventanas de la gran ciudad

La gran ciudad es el sueño arquitectónico del espacio social moderno, rompeolas donde se agolpan multitud de ilusiones y donde los anhelos personales aprenden contra la cruda realidad. La pequeña dimensión de la vida cotidiana de cada individuo se enfrenta contra el vértigo acelerado de la gran urbe y lucha por la promesa de una nueva vida llena de oportunidades en este hervidero social que no para ni de noche.

Lo primero con lo que se juega en la gran ciudad son sus dimensiones. Todo se agranda y todo se empequeñece de forma inusitada. Los edificios son más grandes y sus ventanas son más pequeñas. Lo segundo es la disposición de su escenografía, que explota los mecanismos de acumulación, superposición y repetición, dentro de un sistema abierto y cambiante, que traslada las vidas cruzadas de los individuos que habitan tras sus ventanas a la luminosidad abstracta de su configuración. Su multiplicación configura la abstracción pixelada de la imagen de la ciudad que Chus García-Fraile ha representado en algunos de sus cuadros con carboncillo, la imagen de un enorme *"columbario"* (García Lorca, 1972, 74), iconología consagrada por el cine. Las ventanas de la ciudad son la expresión mínima soportable del espacio vital de sus moradores, "*sin ventanas, sin espejo... sin nada que me permita suicidarme, la habitación es una jaula*" (Hierro, 1998, 63).

Markus Maurer. Alegoría de la caverna, Platón.

Chus García Fraile: *Megalópolis XIII*, 2010. Carboncillo.
Museo Patio Herreriano, Valladolid

La visión nocturna de la metrópolis resalta aún más esta percepción abstracta y pixelada, tan característica de tantas iconografías de Manhattan, cuya imagen surge precisa y paradójicamente de la suma variable de cotidianeidades y de la acción vitalista que se desarrolla detrás de cada una de esas anónimas ventanas. En la noche, la visión de *"un ejército de ventanas"* (García Lorca, 1972, 169) resulta más nítido "*... el espejismo nocturno y vertical de Manhattan, en el que la extensión inmensa de las ventanas iluminadas contra la negrura parece una prolongación o un reflejo en el agua del polvo luminoso de la vía láctea"* (Muñoz Molina, 2004, 255).

F. Lang. *Metrópolis*. Torre de Babel, rascacielos y viaductos. Fotograma.

F. Lang. Calle de Broadway iluminada por la noche. Fotografía

Fritz Lang fija esta iconografía moderna en *Metrópolis* (1926) al recoger el debate de la época sobre la ciudad, con claras alusiones expresionistas y explícitas referencias a la nueva objetividad alemana, que filtra con su propia experiencia de su viaje a New York cuando contempló una calle de Broadway tan iluminada por la noche como si fuese de día. Tal vez sea esa imagen de la noche en la gran ciudad la que resume la simultaneidad moderna y contemporánea de la ciudad como espacio de producción y consumo a la vez. Fritz Lang sintetizó en *Metrópolis* la superposición de las localizaciones urbanas como estrategia formal y la de los conflictos urbanos como estrategia social y superpuso sendas ciudades, debajo está la ciudad de los obreros y encima la ciudad de los dueños de los sistemas de producción; sus iconografías se mueven entre la imagen más expresionista de los rascacielos de la ciudad de arriba y las imágenes más cercanas a la nueva objetividad alemana de la ciudad inferior, con edificios repetitivos de pequeñas ventanas cuadradas.

LC. *Ciudad para tres millones de habitantes*, 1922

LC. Argel. *Plan Obús*. 1932-34. Viaducto de la costa y redents con caligrafía árabe en Fort L`Empereur. Maqueta

LC. Río de Janeiro. Captura / travelling del paisaje.

En las propuestas urbanísticas de gran escala de Le Corbusier, en aquellos primeros años veinte, los rascacielos de acero y vidrio tendían a la eliminación de las ventanas como tal figura compositiva. Su aspecto totémico abstraía hasta su desaparición este elemento constructivo, referencia de la unidad mínima de espacio individual habitado, en la imagen de sus rascacielos que se conformaban con grandes paños de vidrio. Pero a finales de los años veinte y primeros treinta, el arquitecto suizo esbozó algunas propuestas urbanísticas, de Sudamérica a Argel, cuya radicalidad en la relación con el paisaje fue expulsando la tipología del rascacielos de su estrategia formal e identificando autovías y nuevo horizonte en el territorio, bajo las cuales ubicaba las tipologías residenciales. Representan utopías singulares en la evolución del pensamiento de Le Corbusier sobre la relación entre el paisaje y el espacio público (Alonso García, 2015, 74-98). Junto a esta nueva abstracción formal y a gran escala, con altas dosis de utopía, el travelling de croquis de Río de Janeiro, donde dibuja la secuencia que explicita el papel de la ventana como mecanismo para enmarcar el paisaje y disfrutar de él desde el interior de la habitación, pone el acento en la pequeña escala del hombre, en la unidad mínima de la habitación como necesidad existencial sobre la que pensar en el juego de relaciones humanas y sociales en la gran ciudad. En Argel, la radical propuesta de las autovías habitadas no impide la libertad de concebir que cada cual pueda configurar la idea de su propia casa, incluso alejada estilísticamente de los lenguajes formales de la modernidad e incorporar formas étnicas propias del lugar.

Edward Hopper: *Despacho en una ciudad pequeña*, 1953.

Ventanas, miradores, observatorios

El rascacielos es la tipología arquitectónica que resume y simboliza esta dialéctica entre el individuo y la frenética sociedad que le ha tocado vivir. Estas colmenas gigantes podían albergar en su interior apartamentos, habitaciones de hotel, oficinas y espacios de ocio, eran pequeñas ciudades dentro de la gran ciudad perforadas por miles de ventanas anónimas, habitadas por historias personales iguales y distintas a la vez. Contra este solipsismo de ventanas que encierran vidas invisibles, recluidas en su soledad, el pintor Edward Hoper ubica al protagonista de algunas de sus visiones urbanas en un mirador ampliamente abierto sobre la ciudad y el arquitecto Louis Kahn comparte esta condición de la ventana como observatorio generoso y dialéctico, privilegiando su posición forzadamente próxima a otras ventanas-mirador similares; es la respuesta oportuna a las necesidades dialécticas, sociales y dialogantes de una ciudad más predispuesta a compartir y no necesitada de protegerse como refleja el poema *La ventana indiscreta* : *"no mires / beso tus ojos para que no veas / para que no veas lo que veo / enfrente de nuestra ventana"* (Hierro, 1998, 56). En la otra *Ventana indiscreta*, la de Hitchcock (*Rear Window*, 1954), todo el relato *voyeur* del protagonista, que no puede abandonar la habitación desde la que observa, se orienta hacia el gesto solidario con la víctima del apartamento de enfrente.

Louis Kahn: *Laboratorios Richards*, Philadelphia, Pennsylvania. 1957-65.

H. M. Davringhausen. *El Especulador*. 1920-21.

Los pintores de la nueva objetividad alemana ya advirtieron en la década de los años veinte y algo antes esta imagen de la ciudad como campo de batalla abonado por los especuladores, aquellos edificios de ventanas cuadradas, repetitivas, aquellas calles tumultuosas y depresivas, aquellas ciudades que en Europa y América seguían abiertas toda la noche. Tal vez antes que nadie supieron advertir la deshumanización de la gran urbe de principios el siglo veinte y del período de entreguerras (Marchán Fiz, 1995, 434). Davringhausen representa la figura de *El Especulador* en su despacho, rodeado de ventanas hasta en el techo a través de las cuales se nos muestras los edificios de la ciudad, caligrafiados con sus repetitivas ventanas cuadradas, en su condición de abstractas mercancías con las que negocia. La ciudad como campo de batalla y la calle como espacio de acción y resolución de conflictos es una lectura social y política que acumula siglos de historia y experiencias (Delgado Ruiz, 2006), bien distinta del espacio burgués ordenado por los planificadores y urbanistas.

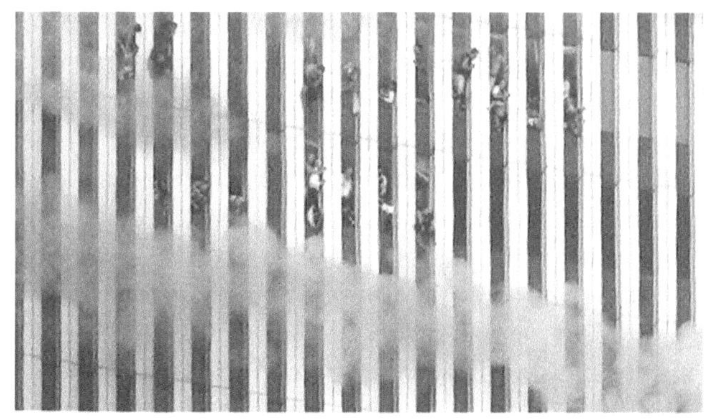

Atentado terrorista 11S. Gente escapando por las ventanas de las torres gemelas.

Los atentados del 11S, 11 de septiembre de 2001, nos dieron una versión más cruda y deshumanizada, también más literal, del uso de la ciudad como campo de batalla, incrustando en nuestra memoria *"un trastorno inconcebible del orden natural de las cosas... rompiendo los límites de lo que la conciencia puede aceptar"* (Muñoz Molina, 79). La gente saliendo por las ventanas de los rascacielos y saltando al vacío, para huir del fuego que había perpetrado la colisión terrorista de los aviones contra las torres, constituyó una visión tan dramática como desnaturalizada y distorsionada del orden lógico de las cosas; la abstracción texturada de la forma e imagen de las torres, a la que nos habíamos acostumbrado a través del cine y la televisión como iconos de la ciudad, adquirió la dolorosa concreción del personal sufrimiento humano de quienes se vieron impelidos a lanzarse al vacío a través de las hasta entonces inexistentes ventanas, al menos para la percepción habitual que de ellas teníamos. Este choque de escalas tan brutal nos recuerda de nuevo el poema *Danza de la muerte*: *"y si una llama quema los helados proyectos / el cielo tendrá que huir ante el tumulto de las ventanas"* (García Lorca, 1972, 74), alusión surrealista lorquiana a las consecuencias de la crispación urbana (Harris, 1978, 22).

La ciudad de los rascacielos y de los viaductos aparece en el film de Fritz Lang en las vistas exteriores de la ciudad pero también se nos muestra desde el interior del despacho de Joh Fredersen. Esta visión de la ciudad, de forma indirecta y a través de la ventana de su despacho, que dispone de los avances tecnológicos más avanzados (Pérez Barreiro, 2016, 98-116), es una metáfora de su poder sobre la ciudad; utiliza un mecanismo simbólico bastante habitual en el cine cuyo uso podemos contrastar con algún ejemplo presente en la pintura de la época y en los dibujos del propio de Le Corbusier. La ventana como observatorio privilegiado sobre la ciudad de quien ostenta el poder sobre ella reapareció muchos años después en *Blade Runner*, en el apartamento deTyrell desde el que se divisa toda la ciudad distópica de Los Ángeles en 2019. La presencia de la ventana y de los personajes con ella es un recurso de la profundidad de campo que coadyuva a subrayar la profundidad del relato, de sus personajes y de estos con las cosas en juego. En *Algol* (Hans Werckmeinster, 1920) la ventana asoma a una simulación pintada de la ciudad; en *El Manantial* (King Vidor, 1949) aparecen la ciudad y sus rascacielos tras la ventana mientras están revisando las propuestas para el nuevo edificio; en *Play Time* (JacquesTati, 1967), invirtiendo la dirección de la profundidad de campo, las transparencias se dirigen desde fuera hacia el interior; estas transparencias en *Play Time* se multiplican y ofrecen la posibilidad de contemplar simultáneamente varias vistas o ventanas a la vez (Koeck, 2013, 100). En la *Ventana indiscreta*, el fotógrafo observa las ventanas de sus vecinos como múltiples pantallas que le permiten recomponer el relato; *"construir la historia de un film es también dibujar un mapa físico"* (Pallasma, 2014, 225). La circunstancia del fotógrafo, anclado a la silla de ruedas a causa de un accidente, es objeto de nuestra empatía; sentados en nuestras butacas, nos identificamos en sus miradas y nos sentimos implicados en sus pesquisas y observaciones: *"La ventana indiscreta accede a la imagen mental, no sólo por ser fotógrafo sino porque se halla en estado de impotencia motriz: en cierto modo se encuentra reducido a una situación óptica pura"* (Deleuze, 1994, 285). En los dos últimos casos, percibimos varias estancias simultáneamente, como una visión en pantalla múltiple, en *Play Time,* desde el exterior, donde se sitúa la cámara; en *La ventana indiscreta, desde el interior de la habitación.*

Le Corbusier utiliza el recurso de la ventana con un sentido diferente para capturar el paisaje; construye una casa para sus padres frente al lago Léman (1924-25) que es en sí misma un "*aparato óptico para capturar una vista panorámica del lago*" (Moos 2015, 24). El propio Le Corbusier se fotografió en esta actitud expectante frente al paisaje exterior de Marsella desde un dormitorio de la *Unidad de Habitación* (1952); esta actitud y disposición contemplativa del paisaje desde el interior doméstico queda recogida en los dibujos que realiza de la bahía de Río de Janeiro con ocasión de su viaje por Sudamérica en 1929, buen ejemplo de la idea de algunos proyectos como "*máquinas para observar el paisaje*" (Cohen 2015, 4). En un contexto diferente, el arquitecto Adalberto Libera afronta en la Casa Malaparte (1934) la dicotomía entre la domesticidad del interior, la monumentalidad del paisaje y el simbolismo del lugar con la oportuna incorporación de huecos que se apropian visualmente de la naturaleza Rincón Borrego, 2016, 1112-1113). Las propuestas de Le Corbusier del año 1929 y su proyecto del *Plan Obús para Argel* de 1931-34 anulan la dura jerarquía social que está presente en *Metrópolis*; en estos casos, el viaducto representa un papel diferente a los que observamos en la película de Lang, artificiosamente fabriles y retóricamente maquinistas. Los viaductos de estos proyectos de Le Corbusier apenas tienen tráfico, son miradores para disfrutar del paisaje, las montañas y el mar (Alonso García, 2016, 305).

Ridley Scott. *Blade Runner*. 1982. Apartamento de Tyrrell. Fotograma.

Jacques Tati. *Play Time*. 1967. Fotograma.

Dentro y fuera. Conquista de la interioridad

Hay una *Ventana* de Juan Navarro Baldeweg en el Museo Patio Herreriano de Valladolid, más sencilla que otras que aparecieron en algunas de sus instalaciones, que no informa del exterior pero sí de alguna de sus consecuencias. Dos geometrías proyectivas envuelven el marco de la ventana; una es más simétricamente perspectiva, alude a la idea de profundidad de campo y tensa, de algún modo, la relación dentro-fuera; la otra es más asimétrica, incluso en el uso del color, y parece sugerir la incorporación de la luz que viene de fuera, *"dibujando con trazos sueltos de colores los rayos entrantes por el ventanal, un tatuaje pictórico superpuesto al ambiente real, imitando y reflejando la realidad de la luz"* (Rodríguez Llera, 2014, 125).

Alfred Hitchcock. *Rear Window (La ventana indiscreta)*. 1954. Fotograma.

Hemos jugado en las líneas precedentes a establecer una doble dirección (sentido, deberíamos decir) en cuanto a la orientación del problema de la mirada y las relaciones entre *´el dentro´* y *´el fuera´* que, más que una cuestión topológica, es un planteamiento fenomenológico que determina una concepción mental del mundo y de las relaciones en él. El propio título de un cuadro de Magritte, *Elogio de la dialéctica,* es oportuno a propósito de esta cuestión; el cuadro nos asoma a una ventana que percibimos desde fuera del edificio y que, al estar entre abierta, nos muestra el interior de una habitación que, en realidad, constituye otro exterior en el que contemplamos otra casa, similar y diferente. La similitud se subraya en el acabado del tejado gris, el color amarillo las fachadas y los marcos de las ventanas y las carpinterías blancas; la diferencia estriba en el detalle de los marcos de las ventanas y el despiece de sus carpinterías. No cabe duda de que estamos contemplando dos imágenes exteriores de sendos y distintos edificios, pero la paradoja de Magritte ha alterado la lógica de la profundidad del campo espacial que, anunciándonos que nos vamos a asomar al interior de una habitación, nos pone de frente ante la fachada exterior de otro edificio. Este salto en el espacio es en realidad un salto en el tiempo, pues la pregunta sin respuesta que nos deja el pintor es ¿en qué momento la mirada ha pasado de fuera a fuera cuando lo anunciado era ir adentro?

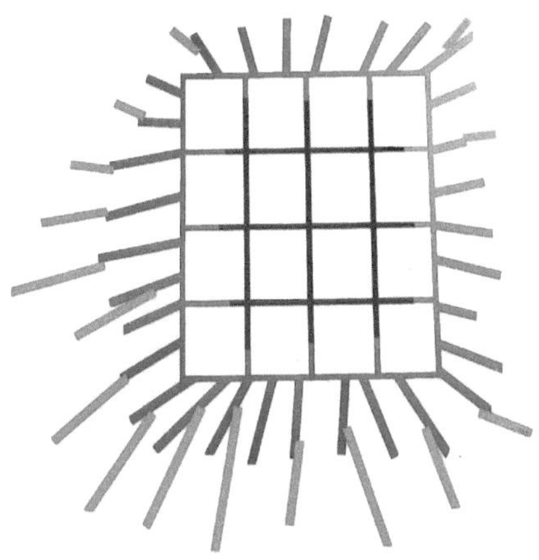

Juan Navarro Baldeweg. *La Ventana*.
Museo Patio Herreriano, Valladolid. Escultura.

Las relaciones entre interioridad y exterioridad son también trastocadas por Picasso en *El Guernica*, pintado entre mayo y junio de 1937 (Renau, 1981). En este caso, lo hace en favor del argumento dramático que se denuncia en el cuadro. Junto a otros iconos simbólicos aparece uno que nos afecta particularmente en el presente discurso; es la imagen de una ventana que está en el origen del cuadro, aunque inicialmente percibida desde el exterior, y así se mantiene aunque el espacio exterior donde se agolpan las diferentes escenas irá adquiriendo mayor condición de interioridad. Esta exterioridad de las escenas se subraya con el dibujo de un tejado y otras puertas y ventanas que, en fases intermedias del proceso creativo, son atravesadas por brazos de las figuras humanas. En su solución definitiva, el paisaje bombardeado queda iluminado por un sol que organiza el juego de luces y sombras pero que contiene la imagen de una bombilla doméstica, resaltando la ambigüedad ente interioridad y exterioridad que parece consecuente con la casi destrucción total de la villa de Guernica de la que apenas resultó indemne el 10% de su caserío. Esta estrategia formal del cuadro es coherente con *"la desaparición casi completa del sentido narrativo, sustituido por un énfasis dramático que tiene centros de interés plásticamente conectados, como en una especie de popular retablo-cartel"* (Bozal, 2004, 31). Es la factura de ese sol como gran lámpara doméstica la que dota de interioridad al espacio exterior urbano que reúne los diferentes temas del drama, la que detona el choque entre la interioridad íntima de la tragedia humana y la exterioridad urbana de la villa.

René Magritte. *Elogio de la dialéctica.* 1937.

Picasso, *Guernica.*1° mayo 1937. La ventana con la mujer portadora de luz, en el primer dibujo.

Picasso, *Guernica*. 1937. Museo del Prado. El sol y la lámpara.

Una lámpara encendida es sinónimo de interior: *"La lámpara en la ventana es el ojo de la casa. En el reino de la imaginación la lámpara no se enciende fuera. Es una luz encerrada que sólo puede filtrarse al exterior"* (Bachelard, 1986, 65). La mujer portadora de la luz y que huye por la ventana de la casa en llamas está presente en el primer dibujo que realiza Picasso para *El Guernica.* Arnheim analizó el conflicto que supuso la aparición de un sol redondo en proximidad de la lámpara de la mujer. Este sol redondo hace su aparición en la segunda fase de las siete identificadas de las siete identificadas por la crítica en el proceso creativo del *Guernica,* se transforma en una figura ovalada que ocupa menos espacio en la escena y no sabemos cuándo incorpora la imagen doméstica de la bombilla en el interior del óvalo con sendos extremos afilados. El tema nos interesa aquí para poder seguir el proceso por el cual las figuras del toro, el caballo, el guerrero y las cuatro mujeres que, inicialmente habitan en el espacio exterior del pueblo en llamas, acaban encontrando su precisa disposición en una escenografía en la que, compartiendo la dramática intimidad de su sufrimiento, adquiere la atmósfera de un espacio interior. Es en la cuarta fase, con el giro del cuerpo del toro y la centralización de sendos focos de luz, el sol y la lámpara de la mujer, cuando la composición de la escena parece adquirir mayor condición de interioridad, al subrayar cómo las diferentes figuras, aunque fuera del espacio interior de las casas, comparten su dramática e íntima experiencia en un ámbito fuertemente cohesionado y claramente delimitado por la vertebrada disposición que han ido adquiriendo a lo largo del proceso creativo de Picasso (Arnheim, 1981). Un fuego expulsa a los habitantes de sus casas y otro fuego iluminador los acoge juntos. *El Guernica* está simultaneando y contraponiendo con dureza la interioridad y la exterioridad –luces domésticas y sufrimiento íntimo, ventanas, puertas, calles y tejados–: *"Si hay una superficie límite entre tal adentro y tal afuera, dicha superficie es dolorosa en ambos lados"* (Bachelard, 1986, 256). En Guernica el límite quedó destruido en su casi totalidad.

Ridley Scott. *Blade Runner.* 1982. Zhora perseguida por Deckard atraviesa paredes y cristaleras. Fotograma.

Entrecruzamientos. Interior y exterior. Privado y Público

Más allá del tema de cada cuadro, Magritte y Picasso están cuestionando el acto de la percepción, el cómo percibimos el espacio, en general, el modo en que entendemos lo privado y lo público. El cine ha experimentado con estas situaciones paradójicas para incluirlas en la propia trama del film. En *Blade Runner* (R. Scott, 1982), película donde la imagen del ojo posee un valor simbólico, la ciudad distópica de Los Ángeles en 2019 aparece como un espacio confinado donde no para de llover. Los espacios urbanos están llenos de gentes, kioscos de servicios y atascos de coches; son espacios exteriores que reflejan el agobio de un mundo en declive. En algunas localizaciones interiores, como la casa donde vive el diseñador genético, JF Sebastian, tampoco para de llover, entra la luz y el sonido de los anuncios del espacio exterior –*"una nueva vida te espera en las colonias del mundo exterior", dice uno de ellos*–; es la introducción de esta información del afuera en el interior del edificio lo que subraya su arruinada condición. En unas escenas de la película en las que Deckard, el policía *blade runner*, persigue a una replicante, Zhora, por encima de los coches parados en el atasco, la persecución pasa de espacios exteriores a interiores y viceversa atravesando en ocasiones paredes directamente, transgrediendo claramente la convencional articulación entre dentro y fuera a través de puertas y ventanas. Esta provocación aparecerá de nuevo al final de la película en la lucha previa entre Deckard y Roy, el líder replicante, atravesando paredes con su cabeza y su cuerpo para subrayar sus extremas cualidades físicas. Luces, lluvia, nieblas, irisaciones construyen la atmósfera vaporosa y deprimente de este espacio urbano que, según el propio Ridley Scott, estaba inspirada en el cuadro *Nighthawks* (1942) de Edward Hopper; representa una escena nocturna, con cuatro personajes en el interior de un bar, que Hopper mira desde fuera, desde una calle solitaria y apagada, lo contrario de aquella noche de Broadway que vio Fritz Lang en 1924.

La atmósfera de una película, de una pintura o de una arquitectura nos sitúa anímicamente: *"La atmósfera habla a una sensibilidad emocional, una percepción que funciona a una increíble velocidad y que los seres humanos tenemos para sobrevivir"* (Zumthor, 2006, 13). La atmósfera melancólica e íntima que advertimos en *El cielo sobre Berlín* (W. Wenders, 1987) es explícitamente desarrollada en ambientes colectivos y en espacios exteriores, de los que la cámara aísla al focalizar nuestra mirada en esas escenas y desgajarlas de su ambiente público. La estrategia formal que posibilita esta situación está en el propio argumento de la película que recurre a simultanear en pantalla dos espacios fílmicos a cuya superposición asistimos los espectadores, el de los berlineses en su ciudad, su circo y su biblioteca –la biblioteca de Hans Scharoun (1964-1979) –, y el de los ángeles protagonistas del discurso que, salvo excepciones, los otros personajes del film no ven pero nosotros espectadores sí. Sendos ángeles desarrollan sus conversaciones y sus reflexiones íntimas; esta estrategia formal le permite a Wenders definir el espacio interior en el que los ángeles desarrollan su argumento en el espacio exterior y el espacio colectivo de Berlín y sus habitantes sin más acotado formal que ese, dos mundos vitales que conviven en paralelo pero uno de ellos, el de los ángeles, no es visible para el otro, salvo alguna excepción como los niños.

Win Wenders. *El cielo sobre Berlín*. 1987.
Los ángeles en la biblioteca con los pies colgando. Fotograma

Win Wenders. *if_buildings_could_talk.* 2010. Garabatos (scribble) de Win Wenders sobre una fotografía de Hisao Suzuki del Centro Rolex de Sanaa arquitectos

Resulta oportuna, por ello, la elección de la biblioteca de Scharoun (1967-78) como localización de diferentes escenas de la película, en las que los ángeles desarrollan su propia trama moviéndose entre libros y berlineses, que allí están entregados a la lectura. La biblioteca berlinesa del Tiergarten aporta un espacio paisaje, abierto y fluido que acoge adecuadamente el acto íntimo y colectivo de la lectura. Hay otra estrategia formal en esta película que actúa sobre el espectador para dar visibilidad a los berlineses; los ángeles pueden escuchar los pensamientos de los humanos y nosotros los escuchamos a través de ellos.

Muchos años después de esta película en la que filma las memorables escenas en la biblioteca de Scharoun en Berlín, Wenders rodó *If buildings could talk* (2010), cuyo tema específico es el paisaje interior del *Centro de aprendizaje Rolex*, Lausana, de los arquitectos Sanaa (2010): La propia Kazuyo Sejima, hablando de su edificio, expresó su querencia por la idea de un espacio como *parque, "... una especie de parque, semejante al concepto de parque japonés. Esta clase de espacio permite a gente de diferente tipo estar en un mismo espacio al mismo tiempo"* (Sejima, 2004, 23). *Entrecruzar* (criss-crossing) *el espacio y el tiempo* es la anotación que el propio Wenders hace sobre una foto del interior del edificio de Sejima y Nishizawa en el trabajo preparatorio de rodaje. Ya hemos advertido este entrecruzamiento en *El cielo sobre Berlín.*

En el edificio del Centro Rolex la diferenciación de los distintos programas en ese espacio horizontal, extenso y unitario, que pueden compartir simultáneamente, queda acotado por la topografía que genera el plano ondulado de hormigón. En *El cielo sobre Berlín,* es la estrategia de la diferenciación de los dos espacios existenciales, como dos mundos distintos y paralelos, el de los ángeles y el de los humanos, la que permite, no sólo simultanear, sino, además, superponer sendos espacios, cada uno con su discurso propio y con las interferencias de los ángeles sobre los humanos. Y, además, nosotros espectadores contemplamos ambos, al igual que el fotógrafo protagonista de *Rear Window* o *La ventana indiscreta* de Hitchcock contemplaba las diferentes escenas y estancias del patio de su vecindario.

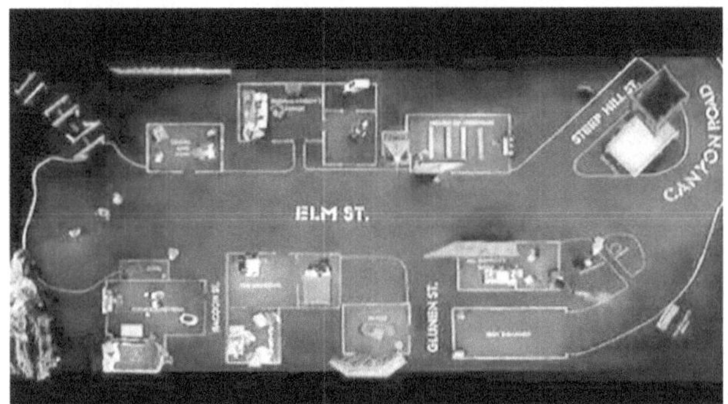

Lars von Trier. *Dogville*. 2003. Fotograma

Robert Rauschenberg. *Express*. 1963

En la película berlinesa, Wenders nos muestra además un espacio que no existe, que no puede existir, y que los ángeles habitan en algunas escenas. Es la franja del muro que en aquellos años todavía seguía en pie. Salvo los guardias de seguridad, esa zona era ante todo un vacío urbano, un espacio inexistente, pues ninguna actividad urbana y social podía desarrollarse allí por propia regulación gubernamental. Wenders localiza allí algunas escenas entre los ángeles, que los guardias de seguridad, que nosotros vemos, no ven por la invisibilidad del mundo de los ángeles para los humanos. De este modo, Wenders nos visibiliza un espacio que no existe; después de haber visto a los ángeles deambular por las cornisas de los edificios o sentarse en los antepechos de la biblioteca con los pies colgando hacia el vacío, el hecho de que habiten en el espacio prohibido del muro llega a parecernos una natural del uso de ese espacio inexistente.

Parece que, por razones presupuestarias, Lars Von Trier rodó *Dogville* (2003) adoptando la técnica teatral en la construcción del espacio urbano de la calle y sus casas donde se desarrolla la película, con una escenografía que retoma los decorados teatrales. Todo el pueblo con sus casas queda dibujado en el suelo, como un dibujo arquitectónico pero a escala natural, cuyo trazado contiene la leyenda con el nombre de cada y de cada espacio urbano. No hay paredes pero los personajes, cuando pasan de una habitación a otra o salen y entran de su casa, simulan todos los movimientos de apertura y cierre de puertas. Con breves reglas queda perfectamente codificado el qué y cómo percibimos cuando miramos el espacio de *Dogville* y las casas de sus habitantes, esto es, el juego de transparencias y opacidades que conviene articular para seguir el discurso de la película. Aunque en pantalla los espectadores vemos todo, la calle y el interior de la casa, la diferenciación entre espacio público y espacio privado deriva de interpretar la opacidad necesaria que preserva la intimidad de quien está dentro de su casa, es decir, dentro del código gráfico que representa el trazado blanco sobre el suelo. La secuencia del argumento fílmico viene dirigida por la focalización que hace la cámara escogiendo el montaje de escenas que corresponde en cada caso. El inicio de la película, con una visión cenital del dibujo planimétrico, avanzándonos los movimientos de algunos personajes, no puede ser más coherente con lo que el film va a mostrar.

Pantallas y espacio informacional

Sendos ejemplos de Wenders y Von Trier requieren que el ojo prescinda convenientemente de cierta información que obviamente ve en pantalla, que sea capaz de separar y de organizar esa información en un determinado sentido, según la oposición deleuziana entre *"el cerebro-información y el ojo naturaleza"* y el desplazamiento del primero sobre el segundo: *"La propia pantalla, aun cuando conserve una posición vertical por convención, ya no puede remitir a la postura humana, como una ventana o un cuadro, sino que constituye más bien un tablero de información, superficie opaca sobre la que se inscriben "datos": la información reemplaza a la Naturaleza y el cerebro-ciudad, el tercer ojo, reemplaza a los ojos de la naturaleza"* (Deleuze, 1987, 352). Se contrapone la idea de un *film como concepto* frente a la conquista de un *espacio óptico puro, "es un film como concepto donde el ojo ha llegado a no ver"* (Questerberg, 1979, 36-37). Esta oposición entre la experiencia visual y la experiencia informacional es también reconocida en la pintura moderna: *"Leo Steinberg ('other criteria', conferencia en el MOMA de New York, 1968) se negaba a definir la pintura moderna por la conquista de un espacio óptico puro y retenía dos características a su juicio complementarias: la pérdida de referencia a la posición humana vertical y el tratamiento del cuadro como superficie de información; por ejemplo, Mondrian, cuando metamorfosea el mar y el cielo en signos más y menos, pero sobre todo a partir de Rauschenberg. "La superficie pintada ya no representa analogía con una experiencia visual natural sino que se emparenta con procesos operacionales (...). El plano del cuadro de Rauschenberg es el equivalente a la conciencia sumergida en el cerebro de la ciudad"* (Deleuze, 1987, 354).

Los prisioneros de la caverna de Platón tenían las sombras proyectadas sobre la pared como única información visual del exterior. Desde Platón, cuando menos, parece que necesitamos una interfaz, un elemento de mediación, una ventana al mundo exterior con el que establecer una *relación informacional.* En *Things to come* (William Cameron Menzes, 1936), donde se narra una utopía situada en 2036, excavada bajo tierra después de un gran cataclismo bélico, una pequeña pantalla cumple esta función de ventana informacional; a través de ella el anciano da la lección de historia a la niña y le muestra los rascacielos que existieron en un tiempo anterior. En *Matrix Reloaded* (Wachowski Bros, 2003), la habitación de

El Arquitecto es un espacio circular cuyas paredes están conformadas completamente por innumerables televisores, mecanismo oportuno con la dialéctica que se desarrolla en el film entre realidad y virtualidad (Pérez Barreiro; Villalobos Alonso, 2016, 297-298). La película juega permanentemente con la ambigüedad de ambas existencias, real y virtual, y con la posibilidad de construir el espacio con medios informacionales y cibernéticos. El arquitecto y escenógrafo Josef Svoboda investigó en los años cincuenta las posibilidades de construir el espacio incorporando pantallas cinematográficas, fijas, móviles y en posiciones diversas para activar el espacio e implicar a los espectadores, en la construcción de sus escenografías interiores y en fachadas (Nieto Sánchez, 2016, 1101). Desde la calle repleta de luminosos de Broadway, que orientó a Fritz Lang sobre cómo debería ser la imagen de *Metrópolis,* el potencial de los *media* y su incidencia en el espacio, público o privado, ha evolucionado tanto que nos resulta fácil reconocer con naturalidad aquellas fachadas mediáticas de los distópicos espacios urbanos de *Blade Runner* y que hoy podemos ver en las ciudades más contemporáneas. Son ventanas informacionales también presentes ya, aunque con diferentes tamaños, en nuestras ciudades de tamaño medio y pequeño, en espacios públicos, equipamientos, eventos sociales e infraestructuras, con las que estamos aprendiendo a convivir e interaccionar.

Ridley Scott. *Blade Runner*. 1982. Fachadas mediaticas. Fotograma

Times Square, NY_práctica de yoga en la plaza durante el solsticio.

Sólo al final de *Blade Runner* aparecen imágenes con la naturaleza como localización alusiva a la ilusión de libertad mientras que en toda la película el juego de luces, colores, sonidos y pantallas gigantes con mensajes seductores se desarrollan de forma obsesiva y agobiante, acallando esa ausencia de libertad y natural humanidad con el artificio de este espectáculo maquínico que cumple su función vigilante; *"a medida que la necesidad resulta socialmente soñada, el sueño se hace necesario. El espectáculo es la pesadilla de la sociedad moderna encadenada, que finalmente no expresa más que su deseo de dormir. El espectáculo es el guardián de este sueño"* (Debord, 1976, 21). Es inevitable la evocación en este texto de la caverna platónica y de sus prisioneros que perciben de la realidad tan solo un reflejo distorsionado; otros autores han incidido en esta cuestión y la analogía de la sociedad moderna como una gran caverna en la que solo percibimos informaciones sesgadas.

La visión nocturna que Fritz Lang tuvo de una calle de Broadway le ayudó a visualizar la imagen moderna de la metrópolis. Esa imagen era una visión novedosa porque reflejaba la vitalidad de la calle y de la noche; la primera representa el dominio de lo público y la segunda revela la interioridad del espacio exterior. En cierto modo, cuando observamos o deambulamos por esos espacios abiertos plagados de pantallas mediáticas, que ciertamente siguen queriendo seducirnos con sus mensajes, esa condición de interioridad, disponible para que lo podamos habitar de otro modo, parece haberse trasladado también de la noche al día. Tal vez la sociedad contemporánea así lo ha entendido, en su condición de interioridad y de lugar de encuentro social, cuando por todo el mundo se ha lanzado a organizar el uso y la práctica social de esos nuevos espacios y lugares con actividades y eventos sociales, con sesiones de yoga y tantos otros acontecimientos orientados a *domesticar* y *socializar* la ciudad (Koeck, 2013, 171-180).

Conclusión

Acabamos este texto por donde empezábamos. Las seductoras imágenes de todo tipo y en todo modelo y tamaño de pantallas (TV, LED, LCD) que surgen en la ciudad contemporánea evocan una versión tecnológica de las sombras de la caverna platónica. Está en mano de la sociedad que su función no sea adormecedora y que explote las posibilidades para que su apropiado uso revierta en un disfrute social del derecho a la ciudad.

La ventana y sus diferentes versiones y escalas (observatorio, mirador, interface, pantallas urbanas) son expresión del juego dialéctico en las relaciones sociales y de las relaciones entre la habitación, la casa, como expresión mínima del espacio humano, y la ciudad, como organización máxima del espacio social. Hemos reflexionado sobre el cruce entre el espacio interior y el exterior, que, en su ámbito social y político, remite al diálogo entre el espacio privado y el público. La conquista de la interioridad en ese espacio público y colectivo, que parecía vedado al uso y práctica de actividades más privadas e íntimas, alude a los cambios y desafíos que pueden operarse en la definición de sus límites.

Este diálogo es ante todo transferencia de información. *"La luz eléctrica es pura información. Es un medio sin mensaje... Es un proceso real de pensamiento que en sí mismo es no verbal"* (Mcluhan, 2006 (1964), 107). Pantallas y otros medios de comunicación son otras formas de ventanas, cuya presencia en el cine, el arte y la arquitectura, en el espacio privado y en el espacio público, incorporan la reflexión crítica acerca de la evolución social y las nuevas relaciones espaciales y temporales de la contemporaneidad.

Directores, escenógrafos, artistas y arquitectos han proporcionado experiencias que van más allá de su propia disciplina. Cine y arquitectura se basan en la apertura de las relaciones y el establecimiento de conexiones entre las diferentes partes en juego. Hemos desarrollado reflexiones cruzadas entre el cine, el arte y la arquitectura, la evolución de la función tradicional de los límites espaciales y temporales y su transformación tecnológica, virtual e informacional.

Bibliografía

ALONSO GARCÍA, Eusebio. 2015. *"El espacio público en Le Corbusier. Evolución de su pensamiento y de sus estrategias formales".* En AA. VV., *Le Corbusier. 50 Years Later.* Valencia: Universidad Politécnica, 74-98.

ALONSO GARCÍA, Eusebio, 2016. *"Plan Obús de Le Corbusier versus Metrópolis de Fritz Lang. Dos discursos contrapuestos sobre la imagen de la ciudad a finales de los años 20".* En AA. VV., *AVANCA CINEMA. International Conference 2016.* Avanca: Cineclube de Avanca, 300-311.

ARNHEIM, Rudolf. 1981 (*1962*). *El "Guernica" de Picasso.* Barcelona: Gustavo Gili.

BACHELARD, Gaston. 1986 (*1957*). *La poética del espacio.* México: Fondo de Cultura Económica.

BOZAL, Valeriano. 2004 (*1991*). *"Pablo Picasso. Guernica".* En AA.VV. *Arte Español siglo XX. Summa Artis, XIII.* Madrid: Espasa.

COHEN, Jean Louis, 2015 (*2013*). *"En defensa del paisaje".* En *AV Monografías.* Le Corbusier. An Altas of Landscapes. Madrid: Arquitectura Viva, 176, 4-17.

DEBORD, Guy. 1976. *La sociedad del espectáculo.* Madrid: Castellote.

DELGADO, Manuel, 2006. *La ciudad levantada (conferencia).* Albacete.

DELEUZE, Gilles. 1987 (*1985*). *La imagen-tiempo. Estudios sobre cine 2.* Barcelona: Paidós.

DELEUZE, Gilles. 1994. *La imagen-movimiento. Estudios sobre cine 1.* Barcelona: Paidós.

GARCÍA LORCA, Federico, 1972. *Poeta en Nueva York.* Madrid: Espasa Calpe.

HARRIS, Derek, 1978. *García Lorca. Poeta en Nueva York.* Valencia: Grand and Cutter Ltd.

HIERRO, José, 1998. Cuaderno *de Nueva York.* Madrid: Hiperión.

KOECK, Richard, 2013. *Cine-Scapes. Cinematic Spaces in Architecture and Cities.* New York and London: Routledge. Taylor and Francis.

MACLUHAN, Marshall. 2006 (*1964*). *"The medium is the message".* En M.G, Durham y D. Kellner (ed), *Media and Cultural Studies: Keyworks.* Oxford: Blackwell Publishers, 107-16.

MARCHÁN FIZ, Simón. 1995. *Las vanguardias históricas y sus sombras (1917-1930).* Madrid: Espasa-Calpe, vol. XXXIX.

MOOS, Stanislaus van, 2015 (*2013*). *"El lago Lemán y los Alpes: marcos panorámicos".* En *AV Monografías,* 176. Le Corbusier. An Altas of Landscapes, Madrid: Arquitectura Viva, 20-25.

MUÑOZ MOLINA, Antonio, 2004. *Ventanas de Manhattan.* Barcelona: Seix Barral.

NIETO SÁNCHEZ, Maria. 2016. *"Más allá de la pantalla. Espacios dinámicos, múltiples y transformables".* En AA. VV., *AVANCA CINEMA. International Conference 2016.* Avanca: Cineclube de Avanca, 1099-1107.

PALLASMAA, Juhani, 2004. *Geometry of Terror. Alfred Hitchcock`s Rear Window, Chora vol. 4, 211-244. Ed. Pérez Gómez, Alberto y Parcell, Stephen.*

PÉREZ BARREIRO, Sara, 2016. *Futuros tenebrosos en la ciencia ficción*. Madrid: Creaciones Vincent Gabrielle.

PÉREZ BARREIRO, Sara y VILLALOBOS ALONSO, Daniel. 2016. *"Pastilla roja, pastilla azul. Matrix, un lugar donde todo es posible".* En AA. VV., En AA. VV., *AVANCA CINEMA. International Conference 2016.* Avanca: Cineclube de Avanca, 294-299.

PLATON. *La República, Libro VII.*

QUESTERBERT, Marie Christine. 1979. "*Michael Snow et la región centrale*". *Cahiers de cinéma, 296, 1979, 36-37*

RENAU, Josep et altri. 1981. *Guernica. Legado Picasso.* Madrid: Ministerio de Cultura.

RINCÓN BORREGO, Iván. 2016. *"Memoria, Cine y Arquitectura en Le Mepris".* En AA. VV., *AVANCA CINEMA. International Conference 2016.* Avanca: Cineclube de Avanca, 1108-1115.

RODRÍGUEZ LLERA, Ramón, 2014. *Resonancias orientales en la obra de Juan Navarro Baldeweg. La vuelta de Hiroshige.* Valladolid: EDUVA.

SEJIMA, Kazuyo. 2004. *"Entrevista".* En *El Croquis* 121-122. Madrid: El Croquis.

ZUMTHOR, Peter. 2006. *Atmósferas.* Barcelona: Gustavo Gili.

Filmografía

Algol. 1920. Dirigida por Hans Werckmeinster.

Blade Runner. 1982. Dirigida por Ridley Scott. España: Warner Home Video. DVD.

Dogville. 2003. Dirigida por Lars von Trier. Dinamarca.

El cielo sobre Berlín. 1987. Dirigida por Win Wenders. Alemania

El Manantial. 1949. Dirigida por King Vidor. España: Impulso Records. DVD.

If Buildings could talk. 2010. Dirigida por Win Wenders. Alemania.

La Ventana indiscreta (Rear Window). 1954. Dirigida por Alfred Hitchcock.

Matrix Reloaded. 2003. Dirigida por Wachowski Bros. Estados Unidos: Warner Home Video. DVD

Metropolis. 1926. Dirigida por Fritz Lang. España: Divisa Home Video. DVD.

Play Time. 1967. Dirigida por Jacques Tati.

Things to come. 1936. Dirigida por William Cameron Menzes.

UMBRÁCULO MEDIÁTICO

ARQUITECTURA, CINE Y SISTEMAS MULTIMEDIA[1] 2024

[1] Son coautores de este capítulo: Eusebio Alonso-García, Sara Pérez-Barreiro, Iván Rincón-Borrego, Daniel Villalobos-Alonso, José M.ª Jové-Sandoval.

Vivimos en un mundo rodeado de imágenes: en nuestras calles, en nuestros teléfonos, en el hogar y en el trabajo. Este es un fenómeno que ha sido muy debatido y documentado en todas las disciplinas durante más de un siglo en la era del cine y la televisión, y luego en la era de Internet. Hoy en día, la producción digital de imágenes y nuestra interacción vinculada a la pantalla en dispositivos portátiles y fijos se ha convertido, podríamos decir, en la característica definitoria de las experiencias espaciales e interpersonales cotidianas. Este artículo expone el trabajo que está realizando el GIRAC (Grupo de Investigación Reconocido en Arquitectura y Cine) de la Universidad de Valladolid, España, sobre cómo esto se manifiesta en el diseño y la teoría arquitectónica, y cómo resulta en un nuevo enfoque para nuestra comprensión de la arquitectura y, por extensión, de la ciudad. Se trata de un nuevo enfoque híbrido de arquitectura mediática que, según argumentaremos, explota más plenamente el potencial fenomenológico contemporáneo de nuestros nuevos entornos saturados de medios y da lugar a nuevas formas de práctica del diseño espacial.

En nuestro caso, este trabajo mediático-arquitectónico se manifiesta más claramente en un proyecto titulado *Umbráculo Mediático*. En manifestaciones recientes, el proyecto ha reunido muchas de las ideas de todas las disciplinas que, durante el siglo pasado, han contribuido al trabajo experimental actual que se está realizando en el ámbito híbrido de los medios y la arquitectura. Entre ellas se encuentran obras de, entre muchos otros, cineastas como Fritz Lang, Wim Wenders, Ridley Scott, Giuseppe Tornatore y Lars von Trier; artistas como Bill Viola y Herbert Bayer; y arquitectos como Charles y Ray Eames y Toyo Ito, por nombrar apenas un puñado. Si bien no todos estos participantes en el desarrollo de nuevas prácticas y teorías espaciales mediáticas son los puntos de referencia estándar en el campo, se destacan aquí debido a su particular influencia y resonancia con el proyecto *Umbráculo Mediático* en el que nos centramos en este artículo. Cada uno, a su manera, ha producido un trabajo que arroja luz sobre los efectos y las iniciativas empleadas en nuestro propio trabajo como grupo de investigación. Estudiarlos brevemente, ayudará a preparar el escenario para la exposición del *Umbráculo Mediático* que sigue[2].

[2] Este trabajo tiene su origen en el Proyecto de Investigación financiado por la Junta de Castilla y León, "Paisajes Audiovisuales en la Ciudad Media". GIRAC 2018-2020, VA127G18, y se ha llevado a cabo gracias al Proyecto de Investigación financiado por la Junta de Castilla y León y Fondos FEDER, "Ecosistema Cinematográfico de la Ciudad y Transferencia con Nuevas Tecnologías". GIRAC 2020-2023, VA234P20.

PRIMERA PARTE: Influencias yTeorías

Der Himmel über *Berlin* o *Las alas del deseo*, dirigida por Win Wenders en 1987, es una de las obras más célebres del cineasta alemán. Espacialmente, la película implica la exhibición simultánea de dos realidades espaciales fílmicas al espectador. La primera de ellas es aquella en la que los berlineses aparecen en su ciudad en sus lugares cotidianos, incluidos algunos referentes arquitectónicos clave para la capital alemana, como la Biblioteca Nacional, la Staatsbibliothek, del arquitecto Hans Scharoun, construida entre 1964 y 1979. El otro espacio fílmico de Wenders es el de los ángeles, Damiel y Cassiel, los personajes principales del discurso. Sin ser vistos por nadie más que por los niños, y capaces de escuchar los pensamientos de los humanos como monólogos interiores, conducen la narrativa desde los confines de su mundo paralelo y espacio coexistentes. Superpuestos al espacio "material" de la ciudad, nos presentan lo que podríamos definir como espacios paralelos. Una idea que se ha manifestado en el *Umbráculo Mediático*, es un concepto que desafía la primacía de la materia dentro del ámbito fílmico.

No muy diferentes en algunos aspectos son las superposiciones espaciales que se encuentran en otro de nuestros puntos de referencia aquí, *Dogville*, 2003, de Lars Von Trier. Lo que interesa en este caso, sin embargo, es algo muy diferente: la adopción de convenciones teatrales en la construcción de espacios urbanos representados y utilizados en el cine. En *Dogville*, toda la ciudad se reduce a los contornos de un plano arquitectónico, dibujado en el suelo a escala uno a uno y visto a vista de pájaro como un plano urbano en los primeros planos de la película. El trazado de las líneas de tiza también funciona como clave de referencia de la película, incluyendo el nombre de cada vecino y de cada espacio urbano escrito en el suelo. No hay paredes, pero los personajes se mueven por todo el conjunto como si existieran todas esas barreras físicas del espacio material, "pasando por los movimientos" de abrir y cerrar puertas, cruzando umbrales y siguiendo los patrones de movimiento dictados por los diseños reales de los edificios.

Es interesante aquí el uso de la codificación tanto por parte de los actores como del público en la lectura del significado de la película y las imágenes que presenta por medio de nuestra interpretación compartida y acordada de las reglas del dibujo arquitectónico, la convención teatral y las técnicas fílmicas. Seguimos la película *codificada* sin fisuras, reconociendo el conjunto de transparencias y opacidades necesarias para entender el discurso y la acción. Como público, sabemos que todo tiene lugar en un entorno similar al de un teatro, se nos muestra en una pantalla fílmica y se alinea con el código gráfico arquitectónico de las líneas blancas en el suelo. Sin embargo, a pesar de la mezcla de códigos y medios, seguimos siendo capaces y estamos preparados para suspender nuestra incredulidad: la codificación de la información y los protocolos de interpretación no representan ninguna barrera para nuestro compromiso inmerso en el trabajo presentado. Se trata de un uso de una forma de *códigos coexistentes* que, como veremos, también informa nuestro trabajo como grupo de investigación que trabaja a través de los medios de comunicación en el ámbito espacial y visual.

La mezcla de códigos en *Dogville* es sustituida por la mezcla de medios, espacios y realidades en la película de Giuseppe Tornatore de 1988 *Cinema Paradiso* en la que, en una escena por excelencia de desenfoque conceptual, el protagonista cinematográfico de la película, Alfredo, dirige su proyector de cine al espacio exterior de la sala. La plaza del pueblo, llena de gente que sale del cine, se convierte en la propia pantalla del cine con la película proyectada en las fachadas de los edificios de la plaza[3]. Cuando un hombre asoma la cabeza por una ventana para silenciar el alboroto que hay debajo, su silueta se superpone a las imágenes ficticias de la propia película, ofreciéndonos una metáfora visual de cómo la nueva producción mediático-arquitectónica puede difuminar tanto la ficción como la realidad, como las imágenes y el espacio público. Es una escena que recuerda a gran parte del trabajo de medios espaciales de artistas y diseñadores que operan en nuestro campo híbrido y es un ejemplo perfecto de algunos de los efectos espacio-visuales que buscamos crear en *Umbráculo Mediático*, donde las imágenes superpuestas pueden *convertir el espacio en pantallas.*

[3] La escena recuerda a un hecho reciente: el 6 de marzo de 2021 se celebraron de forma virtual los Premios Goya 2021 del Cine Español debido a la pandemia, retransmitidos en directo desde el Teatro Soho de Málaga. Un telón de fondo escénico construido con tecnología de luz LED, que incluía parte del suelo, servía como superficie para proyectar las películas competidoras, pero también podía transformarse en multitud de televisores a través de los cuales se podía establecer una conexión con los invitados. El "agujero" de esta pared audiovisual permitía a los presentadores entrar o salir.

Sin embargo, los efectos de este tipo no solo aparecen como puntos de referencia en el cine narrativo, sino que se manifiestan en muchas otras disciplinas, y lo han hecho a lo largo de décadas. Un ejemplo típico de esto se encuentra en la obra del artista austriaco Herbert Bayer (Bayer et al., 1930), cuyas exposiciones a menudo se basaban en intentos de utilizar todo nuestro campo de visión simultáneamente a través de lo que él definió como "todos los medios conocidos de diseño: diagrama, letras, palabra, fotografía, arquitectura, pintura, escultura, tono, luz, película" (Bayer 1939: 17). Este enfoque de "mirada inclusiva" implicó exposiciones con planos flotantes de información visual liberados de la ortogonalidad típica de las superficies de las paredes. En el centro de estos espacios, el espectador se situaba con una «cabeza en forma de ojo», cuyo campo perceptivo estaba representado por líneas de visión que correspondían a la composición geométrica de los paneles. En tales trabajos, Bayer estaba haciendo uso de la psicología en la publicidad en términos de presentación de contenido, pero también anticipó la *integración de medios de comunicación y arquitectura* que llegaría a caracterizar el fenómeno urbano contemporáneo y que, en nuestro trabajo en Valladolid, intentamos explorar. Siguiendo su planteamiento, el contenido visual podría ser utilizado para la construcción del espacio en lugar de ser una imagen soportada por una estructura tectónica (Bayer et al. 1930; Bayer 1967: 30, 72). Es una máxima que podría aplicarse a numerosos artistas y arquitectos que trabajan en la intersección de los medios de comunicación, la imagen y el espacio en la actualidad.

Un correlato a menudo citado con el trabajo de Bayer que ha informado fundamentalmente el arte y la arquitectura espaciales contemporáneos, es el conocido trabajo de Charles y Ray Eames. En este sentido, destacan sus *Glimpses of the USA* en la Exposición Universal de Moscú de 1959, que la historiadora de la arquitectura Beatriz Colomina ha definido con la frase "encerrados por imágenes" (Colomina 2001: 6-29). Menos conocido, pero igualmente importante en el desarrollo de la práctica y la teoría cinematográfica y arquitectónica, fue el trabajo del artista y escenógrafo checo Josef Svoboda, cuya instalación de 1958 para la Expo de Bruselas de 1958 lo situó en el centro de este movimiento. Durante una década, entre 1958 y 1967, Svoboda y los Eames crearon varias instalaciones escenográficas multimedia de alto perfil en las que el espectador podía contemplar una interacción de varios elementos: proyecciones de imágenes fijas y películas; sistemas de pantallas, fijas y móviles; y la sincronización del sonido, el actor y la imagen proyectada. Se trataba de una mezcla de fenómenos espaciales y audiovisuales que difuminaban los límites entre la construcción, la escenografía, el sonido y la acción y repetidamente *encerraban a los espectadores entre imágenes* (Nieto 2016: 1099-1107). Es un fenómeno que todavía hoy podemos ver en el arte contemporáneo, aunque de manera muy diferente, en obras de Bill Viola como su pieza de 1995 The Veiling, presentada como la primera obra de videoarte en la Bienal de Venecia. En las manos de Viola, esta difuminación del espacio, la imagen y el sonido implica también la difuminación del cuerpo humano, con sus dos "sujetos" humanos fusionándose en una sola figura de vídeo (Morgan 2004: 101).

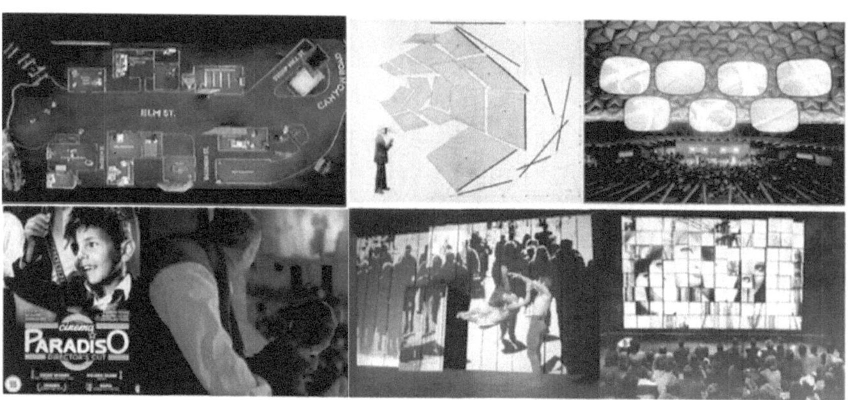

Dogville; Bayer: la mirada inclusiva; Eames: *Glympses of USA*; *Cinema Paradiso*; Svoboda: *Laterna Magika y Diapolyekran*

Desde el punto de vista del cine y la arquitectura, la mezcla del espacio material y lo audiovisual tiene numerosos puntos de referencia, siendo el más citado en los últimos años *Blade Runner* (1982) de Ridley Scott, seguido de cerca quizás por el "clásico" *Metrópolis* de Fritz Lang de 1927. Sin embargo, desde nuestra perspectiva, el rasgo más poderoso de estas obras es su interés por lo que podemos llamar *la luz y la arquitectura de la noche*. En *Blade Runner*, el juego de luces, colores, sonidos, pantallas gigantes y seductores mensajes comerciales por toda la ciudad dan como resultado una forma de espectacular espacio-fílmico, espectáculo que se ha explorado como un efecto adormecedor psicológico: "... A medida que la necesidad resulta ser socialmente soñada, el sueño se vuelve necesario. El espectáculo es la pesadilla de la sociedad moderna encadenada, que finalmente no expresa nada más que su deseo de dormir. El espectáculo es el guardián de este sueño" (Debord 1976: 21). Lo mismo puede decirse de *Metrópolis*, de Lang, que se rodó un año después de que el director visitara Estados Unidos y quedó hipnotizada por Broadway por la noche (Alonso-García, 2016: 300-311). Como principio y final de lo que podríamos llamar la "era clásica del cine de ciencia ficción", ambas películas están obsesionadas con la ciudad en la oscuridad (Neumann, 1996). Más precisamente, dirigen su atención a la luz y la arquitectura de la noche y a la superposición de las imágenes del consumo en la arquitectura de la ciudad (Neumann 2009; Gorostiza 2018: 40-62).

Finalmente, para concluir esta sección del trabajo, también nos gustaría mencionar un proyecto arquitectónico reciente que ha buscado captar explícitamente este interés. Si bien podríamos hacer referencia a la obra de Jean Nouvel o Diller y Scofidio en este sentido, el ejemplo particular que ha informado nuestro trabajo proviene del arquitecto japonés Toyo Ito. Otros proyectos que podrían citarse a este respecto son: Robert Venturi y Denise Scott Brown: National College Football Hall of Fame, New Brunswick, 1967: un edificio pegado a una gran pantalla (proyecto recordado en la propuesta de R. Koolhaas para el ZKM Centre for Art and Media, Karlsruhe, 1989); R. Piano y R. Rogers, Museo Pompidou, París: la gran pantalla de la fachada que nunca se construyó y cuya iconología recordaba a Rauschenberg; J. Herzog y P. de Meuron: Arts Centre, Blois, 1991: dos pantallas con un desarrollo mayor que el volumen que envolvían, deslizándose sobre él y delimitando con ello dos espacios públicos en el exterior; P. Eisenmann: Iglesia para el año 2000 en Roma: dos fachadas de cristal líquido, dos vidrieras digitales gigantes, cerraban el patio central; J. J. Pan and Partners: The ring of celestial bliss, Hsinchu, Taiwán, 2013: una pantalla alabeada en forma de hélice de 30 metros y 270 grados de desarrollo, colocada sobre una estructura suspendida sobre el suelo a 10 metros, configura una plaza mediática en el nuevo barrio; MVRDV: Las torres gemelas, Taipéi, 2018: apilamiento de manzanas que crean un barrio vertical mediante la superposición de usos públicos y privados, cuyas fachadas incluyen medios interactivos que, a través de paneles LED, informan sobre su vida interior, eventos y publicidad (Rincón-Borrego et al. 2022b).

En las décadas de 1980 y 1990, Ito se interesó cada vez más en la tecnología de la información y la arquitectura de microchips, ya que la idea del flujo de información se estaba volviendo cada vez más debatida en la cultura contemporánea (Ito 1991, 1993, 1987). En 1986 diseñó la *Torre de los Vientos* y, en 1991, el *Huevo de los Vientos* cuyos diseños incluían la visualización, a través de la luz y la imagen, de los flujos de aire alrededor de las estructuras. En ambos casos, los sensores captaron los cambios en la fuerza del viento y transmitieron los datos a un sistema estructural de luces que, a su vez, produjo una imagen de las oscilaciones de la luz, convirtiendo los datos cuantitativos en experiencias plástico-visuales:

> *"Diálogos similares en los que las "experiencias visuales" se contrastaban con las "experiencias informacionales" también se reconocieron en la pintura moderna. Véase, por ejemplo, Leo Steinberg ("otros criterios", conferencia en el MOMA de Nueva York, 1968) que se negó a definir la pintura moderna por la conquista del espacio óptico puro y que argumentó que la pérdida de referencia a la posición vertical del hombre y el tratamiento de las pinturas como superficies de información son complementarias. Por ejemplo, trae a colación la traducción de Mondrian del mar y el cielo en signos más y menos, pero localiza específicamente el inicio de esta tendencia a partir de Rauschenberg. "La superficie pintada ya no representa una analogía con una experiencia visual natural, sino que se relaciona con procesos operativos [...]. El plano de la pintura de Rauschenberg es el equivalente a la conciencia sumergida en el cerebro de la ciudad". (Deleuze 1987: 354).*

Son proyectos que representan perfectamente un creciente interés por el uso de los *datos como imagen* en el arte contemporáneo y en la práctica arquitectónica que, a nuestra manera, pretendemos incorporar a nuestro trabajo y que caracterizan una serie de rasgos del proyecto que ahora comentamos, *Umbráculo mediático.*

SEGUNDA PARTE: Umbráculo Mediático

Umbráculo Mediático es una iniciativa mediático-arquitectónica efímera que explora el potencial fenomenológico que surge de una vida envuelta por imágenes y sistemas multimedia y que se nutre de todas las ideas y teorías esbozadas anteriormente. Se trata de un conjunto de proyectos de larga trayectoria que se desarrollan en la Universidad de Valladolid y que aquí se tratarán de dos de sus proyectos concretos: *Ciudad moderna. Plató de cine do.co.mo.mo*, 2018, y *Festival de Cine en la Universidad*, 2019. El primero fue una instalación multimedia construida en el marco del evento TEDx *Heritage* celebrado en Valladolid, con imágenes fijas y en movimiento de los cincuenta y cuatro edificios de Valladolid recogidas por el registro DO.CO.MO.MO (Documentación del Movimiento Moderno) (Villalobos-Alonso et al. 2018). Con cinco pantallas suspendidas sobre el público para la proyección de las más de treinta películas rodadas en Valladolid a lo largo del tiempo, cumplía simultáneamente la función arquitectónica "estándar" de una estructura de umbráculo parcial (Sitio web oficial de GIRAC 2022). Desde el principio, la influencia de la obra de figuras como Herbert Bayer y Charles y Ray Eames fue evidente (Rincón-Borrego et al. 2022a).

Por el contrario, *Festival de Cine en la Universidad* implicó la creación de una instalación con siete pantallas colocadas sobre un estanque de agua en los jardines renacentistas del Palacio de Santa Cruz. Se trataba de convertir el espacio arquitectónico y su fuente de agua en una pantalla para la escenografía audiovisual, en este caso, los cortometrajes presentados y seis décadas de cartelería promocional de la *Semana Internacional de Cine de Valladolid, SEMINCI.* El tema principal de ambas obras fue la creciente fusión entre el mundo físico y el virtual a través de imágenes mediatizadas, mientras que su "programa arquitectónico" respondía a algunas prerrogativas espaciales y funcionales reconociblemente estándar. En este trabajo se han retroalimentado diferentes líneas de investigación: 1. Un análisis de arquitecturas en las que lo audiovisual y la imagen en movimiento dan soporte y materialidad a la arquitectura, desplazando así a los sistemas materiales tradicionales; 2. Visiones utópicas y distópicas de estos mecanismos que fueron anticipadas por el cine; 3. Reflexiones elaboradas desde otras disciplinas artísticas (Alonso-García et al. 2020). Además de ser obras visuales temáticas en sí mismas, ambas instalaciones respondieron a la necesidad de configurar un espacio de encuentro social; el requisito de mostrar información e imágenes; y la necesidad de operar como inserciones arquitectónicas temporales en entornos espaciales preexistentes.

Ciudad Moderna. Plató de cine do.co.mo.mo. se ubicó en el centro sociocultural LAVA, una rehabilitación moderna de un edificio preexistente en el antiguo emplazamiento de un matadero municipal (1932-36) (González 1996: 203-4). La instalación fue diseñada para crear un entorno audiovisual desligado de la rigidez formal de la antigua nave industrial con la capacidad de crear su propio "paisaje autónomo". El proyecto intentó difuminar visualmente la percepción de la estructura existente mediante la introducción de elementos nuevos y efímeros, incluida una pantalla audiovisual dinámica dividida en cinco monitores suspendidos. Paralelamente, la instalación también contó con visualizaciones estáticas de datos gráficos y fotográficos en las superficies de tres grandes prismas triangulares instalados en el espacio. El resultado fue un efecto general que envolvió a la audiencia entre imágenes que recordaban el trabajo de Bayer, Eames y, consecuentemente, Ridley Scott. Mientras está "envuelto" por las imágenes de instalaciones como ésta, el público se convierte en parte de un entorno saturado de imágenes que delimita el espacio y articula sus movimientos y, por lo tanto, se hace eco de nuestras referencias anteriores a la obra de Wenders y Lars von Trier. Del mismo modo, mientras que las pantallas superiores eran visibles desde cualquier lugar de la sala, las imágenes de los tres prismas estaban veladas por la multitud, creando flujos de movimiento aleatorios y no jerárquicos y dando lugar a experiencias perceptivas variables a diferentes distancias y ubicaciones, lo que nuevamente recuerda a muchos de los efectos visuales ya citados.

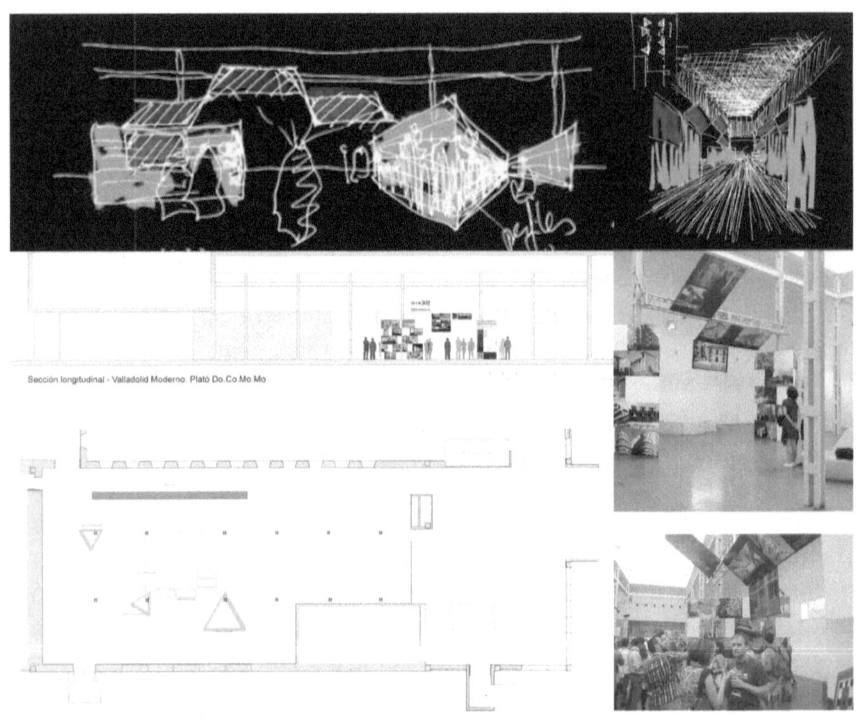

GIRAC: Ciudad Moderna. Plató de cine do.co.mo.mo.

Festival de Cine en la Universidad compartió muchos de estos rasgos visuales y experienciales y respondió a un programa arquitectónico reconocible de presentaciones, discursos, proyecciones y la creación de una atmósfera audiovisual considerada "apropiada" para un evento cultural celebrado en un entorno histórico, en este caso, los jardines del palacio histórico dominados por un estanque rectangular central y rodeados de exuberante vegetación (Villalobos-Alonso 1996: 57-58). Lo que definimos como un "mural" hecho de siete pantallas se colocó al final del estanque para que las imágenes cuidadosamente coreografiadas de cada pantalla se reflejaran en el agua. Durante la presentación de cada cortometraje, solo se encendió un monitor para facilitar una visualización más nítida de la propia película pero, en los momentos menos focalizados del evento, todos los monitores se emplearon para emitir información simultáneamente en una secuencia pre-programada que, como se mencionó, incluía clips de cortometrajes y carteles promocionales históricos del Festival de Cine, resultando una vez más en un efecto visual que se hace eco de la obra de Herbert Bayer, Josef Svoboda y Charles y Ray Eames en diversos grados.

Del mismo modo, al caer la noche, la forma en que se diseñó el muro multimedia para ir adquiriendo una mayor presencia visual, dio lugar a una atmósfera visual informada por nuestro interés por la icónica obra cinematográfica de Ridley Scott y la arquitectura experimental deToyo Ito. En este caso, se correspondía con una dialéctica variada entre la información y la naturaleza, y entre la experiencia audiovisual y el paisaje ajardinado circundante. Durante el día hubo un cierto equilibrio entre los fenómenos mediáticos y el paisaje. Sin embargo, a medida que caía la noche y la visibilidad del jardín comenzaba a desvanecerse, la luz de la instalación multimedia comenzó a tomar el control. Continuábamos con una gran tradición. El interés por las visiones nocturnas de la ciudad y la arquitectura creció con el desarrollo de la luz eléctrica. Desde finales del siglo XIX, las sucesivas Exposiciones Universales han proporcionado memorables representaciones nocturnas (Neumann 2002). En nuestro proyecto, esto se correspondía con la transformación del estanque que, al reflejar cada vez más las imágenes mediáticas circundantes, también adquirió un mayor significado visual en el espacio. De este modo, este efecto nos lleva más allá de nuestro interés por los efectos visuales de la película de Scott y la arquitectura de Ito y nos invita a cuestionar una oposición deleuziana entre el cerebro y el ojo: "La pantalla misma, aunque conserve una posición vertical por convención, ya no puede referirse a la postura humana, como una ventana o un cuadro, sino más bien un panel de información, una superficie opaca en la que se inscriben "datos": la información reemplaza a la naturaleza y la ciudad-cerebro, el tercer ojo, reemplaza a los ojos de la naturaleza". (Deleuze 1987: 352).

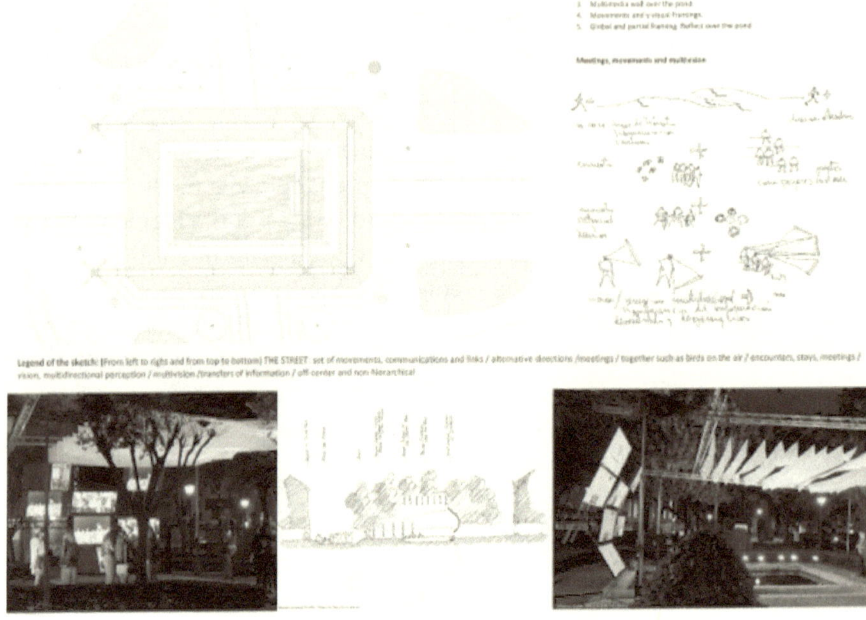

GIRAC: Festival de Cine en la Universidad

La genealogía de referentes artísticos contemporáneos que, de una forma u otra, han inspirado esta intervención basada en el juego de reflejos, espejos, simetrías, duplicidades, descomposiciones, distorsiones, es demasiado amplia. Mencionaremos solo algunos: Dan Graham ha utilizado la técnica del "miroir noir" para captar la realidad a partir de la imagen reflejada: "Alternativa a una casa suburbana", 1987 y "Plan de la Ruta Turística Nacional de Noruega", Lyngvaer, 1996; Olafur Eliasson: "The Weather Project", Tate Modern, Londres, 2003 reproducía el sol mediante un juego de luces y espejos que cubría toda la nave; la experimentación del video artista Bill Viola sobre este tema es extensa y pionera: "Heaven and Earth", 1992, "Stations", 1994 y "The Veiling", 1995, pero sus primeros "The Reflecting Pool", 1977-79, reúnen multitud de variaciones sobre el tema para jugar con la percepción del tiempo: reflexión, ausencia de reflexión, ausencia de la figura reflejada, distorsión entre la figura y su reflejo, dinamismo del agua, estancamiento del entorno, oscurecimiento de la piscina y retorno de la luz, parálisis de la figura saltarina, y la técnica de "slow motion". A través de este conjunto de técnicas, crea fenómenos temporales diferentes y superpuestos.

En ambas instalaciones, el espacio se configuró para soportar un determinado conjunto de actividades y para producir una experiencia audiovisual y espacial híbrida compuesta por información e imagen. Se presentaba a través de una matriz escenográfica que permitía compartir información y datos, pero que también podía activar diferentes mecanismos de percepción en la audiencia. A su vez, se esperaba que estos mecanismos alterados de percepción dieran lugar a una forma modificada de experiencia fenomenológica en la que la "mirada" pudiera ser explorada como un acto de percepción no neutral, incluso potencialmente revelando la intención intelectual, social y política del espectador (Alonso-García 2017: 359-369; Mcquire 2008; Koeck 2013). Como mínimo, estas experiencias fenomenológicas mediático-espaciales nos permiten considerar las diversas formas en que la arquitectura y el cine como medios pueden tocarnos emocionalmente y crear sus propias atmósferas únicas o combinadas: "La atmósfera habla de una sensibilidad emocional, una percepción que funciona a una velocidad increíble y que los seres humanos tenemos para sobrevivir" (Zumthor 2006: 13). Para nosotros, es también una metodología para explorar las instalaciones audiovisuales como diálogo entre fenómenos y como mecanismos para atraer o desviar la atención. En este caso, se trataba de desviar la atención hacia la información, la imagen y la atmósfera a través de la emoción y, reflejando nuestro interés en *Dogville*, el empleo de diferentes códigos para "leer" la imagen, el espacio y los datos de forma simultánea o aislada.

Esto fue más evidente en la *Ciudad moderna. Plató de cine do.co.mo.mo.* que se manifestaba en la exposición de las imágenes desplegadas en los planos verticales de los prismas en una secuencia que se componía como una coreografía en relación con la imaginería cenital de las pantallas, pero que también se entendía abierta a lecturas alternativas y asociaciones secuenciales en la mente del espectador. Cuando el espacio se llena de personas, el tipo de pantallas descritas aquí da paso a una experiencia espacial más colectiva que activa el espacio de exhibición de maneras impredecibles, con la audiencia jerarquizando visualmente una pieza de información sobre otra. Es un mecanismo cinematográfico y cognitivo basado en la interacción de planos principales y secundarios, el encuadre, la puesta en escena y el establecimiento, uso e interpretación de los códigos de lectura. El ojo ignora selectivamente cierta información que se muestra en la pantalla y organiza los estímulos restantes de acuerdo con una lectura dada. Es un efecto y un enfoque que vemos en las primeras instalaciones de Herbert Bayer y que hoy en día sigue informando las actividades de los artistas mediáticos y cinematográficos contemporáneos que trabajan en entornos espaciales.

TERCERA PARTE: Comentarios y Conclusiones

Al comienzo de este texto, identificamos el deseo de explorar el potencial fenomenológico contemporáneo que existe en un mundo en el que vivimos cada vez más "encerrados por imágenes". Lo hacemos a través de obras mediático-fílmicas como *Umbráculo Mediático*, pero reconocemos que tales obras solo son factibles hoy en día en el contexto de una larga tradición de obras que han experimentado y desarrollado relaciones variadas entre disciplinas como el cine y la arquitectura y el video y la práctica artística, y que esto solo ha sido posible en un campo de operación diverso y variado. Nos gustaría terminar con algunos comentarios sobre lo que podría significar para la teoría arquitectónica y la práctica mediática en el futuro la continuación del tipo de trabajo que hemos documentado aquí.

Para empezar, esperamos haber ilustrado algunas de las formas en que los medios audiovisuales, junto con las tecnologías relacionadas y los nuevos modos de representación, poseen un potencial extraordinario para (re)construir el espacio arquitectónico y, por extensión, (re)configurar la ciudad de formas cada vez más creativas y variadas. Cineastas, arquitectos y artistas o, como en nuestro caso, personas que se encuentran en todos estos campos, aportan sus diversas experiencias a este empeño y creen en las posibilidades de una hibridación cada vez mayor entre lo virtual y lo físico, el potencial de las tecnologías emergentes como interfaces de información y las contribuciones arquitectónicas que pueden realizar los sistemas multimedia.

El tipo de trabajo que hemos discutido en este capítulo pone de relieve las oportunidades que el cine, la imagen en movimiento y, por extensión, las nuevas tecnologías multimedia ofrecen a la construcción del espacio arquitectónico y urbano contemporáneo. A modo de ejemplo, postulamos que *Umbráculo Mediático* es indicativo de cómo el cine, los medios de comunicación, la publicidad, la imagen en movimiento y las nuevas tecnologías de visualización pueden ser utilizados como materia y material en la producción arquitectónica y urbana. Efímera y fragmentaria en su construcción, la obra que representa *Umbráculo Mediático* se suma al debate sobre la función, el uso y la materialización de los límites espaciales y su transformación tecnológica que puede conducir a una redefinición de la forma y la experiencia tanto arquitectónica como urbana.

En este tipo de trabajos, el uso de sistemas multimedia no se centra simplemente en el "espectáculo" de la imagen en el espacio, sino que pretende contribuir a la forma en que los lugares y los edificios responden a sus programas funcionales y a su contexto social. Por ejemplo, su diseño puede promover la participación pública en eventos programados, puede apoyar la comunicación y la transferencia de conocimiento y, en última instancia, puede apoyar la acción colectiva en el espacio público. El enfoque que representan estos proyectos también puede permitir una regeneración o revitalización constante de la arquitectura sin necesidad de una construcción costosa, intensiva en mano de obra y perjudicial para el medio ambiente. Apunta a una arquitectura que puede renovarse constantemente mediante una transferencia remodelada de imágenes y mensajes: "... De hecho, los arquitectos y diseñadores interactivos responden a la pregunta planteada en la década de 1960 por Cedric Price: ¿Qué pasaría si un edificio o espacio pudiera generarse y regenerarse constantemente? (Bullivant 2004: 5).

Ambos *Ciudad moderna. Plató de cine do.co.mo.mo.* y *Festival de Cine en la Universidad* son indicativos de estas posibilidades y ambos abrieron reflexiones críticas sobre la mejor manera de modificar el espacio público y optimizar la funcionalidad que ofrecen los sistemas multimedia. Iniciaron el debate sobre el concepto de "espectáculo" por el que los ciudadanos son considerados como meros espectadores de espectáculos en los que no participan, pero, también, cómo, con su presencia y acción, pueden alterar el espacio público o, al menos, su recepción pública. Estos proyectos también centraron la atención en cómo los medios de comunicación pueden convertir el espacio urbano y la arquitectura en vehículos para la socialización, la comunicación y la interacción. Un ejemplo más de ello fueron las fachadas del Centro de Emprendimiento de Torrelavega, donde desarrollamos en 2013 un tejido LED envolvente para transmitir información relacionada con las actividades internas, combinando esta comunicabilidad con la transparencia de la segunda piel acristalada de las oficinas (Alonso-García et al. 2014: 42-47). En resumen, han revelado, al menos para nosotros como "arquitectos mediáticos" en ejercicio, los florecientes debates en curso hoy en día sobre las posibilidades de activación social a través de flujos de información y estrategias alternativas para la interacción humano-humano y humano-máquina.

A un nivel más prosaico y práctico, estos proyectos ilustran también una serie de rasgos y herramientas formales, espaciales y visuales necesarias para explotar positivamente nuestro *encintado de imágenes* y, más concretamente, de las imágenes en movimiento. Por ejemplo, todos estos proyectos demuestran cómo la luz y la información, junto con el recurso actual de los medios audiovisuales, pueden servir como material de la arquitectura, diseñando sus límites espaciales y definiendo cómo las personas operan y se mueven en el espacio: "La luz eléctrica es pura información. Es un medio sin mensaje... Es un proceso real de pensamiento que es en sí mismo no verbal" (McLuhan [1964] 2006: 107). También demuestran cómo el espacio material puede utilizarse fácilmente como interfaz para la transmisión de datos e información como una forma de valor añadido en la producción del espacio arquitectónico.

Además, proyectos como *Umbráculo Mediático* nos permiten considerar el espacio mediático desde una perspectiva fenomenológica, ya que se mueven entre los dominios del espectáculo, la instalación y el arte público. Las prácticas interactivas en arquitectura, que emplean nuevas tecnologías de todo tipo, apuntan hacia una creciente difuminación de los umbrales virtuales y físicos. Abundan los experimentos artísticos recientes. Por ejemplo,TeamLab y Atelier des Lumières han utilizado creaciones digitales para transformar el espacio. La exposición "Future World" deTeamLab, Museo de Singapur, 2017, sumerge al espectador en un espacio de jardín virtual renderizado digitalmente; suelos, techos y superficies verticales se presentan como superficies de proyección ilimitadas con las que interactúan los usuarios. El espacio cambia con las proyecciones creadas por la acción de cada espectador. El resultado es un espacio que se codifica como virtual y real al mismo tiempo. Los límites físicos tradicionales del espacio arquitectónico se transforman en soportes audiovisuales e informativos. La danza contemporánea aportao tro ejemplo evidente; entre otros, la obra "El movimiento del aire", de los coreógrafos franceses Adrien M y Claire B en 2015, quienes interactúan literalmente con representaciones digitales y luces estroboscópicas, da como resultado la representación del espacio y la historia emergiendo de la interacción visual de sus propios cuerpos (Mondot 2015). En la memoria está la influencia de Josef Svoboda.

Los entornos digitales híbridos que surgen de estos nuevos sistemas de comunicación combinan flexibilidad e inmersión en un nuevo tipo de espacio, tanto público como privado (Bullivant 2005). Lo que los alimenta es un esfuerzo disciplinario híbrido que desafía la identidad tradicional de la arquitectura y, de hecho, cualquier forma de práctica artística o mediática (Bullivant 2005: 38-45). Resulta así que las prácticas y experiencias mediático-espaciales tienen al sujeto en el centro, desplazando tanto a los objetos tradicionales como a los textos y contenidos. Un resultado más de todo esto es que la aparición de las tecnologías digitales, que a menudo aparecen vinculadas a los nuevos desarrollos industriales y comerciales y al hardware o software que los sustenta, ha llegado a ser vista cada vez menos importante que los incipientes modos de relaciones e interacciones humanas que traen consigo (Saggio 2005: 23-29).

En resumen, es evidente que la incorporación de las fachadas mediáticas en la práctica arquitectónica y espacial ha evolucionado, casi más allá del punto de reconocimiento, a partir de sus referentes urbanos tan citados como los anuncios adjuntos a los edificios deTimes Square, Nueva York, Piccadilly Circus, Londres o Shibuya,Tokio.También se ha movido más allá de su representación en el cine, incluyendo las que hemos citado aquí como *Blade Runner*. Hoy en día, ha encontrado su propia especificidad en las estrategias formales empleadas en los proyectos espaciales como los que se discuten en este capítulo. Si bien estos proyectos, como todos los puntos de referencia mencionados en su contextualización, no son más que la punta del iceberg de un vasto cuerpo de trabajo multidisciplinario en este campo, funcionan como ejemplos útiles de algunos de los debates clave en un campo en evolución que sigue inconcluso como *una opera aperta.*

Bibliografía

Alonso-García, Eusebio (2016), 'Plan Obús de Le Corbusier (1932) versus Metropolis de Fritz Lang (1926). Dos discursos contrapuestos sobre la imagen de la ciudad a finales de los años veinte', en A. Costa and R. Capucho (eds), Avanca Cinema. International Conference 2016, Avanca, Portugal: Cineclube de Avanca. 300-311.

Alonso-García, Eusebio (2017) 'Ventanas en el Cine, el Arte y la Arquitectura. Miradas, relaciones e informaciones', Avanca Cinema, International Conference, 2017, pp. 359-369.

Alonso-García, Eusebio and Iglesias-Velasco, Ángel (2014), 'Centro de Emprendedores de Torrelavega, CET, Cantabria, España, Tercer Premio', TC CUADERNOS 113 (2014), pp. 42-47.

Alonso-García, Eusebio, Pérez-Barreiro, Sara, Rincón-Borrego, Iván, Villalobos-Alonso, Daniel, and Jové-Sandoval, Jose Mª (2020), 'Video: Presence of the Media and the moving image on the Architecture', YouTube, 24-26 June, Video paper presentado en la Conferencia Internacional AMPS, Architecture_MPS, Parade, University of Kent, "Connections: Exploring Heritage, Architecture, Cities, Art, Media", Canterbury, June 24-26, 2020, https://www.youtube.com/watch?v=-39tX39rnz6E&ab_channel=AMPS Acceso 24 Febrero 2022.

Aprile, Walter and Mirti, Stefano (2005), 'Building as interface', AD Architectural Design 173, pp. 30-38.

Bayer, Herbert and Gropius, Walter (1930), Section Allemande Catalogue, Berlin: Verlag Hermann, Reckendorf.

Bayer, Herbert (1939), 'Fundamentals of Exhibition Design', PM Production Manager 6(2), pp. 17-25.

Bayer, Herbert (1967), Herbert Bayer: Painter, Designer, Architect, New York: Reinhold, 1967.

Bullivant, Lucy (2005), 4dspace: Interactive Architecture, AD Architectural Design 173.

Colomina, Beatriz (2001), 'Enclosed by Images: The Eameses' Multimedia Architecture', Grey Room 2, pp. 7-29, http://www.jstor.org/stable/1262540 Acceso 24 Febrero 2022.

Debord, Guy (1976), La sociedad del espectáculo, Madrid: Castellote.

Deleuze, Gilles (1987), La imagen-tiempo. Estudios sobre Cine 2, Barcelona: Paidós.

GIRAC (2022), Oficial Website, https://albergueweb1.uva.es/girarquitecturaycine/portfolio/cines-de-valladolid/; https://albergueweb1.uva.es/girarquitecturaycine/wp-content/uploads/2022/02/Cines_de_Valladolid._Peliculas_en_Vallad_LR.pdf; Acceso 24 Febrero 2022.

González, Josefina (1996), 'Matadero Municipal', en J.C. Arnuncio (ed), Guía de Arquitectura de Valladolid, Valladolid: IV Centenario, pp. 203-4.

Gorostiza, Jorge (2018), 'Fachadas y pantallas. Lo real transformado en ficción', Collectivus, Revista de Ciencias Sociales 5(1) pp. 40-62.

Haeusler, Mattias H. (2009), Media facades: history, technology, content, Ludwigsburg: Avedition, 2009.

Ito, Toyo (1997), 'Tarzanes en el bosque de los medios', 2G, 2.

Ito, Toyo (2000), 'Architecture in a Simulated City' (1991); 'A Garden of Microchips' (1993), en Toyo Ito, *Escritos*. Murcia: Colegio Oficial de Aparejadores y Arquitectos Técnicos.

Koeck, Richard (2013), Cine-Scapes. Cinematic Spaces in Architecture and Cities, New York-London: Routledge, Taylor and Francis.

McLuhan, Marshall ([1964] 2006), 'The Medium is the message', en M. G. Durham and D. Kellner (eds), Media and Cultural Studies: Keyworks, Oxford: Blackwell Publishers, pp. 107-16.

Mcquire, Scott (2008). The Media City. Media, Architecture and Public Space, Los Angeles-London: SAGE Publications.

Mondot, Adrien and Bardainne, Claire (2015), 'The movement of air', Vimeo, https://vimeo.com/145201272 Acceso 24 Febrero 2022.

Morgan, David (2004), 'Spirit and Medium. The Video Art of Bill Viola', en Ch. Townsend (ed), The Art of Bill Viola, London: Thames and Hudson, pp. 88-109.

Neumann, Dietrich (2002), Architecture of the Night. The illuminated building, New York: Prestel.

Neumann, Dietrich (1996), Film Architecture. Set Designs from Metropolis to Blade Runner. Munich, New York: Prestel.

Nieto Sánchez, Maria (2016), 'Más allá de la pantalla. Espacios dinámicos, múltiples y transformables, en A. Costa and R. Capucho (eds), Avanca Cinema. International Conference 2016, Avanca, Portugal: Cineclube de Avanca, pp. 1099-1107.

Rincon-Borrego, Iván, Pérez-Barreiro, Sara, Alonso-Garcia, Eusebio, Villalobos-Alonso, Daniel, Jové-Sandoval, Jose Maria and Cebrian-Renedo, Silvia (2022a), 'La imagen como materia y material. Arquitecturas avanzadas y experimentación audiovisual desde la mirada inclusiva de Herbert Bayer', en Arte, Individuo y Sociedad, Vol. 34, n° 1, Enero, pp. 335-350. https://dx.doi.org/10.5209/aris.74210

Rincon-Borrego, Iván, Alonso-Garcia, Eusebio, Pérez-Barreiro, Sara and Villalobos-Alonso, Daniel (2022b), 'Arquitecturas pantalla en la era de la informaciu6n. Notas sobre paramentos mediáticos y nuevos paradigmas', en Estoa, Vol. 11, n° 21, Enero, pp. 127-140. https://doi.org/10.18537/est.v011.n021.a11

Saggio, Antonino (2005). 'Interactivity at the Centre of Avant-Garde Architectural Research', AD Architectural Design 173, pp. 23-29.

Villalobos-Alonso, Daniel, Pérez-Barreiro, Sara, Rincón-Borrego, Iván and Alonso-García, Eusebio (2018), do.co.mo.mo_Valladolid. Registro DOCOMOMO Ibérico, 1925-1975. Industria, vivienda y equipamientos. Valladolid: Fundación Internacional DOCOMOMO Ibérico.

Villalobos-Alonso, Daniel (1996), 'Palacio de Santa Cruz', en J. C. Arnuncio (ed.), Guía de Arquitectura de Valladolid, Valladolid: IV Centenario, pp. 57-58.

Zumthor, Peter (2006), Atmósferas. Barcelona: Gustavo Gili.

Filmografía

Lang, Fritz (1927) Metropolis, Germany: U.F.A.

Menzies, William Cameron (1936), Things to come, USA: British Lion Film Corporation.

Viola, Bill (1981), The reflecting Pool: Collected Works, 1977-1980, USA: Bill Viola Studio, WNWT/13 y WXXI-TV Rochester.

Scott, Ridley, (1982), Blade Runner, USA: Warner Bros, Ladd Company y Shaw Brothers.

Wenders, Win, (1987), Der Himmel über Berlin (Wings of Desire), Germany: Road Movies GmbH (Berlin) and France: Argos Film SA (Neully-sur-Seine).

Tornatore, Giuseppe (1988), Nuovo Cinema Paradiso, Italy: Les Films Ariane, Cristaldifilm, TF1 Films Production, RAI y Forum Picture.

Oshii, Mamoru (1995), Ghost in the Shell, Japan: Ködansha, Bandai Visual, Manga Entertainment and Production I.G.

Trier, Lars von (2003), Dogville. Denmark: Zentropa Films and Channel+ France 3.

ORIGEN DE LOS TEXTOS

La presentación es un texto escrito expresamente para esta publicación. Lo restantes textos han sido publicados anteriormente en libros, revistas o congresos, siendo en su mayoría objeto de revisión por pares (PR). Se aporta, a continuación, la referencia de las publicaciones

I ESTRATEGIAS DE (L) PROYECTO (DE HABITAR)

I.1 **Sistema y singularidad**. San Carlino: La máquina geométrica de Borromini. 2002

Apareció publicado en Transfer (6), marzo 2002, 7-11, ISSN 1695-1778, y, posteriormente en el libro Eusebio Alonso García, *San Carlino. La máquina geométrica de Borromini*, Valladolid: Eduva, 2003, ISBN 848448243X, que recoge la tesis doctoral iniciada durante la estancia anual en la Academia de Roma 1990-91. La tesis fue Premio Extraordinario de Doctorado de la Universidad de Valladolid en 2002 y finalista del IV Premio Arquithesis de la Fundación Arquia en 2003. El libro obtuvo un Accésit en la I Edición de los Premios de Arquitectura ARQANO en 2008 y Primer premio en el V Premio de Arquitectura de Castilla y León en 2004.

I.2 **La magia del demiurgo**. Reflexiones sobre la iglesia de Marco de Canavezes, de Alvaro Siza. 1997

Publicado en BAU (16): revista de Arquitectura, Arte y Diseño, 1997, 72-75, ISSN 1130-1902.

I.3 **Paulo Mendes da Rocha**. Constructor de horizontales en el aire. 2014

Publicado en DPA (30). Arquitectura Paulista, 2014, 40-49, (PR). Número de la revista del Departamento de Proyectos Arquitectónicos de la Escuela de Barcelona, DPA UPC, dedicado a la Arquitectura Paulista.

II HABITAR EN EL ESPACIO DOMÉSTICO

II.1 **Transparencia y opacidad**. Las casas de Marcel Breuer. 2002

Publicado como capítulo del libro: 4 centenarios: Luis Barragán, Marcel Breuer, Arne Jacobsen, José Luis Sert. 2002, Valladolid: Secretariado de Publicaciones e Intercambio Editorial, 13- 40, ISBN 8484481999. La publicación recogió las ponencias del congreso celebrado en la ETSAVA en noviembre de 2002, siendo el autor miembro del Comité Organizador.

II.2 **Las viviendas son normales**. Reflexiones sobre las viviendas en calle Prior, Salamanca de Alejandro de la Sota. 2018

Capítulo del libro: Pioneros de la Arquitectura moderna española / Pioneers of modern Spanish architecture. Madrid: General de Ediciones de Arquitectura ; Fundación Alejandro de la Sota ; 2018. 234-255. ISBN 8494824066 (Edición en español e inglés). El libro recoge la selección de textos de las ponencias escogidas para su presentaciónn oral en el congreso celebrado en Madrid, Nuevos Ministeriors, mayo 2018 (PR).

II.3 **Genealogía tipológica de la vivienda de salón pasante**. Las viviendas para la OHS en Valladolid, de Jesús Carrasco, 1938. 2020

El texto tiene su origen en los estudios para la valoración y catalogación del patrimonio DOCOMOMO realizados en el seno de GIRAC, Grupo de Investigación Reconocido Arquitectura y Cine de la Universidad de Valladolid. Apareció como capítulo de libro en: Villalobos Alonso, Daniel; Pérez Barreiro, Sara; Rincón Borrego, Iván. do.co.mo.mo_Valladolid. Registro DOCOMOMO Ibérico, 1925-1975. Industria, vivienda y equipamientos. Valladolid: Fundación DOCOMOMO Ibérico; 2018, 109-119. ISBN 978-84-16678-52-5; y en: Villalobos Alonso, Daniel; Alonso Garcia, Eusebio; Rincon Borrego, Ivan; Perez Barreiro, Sara; Cebrian Renedo, Silvia. Barriadas sociales del Movimiento Moderno en España: la oportunidad de las viviendas de la Obra del Hogar Nacional-Sindicalista de Valladolid, en _re-HABITAR El Carmen. Sevilla:

Junta de Andalucía, Consejería de Cultura y Patrimonio Histórico, 2019, 294-305, ISBN 978-84-9959-344-9.

III HABITAR EN EL ESPACIO PÚBLICO Y LA CIUDAD

III.1 **El espacio público en Le Corbusier**. Evolución de su pensamiento y de sus estrategias formales. 2015

Publicado con ocasión de la participación en el congreso internacional sobre Le Corbusier en la Universidad Politécnica de Valencia, en *Le Corbusier 50 Years Later.* Valencia: Universidad Politécnica de Valencia, 2015, 74-98, ISBN 978-84-9048-373-2 (PR).

III.2 **Estrategias de intervención en un barrio de la periferia**. 2015

Apareció como capítulo de libro (edicion en inglés): Alonso Garcia, Eusebio. *Actions to recover the absent city -Simultaneity and hyper socialization: Strategies of intervention in a neighbourdhood on the periphery*, en Graham Cairns, Housing the future: Alternative approaches for tomorrow, Oxfordshire: Green Frigate Books, Libri Publishing, 2015, 69-80, ISBN 978-0-9933706-0-1 (PR). El texto recoge la experiencia de estudios y proyectos de un taller internacional desarrollado en julio de 2013 en el Museo de Arte Contemporaneo Patio Herreriano y su posterior presentación en el congreso internacional en Liverpool organizado en 2015 por Architecture, media, politics and society, Amps (PR).

III.3 **Mario Ridolfi.** En el interior del tiempo. En el interior de la ciudad. 2007

Apareció como capítulo de libro en Alonso Garcia, Eusebio. Mario Ridolfi: arquitectura, contingencia y proceso, Valladolid: Esduva, 2007, 26-43, ISBN 978-84-8448-421-9; 2 ed. revisada con prólogo de Francesco Cellini, 2014, 28-45, ISBN 978-84-8448-784-5. El libro recoge la investigación realizada para la obtención de la titulatidad en 2005.

IV HABITAR EN EL TIEMPO Y LA MEMORIA

VI.1 **James Stirling**. El proyecto de la Tate Gallery en Albert Dock, Liverpool, 1982-88. 2018

Apareció como artículo en Revista Proyecto, Progreso, Arquitectura (19), 2018, 134-149, ISSN 2171–6897 (PR). https://doi.org/10.12795/ppa.2018.i19.08. Este artículo, surgido a raíz de una estancia de investigación de tres meses en la Architectural School of Liverpool, obtuvo el Premio de la XV Bienal Española de Arquitectura y Urbanismo en 2021 en la categoría Artículos de Investigación.

VI.2 **Tiempo y Proyecto**. 2020

Apareció como capítulo de libro en Arquitectura y limite: Proyectos para Almeida, Ediciones Universidad de Valladolid; 2020, 10-15, ISBN 978-84-1320-105-4. El libro recoge la experiencia del curso de proyectos 2014-15 en la ETSAVA. Fue presentado en el congreso internacional en Beira (Portugal) en noviembre de 2019 y publicado en ICEUBI2019: International Congress on Engineering. Engineering for Evolution, Volumen 2, 2019, 647-656, ISBN: 978-989-654-619-9 (PR).

VI.3 **Giuseppe Samonà**. El Concurso de la Cámara de Diputados, Roma, 1967. La profundidad del tiempo. 2020

Apareció como artículo en ZARCH , 2020, (14), 70–85, ISSN: 2341-0531 / ISSN-e: 2387-0346, (PR), https://doi.org/10.26754/ojs_zarch/zarch.2020144306. Formó parte de los trabajos del congreso internacional Rileggere Samonà, organizado por el Departamento de Arquitectura de la Universidad de Roma Tre y la Universidad IUAV de Venecia y aparece como capítulo de libro en Laura Pujia, *Rileggere Samonà. Re-Reading Samonà*, Roma: Roma Tre-Press, 2020, 235-242, ISBN 978-88-32136-89-0 (PR).

V HABITAR DESPUÉS DEL CINE

V.1 **Plan Obús de Le Corbusier, 1932, versus Metrópolis de Fritz Lang, 1927**. Dos discursos contrapuestos sobre la imagen de la ciudad a finales de los años veinte. 2016

Apareció como capítulo de libro en Costa Valente, António; Capucho, Rita. Avanca Cinema. International Conference 2016. Avanca: Edicoes Cine-Clube de Avanca, 2016, 300-311, ISBN 978-989-96858-8-8 (PR).

V.2 **Ventanas en el cine, el arte y la arquitectura**. Miradas, relaciones e informaciones. 2017

Apareció como capítulo de libro en Costa Valente, António; Capucho, Rita. Avanca Cinema. International Conference 2017. Avanca: Edicoes Cine-Clube de Avanca, 2016, 359-369, ISSN 2184-0520 (PR).

V.3 **Umbráculo mediático. Arquitectura, cine y sistemas multimedia** 2024

Apareció como capítulo de libro (edicion en inglés): Alonso Garcia, Eusebio; Pérez Barreiro, Sara; Ricón borrego, Iván; Villalobos Alonso, Daniel; Jové Sandoval, José Mª. *Mediatic Umbraculim. Architecture, cinema and multimedia systems.* En Maciej Stasiowski and Howard Griffin (eds), *Watch This Space: Contemporary perspectives on Architecture and Film* , Bristol: Intellect Books, 2024. El texto recoge la experiencia reciente de estudios y proyectos de GIRAC: Grupo de Investigación Reconocido Arquitectrua y Cine a partir de las reflexiones presentadas en el congreso de Canterbury organizado por Amps: Architecture, Media, Politics and Society, 29-30 Junio 2020 (PR).

www.ingramcontent.com/pod-product-compliance
Lightning Source LLC
LaVergne TN
LVHW041103080826
845145LV00007B/1684